# 世界の乗りもの大図鑑

河出書房新社

著者について

クライブ・ギフォードは、『ふしぎな目（脳と目の科学1）』で英国王立協会の若人向け書籍賞（2014年）を受賞。『だまされる脳（脳と目の科学2）』『世界の子どもの？に答える──30秒でわかる宇宙』『めくってわかる！ ひとのからだ』など、150冊以上の本を書いている。

# 世界の乗りもの大図鑑

クライブ・ギフォード [著]　日暮雅通 [訳]

河出書房新社

Original Title: CARS, TRAINS, SHIPS & PLANES

Copyright © 2015 Dorling Kindersley Limited
A Penguin Random House Company

Japanese translation rights arranged with Dorling Kindersley
Limited, London through Fortuna Co., Ltd. Tokyo

Printed and bound in China

A WORLD OF IDEAS:
SEE ALL THERE IS TO KNOW

www.dk.com/

# CONTENTS

| | |
|---|---|
| はじめに | 6 |
| 乗りものの進化 | 8 |

## 陸の乗りもの　16

| | |
|---|---|
| 動物の力 | 18 |
| ラクダの隊列（キャラバン） | 20 |
| 自転車のしくみ | 22 |
| 自転車の歴史 | 24 |
| レース用自転車 | 26 |
| ゴールスプリント | 28 |
| はたらく自転車 | 30 |
| かわりだね自転車 | 32 |
| マウンテンバイク | 34 |
| 命しらずのマウンテンバイク・ライダー | 36 |
| オートバイのしくみ | 38 |
| オートバイの歴史 | 40 |
| 戦場のオートバイ | 42 |
| スクーター | 44 |
| 三輪オートバイ | 46 |
| ロードをつっぱしれ！ | 48 |
| レーシングオートバイ | 50 |
| 跳べ！　トリックをきめろ！ | 52 |
| オフロード用オートバイ | 54 |
| 最速の二輪車 | 56 |
| ツーリング | 58 |
| 自動車のしくみ | 60 |
| 自動車の歴史 | 62 |
| ころがるスリル！ | 64 |
| レーシングカーのはじまり | 66 |
| 流線形スタイル | 68 |
| フィフティーズ、アメ車 | 70 |
| サーキット・レーシング | 72 |
| カーレースのスターたち | 74 |
| きびしい砂漠、究極の試練 | 76 |
| オフロード自動車 | 78 |
| おもしろ自動車 | 80 |
| 水を走るクルマ | 82 |
| ファミリーカー | 84 |
| アウトドアの四輪駆動車 | 86 |

| | | | | | |
|---|---|---|---|---|---|
| コンバーチブルとスポーツカー | 88 | 農作業用トラクター | 116 | ディーゼルの歴史 | 134 |
| 超小型車 | 90 | モンスター・トラックが跳ぶ | 118 | ディーゼル列車の主力 | 136 |
| ミニミニ・モペッタ | 92 | 建設土木車 | 120 | はたらく列車 | 138 |
| スーパーカー | 94 | 戦車と装軌車 | 122 | ディーゼルから電気鉄道へ | 140 |
| ラグジュアリーカー | 96 | 蒸気機関車のしくみ | 124 | 高速電気鉄道 | 142 |
| 世界最速記録の車 | 98 | 蒸気機関車の歴史 | 126 | 弾丸列車 | 144 |
| ドラッグスターの火をふく発進 | 100 | 蒸気機関車の全盛期 | 128 | 都市鉄道交通 | 146 |
| トラックのしくみ | 102 | フライング・スコッツマン | 130 | 路面電車とトロリーバス | 148 |
| 大量輸送車 | 104 | ディーゼル列車のしくみ | 132 | しっかりつかまって！ | 150 |
| 特殊トラック | 106 | | | | |
| スペースシャトルをはこぶ車 | 108 | | | | |
| バスの仲間たち | 110 | | | | |
| トラクターのしくみ | 112 | | | | |
| トラクターの歴史 | 114 | | | | |

## 水の乗りもの　　152

| | | | | | |
|---|---|---|---|---|---|
| はじまりの船 | 154 | 帆船のしくみ | 160 | 海にうかぶ都市 | 178 |
| 船の発展 | 156 | 世界の帆船 | 162 | 世界の戦艦 | 180 |
| 豪快なボートレース | 158 | 交易船と探検船 | 164 | 航空母船 | 182 |
| | | 海のたたかい | 166 | 現代の軍艦 | 184 |
| | | 風に乗って進め | 168 | 潜水艦のしくみ | 186 |
| | | 蒸気船のしくみ | 170 | 潜水艦の歴史 | 188 |
| | | 蒸気船から鋼鉄の船へ | 172 | 高速艇 | 190 |
| | | はたらく船 | 174 | レジャーボートと競技用ボート | 192 |
| | | 客船 | 176 | 水上のＦ１グランプリ | 194 |

## 空の乗りもの　　196

| | | | | | |
|---|---|---|---|---|---|
| 飛行機のしくみ | 198 | 偵察機 | 226 | 宇宙船のしくみ | 236 |
| 気球とグライダー | 200 | ヘリコプターのしくみ | 228 | 打ち上げロケット | 238 |
| 飛行機の歴史 | 202 | ヘリコプターの歴史 | 230 | 宇宙探査機 | 240 |
| 勇気ある飛行機ガール | 204 | はたらくヘリコプター | 232 | 有人宇宙船 | 242 |
| さまざまな戦闘機 | 206 | 軍用ヘリコプター | 234 | 発進！ | 244 |
| 爆撃の名手たち | 208 | | | | |
| 記録に挑戦した飛行機 | 210 | | | | |
| ジェット戦闘機 | 212 | | | | |
| 音よりも速い世界 | 214 | | | | |
| 水上機 | 216 | | | | |
| 軽飛行機 | 218 | | | | |
| 旅客機 | 220 | | | | |
| ずいぶん低く飛ぶんだね | 222 | | | | |
| 垂直離陸機と超音速機 | 224 | | | | |

| | |
|---|---|
| 用語集 | 246 |
| さくいん | 250 |
| 謝辞 | 255 |

KTM 350 SX-F

ピールP50

ニュー・ホランド T6.140

## はじめに

すごいスピードで走る自動車、もっとすごいスピードで飛ぶ飛行機、巨大な船、迫力満点のオートバイ、それに、重い荷物をのせたり引っぱったりする、トラックと列車。そんなふうに、地上や空や水の上、水のなかを動くあらゆるマシンが、この本にはあつめられています。

わたしは小さなころからずっと、乗りものとしてのマシンに魅力を感じてきました。父親は趣味でグライダーに乗っていましたが、イギリスでもまだできて間もない航空会社につとめていたため、空を飛んで移動する旅がどんなものかを、多くの人にあじわってもらえました。11歳のとき、その父につれられて航空ショーを見にいったときのことを、おぼえています。そこには、ものすごく大きくて重たそうな戦闘爆撃機から、アクロバット飛行用のすばしっこい複葉機まで、おどろくほどさまざまな飛行機がありました。そして、そのとき駐車場で見た巨大なトラックや、2台のフェラーリ製スーパーカーにも、おなじようにびっくりしました。それからずっと、わたしは乗りものの魅力にとりつかれてきたのです。

この本には、人びとがより遠くへ、より速く、よりかんたんに移動できるための乗りもの――街をすばやく走る小型バイクから、大きなパワーをもつディーゼル機関車まで、あらゆる乗りものが詰まっています。その多くは、人びとがどこでどんなふうに仕事をし、生活するかを、大きく変えてきました。現代にあるような自動車や列車、船、飛行機がうまれる前は、自分の

ダージリン・ヒマラヤン鉄道B形

ド・ディオン・ブートン・タイプO

ビュッカーBü133Cユングマイスター

モンゴルフィエの熱気球

住んでいる地域から外へ出られる人はわずかでしたし、ほかの国へ旅ができる人は、もっとわずかでした。かつて、大陸の東のはしから西のはしへ旅するには何週間もかかりましたが、今では地球を一周するのでさえ、ジャンボジェット機をつかえば丸一日足らずで、できてしまうのです。いまや海運会社は世界中のあらゆる場所をつないでいて、地球の反対側でそだてられた食品や、さまざまなものを買うことができます。乗りものの発達は、あたらしい土地を調査し、移住する助けになってきましたし、未知の世界の発見にもつながりました。さらには、地球をはなれて宇宙の驚異をしらべることも、できるようになったのです。

**クライブ・ギフォード**

この本ではさまざまな場所に、乗りものの大きさとタイプを、子供またはアメリカ製スクールバスとくらべた尺度の図があります。

子供の身長＝1.45メートル

スクールバスの全長＝11メートル

一輪車

Sea-Doo® Spark™／シードゥー・スパーク

ジョン・ディア650K XLT

# 道路の上

世界最初の自動車は蒸気機関によって動き、1769年に時速4キロメートルの最高速度を記録した。その後、長いあいだにたくさんのすぐれた発明がなされ、現代の自動車がかたちづくられた。今では世界中の道路の上を何十億台という自動車が走っている。

**1769年**
フランスの技術者ニコラ＝ジョゼフ・キュニョが、自動車の原形となる蒸気三輪車を発明する。

**1868年**
ロンドンに世界最初の交通信号が設置されたが、設置後まもなく爆発してしまった。

**1927年**
ネイピア＝キャンベル・ブルーバードが陸上速度時速314キロメートルの記録をつくる。

ブルーバード

**1876年**
ドイツのエンジニア、ニコラウス・オットーが世界最初の内燃機関を開発される。

**1885年**
内燃機関を動力とする最初の自動車、ベンツ・モトールヴァーゲンが道路を走った。

1850年 — 1900年

**1880年**
数名の開発者によって、ペダルをまわすとチェーンが動いて走る、いわゆる"安全型自転車"がつくられる。

**1894年**
ドイツでヒルデブラントとヴォルフミュレルが世界最初の量産型オートバイ、モトラートをつくる。

**1908年**
アメリカでフォード・モデルT（T型フォード）の販売開始。組みたてラインで大量生産する、世界初の自動車となる。

**1871年**
世界最初の自転車、大型の前輪で速度を上げるペニー・ファージングがつくられる。

**1916年**
世界最初の装甲戦車マークIが、第一次世界大戦中のフランスへ出動する。

フォード・モデルT（T型フォード）

### 1979年
アメリカでボブ・チャンドラーがオフロード用に世界最初の巨大トラック、ビッグフットを開発する。

### 2013年
イギリスのフラッシュパーク社がしゃべる駐車券を発明する。

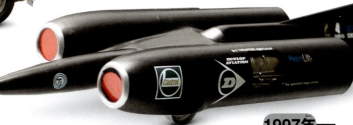

### 1938年
フォルクスワーゲン・タイプ1、ニックネーム"ビートル"の工場生産がドイツではじまる。その後、2150万台以上が生産された。

### 1997年
スラストSSCが音速を超えた陸上走行速度時速1,228キロメートルという世界記録をつくる。

### 1950年
世界最初のフォーミュラ1（F1）世界選手権で、アルファロメオ159に乗ったイタリアのジュゼッペ・ファリーナが優勝。

### 1980年
フランスで170キロメートルという世界最長の渋滞が記録される。

**1950年** — **2000年**

### 1946年
イタリアで世界最初のスクーター、ベスパが製造され、1950年代以降大流行になる。

### 1981年
世界最初の量産型マウンテンバイク、スタンプジャンパーがアメリカで発売される。

### 2005年
ブガッティ・ヴェイロンが乗用車の世界最速記録、時速407キロメートルを達成。

### 1940年
多目的小型トラックとしてジープがはじめてつくられる。

**ジープ**

**ブガッティ・ヴェイロン**

### 1949年
自動車の安全性をテストする衝突試験に、はじめての完全人体ダミー、シエラ・サムがつかわれる。

# 線路はつづく

蒸気機関車は"鉄の馬"とよばれ、1800年代はじめ、世界中で人やモノの動きをスピードアップさせ、輸送革命をおこした。今では蒸気にかわってディーゼル機関車と電気機関車が活躍している。

**1913年**
ニューヨークのグランドセントラル駅が開業。プラットフォームの数は世界最多の全67番線。

**1829年**
ロバート・スティーヴンソンが組みたてた世界最初の近代蒸気機関車、ロケット号が最高速度の記録をぬりかえる。

**1830年**
リヴァプール゠マンチェスター間で、蒸気機関車による初の大都市間旅客サービスがはじまる。

**1770年**
スコットランドの技術者ジェームズ・ワットが複式蒸気機関を発明、その改良版がやがて初期の蒸気機関車の動力となる。

**1881年**
ドイツのベルリンで世界初の路面電車運行がはじまる。

**1869年**
最初のアメリカ大陸横断鉄道が開通。線路の全長は3,069キロメートルにおよぶ。

**1800年** — **1850年** — **1900年**

**1804年**
イギリスの発明家リチャード・トレヴィシックが、鉱山での作業用にペニーダレン蒸気機関車をつくる。

**1863年**
イギリスのロンドンで、世界初の地下鉄路線、メトロポリタン線が開通する。

**1914年**
第一次世界大戦中、兵士や補給物資の輸送に鉄道が大活躍する。

**1906年**
アルプス山脈をつらぬいてイタリアとスイスをむすぶシンプロン・トンネルが開通。世界最長の鉄道トンネルとなる。

ペニーダレン蒸気機関車

ゴールデンイーグル・シベリア横断急行列車

線路はつづく

### 1916年
世界最長の鉄道路線、ロシアのシベリア横断鉄道が開通。全長は9,289キロメートルにおよぶ。

### 1937年
ドイツの発明家ヘルマン・ケンペルが、リニアモーターカーの動力として磁気浮上を開発する。

### 1938年
イギリスのマラード号が蒸気機関車の世界最速記録、時速200キロメートル超えを達成。

### 1950年

### 1955年
イングリッシュ・エレクトリック社デルティックエンジン搭載、高性能ディーゼル機関車の試験運転がおこなわれる。

### 1960年
世界初、時速200キロメートルで運行するル・キャピトールがフランス鉄道に登場。

### 1964年
世界初の弾丸列車、新幹線が、日本で東京とほかの都市をむすぶ。

### 1975年
イギリスの高速列車、インターシティがディーゼル列車で世界最高速度を出す。

### 1994年
高速海峡トンネル・ユーロスターが、ロンドン＝パリ間で運行をはじめる。

### 1988年
世界最長53.9キロメートルの海底鉄道トンネル、青函トンネルが開通、日本の本州と北海道をむすぶ。

### 1984年
イギリスで世界初の商用リニアモーターカー路線が開業し、バーミンガム国際空港と近郊ターミナルをむすぶ。

### 2000年

### 2007年
フランスの高速鉄道TGVの試作車、時速574キロメートルを出し、電車の世界最速記録をぬりかえる。

### 2012年
東京の地下鉄が年間32億9千万人の乗客をはこび、世界一混雑する地下鉄網となる。

### 2015年
日本でリニアモーターカーの初試乗運転。スピードは時速600キロメートルにたっする。

# 水上と水中

水上交通の歴史はあまりに長く、世界でもっともふるい船がいつごろつくられたのか、よくわかっていない。何世紀もの時代をへて、ほとんどかたちがかわらない船もある。今では世界の水上をハイテク高速船や巨大なタンカー、大型クルーズ船なども航行している。

**1768年**
ジェームズ・クック船長（キャプテン・クック）がイングランドから出航して南太平洋を探検する。航海は3年がかりで48,000キロメートルあまりにおよぶ。

サンタ・マリア号

**1492年**
探検家クリストファー・コロンブスがサンタ・マリア号でスペインから西まわりの航海に出る。大西洋を横断して、今のバハマ諸島に到着した。

**1661年**
イギリス、ロンドンのテムズ川で、イングランドの国王チャールズ2世と弟ジェームズ2世による、記録にのこる最古のヨット・レースがおこなわれる。

1500年　1600年　1700年

**1510年**
イギリスで、砲門（火砲の射撃口）をつかったはじめての船としてしられるメアリ・ローズ号がつくられる。

**1620年**
メイフラワー号がイングランドのプリマスを出航、102人の巡礼者（ピルグリム）が新世界（アメリカ）に入植（移住）。

**1716年**
1700年代はじめ、カリブ海は貴重品を積んだスペインの船をねらう海賊が出没するため、とても危険な海域だった。

メイフラワー号

**1519年**
ポルトガル人航海者フェルディナンド・マゼランが、5隻の船団で港を出発。うち1隻だけが1522年に帰還、世界初の世界周航をはたす。

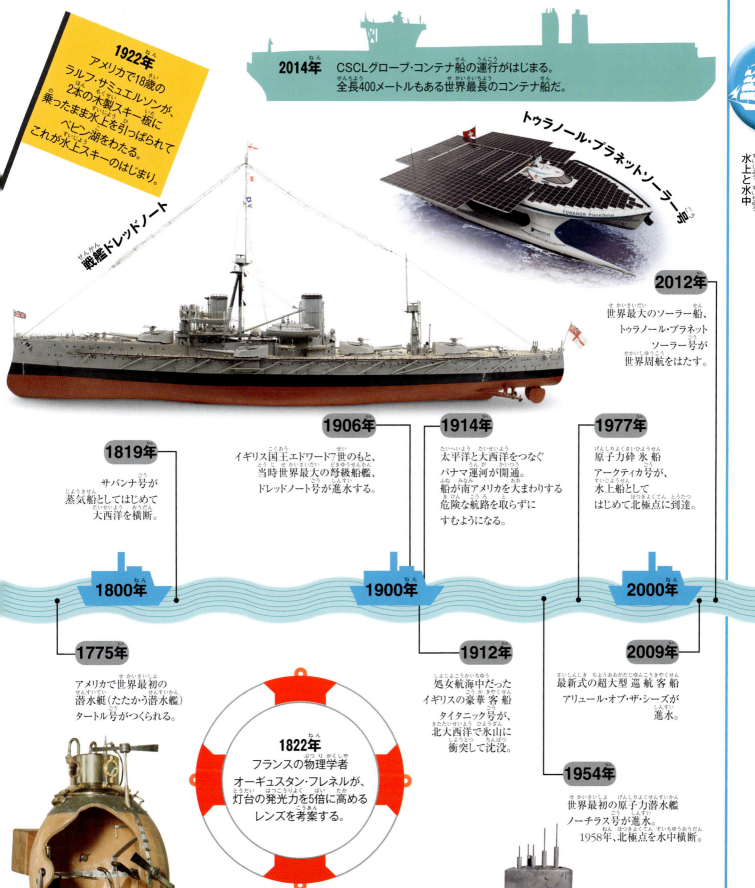

**1922年** アメリカで18歳のラルフ・サミュエルソンが、2本の木製スキー板に乗ったまま水上をひっぱられてペピン湖をわたる。これが水上スキーのはじまり。

**2014年** CSCLグローブ・コンテナ船の運行がはじまる。全長400メートルもある世界最長のコンテナ船だ。

トゥラノール・プラネットソーラー号

戦艦ドレッドノート

水上と水中

**2012年** 世界最大のソーラー船、トゥラノール・プラネットソーラー号が世界周航をはたす。

**1906年** イギリス国王エドワード7世のもと、当時世界最大の弩級戦艦、ドレッドノート号が進水する。

**1914年** 太平洋と大西洋をつなぐパナマ運河が開通。船が南アメリカを大まわりする危険な航路を取らずにすむようになる。

**1977年** 原子力砕氷船アークチカ号が、水上船としてはじめて北極点に到達。

**1819年** サバンナ号が蒸気船としてはじめて大西洋を横断。

**1775年** アメリカで世界最初の潜水艇（たたかう潜水艦）タートル号がつくられる。

**1912年** 処女航海中だったイギリスの豪華客船タイタニック号が、北大西洋で氷山に衝突して沈没。

**2009年** 最新式の超大型巡航客船アリュール・オブ・ザ・シーズが進水。

**1822年** フランスの物理学者オーギュスタン・フレネルが、灯台の発光力を5倍に高めるレンズを考案する。

**1954年** 世界最初の原子力潜水艦ノーチラス号が進水。1958年、北極点を水中横断。

タートル号

原子力潜水艦ノーチラス号

# 空高くめざして

動力飛行は1903年、ウィルバーとオーヴィルのライト兄弟がエンジンを取りつけたグライダーで空中を12秒間飛んだときにはじまった。その短い飛行はやがて、超音速ジェット機や大型定期旅客機への、さらには宇宙船への道を切りひらくことになる。

**1913年**
ロシア人パイロットのピョートル・ネステロフが世界初の宙がえり飛行に成功する。

**1785年**
フランス人ジャン＝ピエール・ブランシャールとアメリカ人ジョン・ジェフリーズがイギリス海峡を気球で横断する。

**1783年**
フランスのパリで、モンゴルフィエ兄弟が世界ではじめての熱気球有人飛行に成功、25分間も空を飛んだ。

**1900年**
世界最初の硬式飛行船、ツェッペリンLZ1がドイツで初飛行する。

**1903年**
アメリカでライト兄弟がつくったはじめての動力飛行機、ライト・フライヤーが離陸する。

1850年　　　1900年

**1907年**
ヘリコプターの前身となる回転翼航空機が、フランス人技術者ポール・コルニュの運転で初飛行をはたす。

**1896年**
アメリカの天文学者サミュエル・ピアポント・ラングレーが、蒸気駆動の模型飛行機、エアロドロームをつくって飛ばす。

**1891年**
ドイツ人"飛行家"オットー・リリエンタールが固定翼のグライダー（滑空機）で初飛行。その後、2,000回あまり飛行をかさねる。

**1852年**
フランス人技術者ジュール・アンリ・ジファールの蒸気駆動飛行船が初飛行をはたし、運転しながら飛べることがわかった。

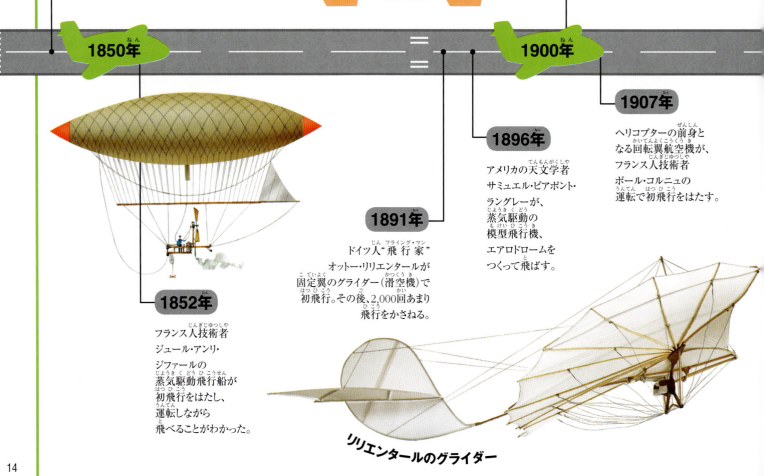

リリエンタールのグライダー

**1930年**
看護師のエレン・チャーチが、世界最初のキャビンアテンダントになる。

スペースシャトル・コロンビア

**1969年**
世界最初の垂直離着陸（VTOL）軍用ジェット機、ホーカー・シドレー・ハリアーがイギリスでつかわれはじめる。

**1938年**
世界最初の与圧室をそなえた定期旅客機、アメリカのボーイング307ストラトライナーの登場で、空の旅が快適になる。

**1969年**
アメリカで宇宙船アポロ11号が月に飛びたつ。乗組員のうちの2人の宇宙飛行士が、人類ではじめて月面をあるく。

**1981年**
アメリカのスペースシャトル・コロンビアがケープ・カナベラル基地で打ち上げられ、宇宙飛行任務につく。スペースシャトル計画は2011年までつづく。

**1950年**

**2000年**

**1952年**
イギリスで、はじめての民営定期ジェット旅客機デ・ハヴィランド・コメットが運行をはじめる。

**1961年**
ロシア人宇宙飛行士ユーリ・ガガーリンが人類ではじめて宇宙へ。宇宙船ボストーク1号に搭乗して108分間にわたり地球をまわる。

**1976年**
イギリスとフランスが共同開発した超音速旅客機コンコルドの運行がはじまる。

**2014年**
欧州宇宙機関の宇宙船ロゼッタが10年間の飛行のすえに彗星に到達、探測機を着陸させる。

**1927年**
アメリカ人飛行家チャールズ・リンドバーグがライアンNYPスピリット・オブ・セントルイスで、世界最初の大西洋単独無着陸横断飛行に成功する。NYPは「ニューヨーク＝パリ」の意味。飛距離は5,800キロメートルあまり。

**1949年**
B-50スーパーフォートレスが、はじめての無着陸世界一周飛行に成功。4回もの空中給油をおこなった。

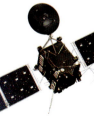

空高くめざして

# 陸の乗りもの

# 動物の力

陸の乗りもの

マッシャーとよばれる調教者が犬(ハスキー犬)たちに指示を出す

**犬ぞり** 北極地方

4頭の馬が引くローマの二輪戦車は、レースで時速50キロメートルものスピードを出せた。

木製の輻(スポーク)つき車輪

**二輪戦車** ローマ 紀元前200年ごろ

革でできた引き綱

鉄製の張り輪に帆布のおおいをかけて、風や雨からまもる

**大型幌馬車** アメリカ 18〜19世紀

引き綱の口もとに手綱をつける

まっすぐな背もたれ

**リヴァプール・ギグ** イギリス 1800年代

**炊事馬車** アメリカ 1866年

イギリス王室の**結婚式**にはガラスの馬車が使われる。

特徴のあるガラスの角灯

**ガラスの馬車** イギリス 1881年

何千年ものあいだ、人びとは大型動物の力を利用して人やモノをはこんできた。牛、馬、ラバ、トナカイなどといった動物たちが、そりや荷車を引くのに利用されたのだ。世界には今なお動物が引く乗りものをつかっている地域もある。はやくも紀元前3000年ごろには、中東やアジアのたたかいにおいて、最古の二輪戦車を動物に引かせていた。のちにローマ人は、車輪の軸上に小さな乗り場をつくって軽いつくりにした二輪戦車に操縦者が乗り、チャリオット・レースを競技としてたのしんだ。18〜19世紀に北アメリカで開拓者たちが大陸を横断するようになると、荷

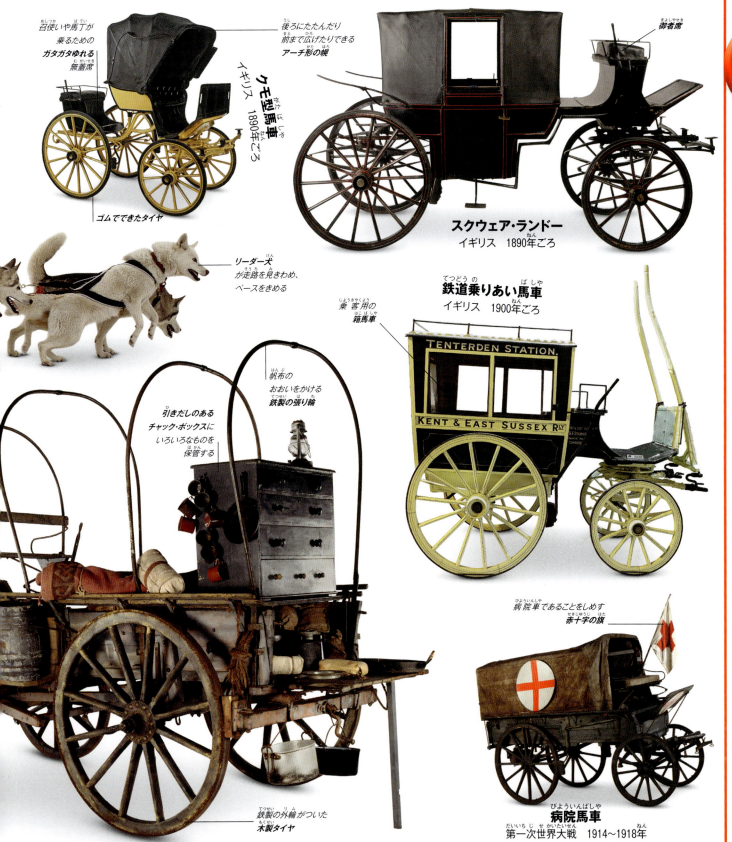

車がどんどん大きくなっていった。たいていは牛に引かせた四輪の**大型幌馬車**には、食料や道具類、身のまわり品を5トンほども積みこめた。その後まもなく、家畜のむれをはるばる移動させるカウボーイたちについていく、**炊事馬車**というフル装備の車輪つき台所があらわれる。街なかでは、**リヴァプール・ギグ**（一頭だて軽装無蓋二輪馬車）や**クモ型馬車**（大型で細い車輪と高い車体をもつ軽四輪馬車）といった小さくて軽い馬車が短距離を2人まではこぶ一方、**スクウェア・ランドー**（前後に向きあう座席にそれぞれ折りたたみ式の幌のついた四輪の客馬車）なら4人が乗れて気もちよく移動できた。

## ラクダの隊列（キャラバン）

ほら、隊列がやってくる！　エチオピアのダナキル窪地で掘られた白い貴重品である、塩をはこぶラクダたちだ。食料の味つけにも保存にも大きな価値がある塩が、ダナキルの広大な塩類平原からてこで厚板状にはぎとられる。それからブロック状に切った塩は、砂漠で荷をはこばせたらかなうもののないラクダの背にくくりつけられる。

ラクダ、馬、ラバからヤク、ラマ、ゾウまで、荷をはこぶ動物たちの隊列（キャラバン）は、むかしからずっと食料や原材料や製品などの交易品をはこんできた。暑さや水不足に強いラクダは、砂漠を横断する貨物輸送の仕事にもっとも適している。エチオピアのダナキルからメケレの貿易センターへの途上、100キロメートルにわたって気温が摂氏50度を超える世界一の灼熱地帯を横切ることになる。サハラ砂漠を越えて塩をはこぶキャラバンには2,000年以上の歴史がある。かつては何千頭というラクダが列をなしたものだが、今ではたいてい20〜30頭でキャラバンをかたちづくっている。

# 自転車のしくみ

陸の乗りもの

自転車はたのしく、また効率的に地上を走る乗りものだ。自転車に乗れば、歩く人とおなじエネルギーをつかって4〜5倍も速く動くことができる。デザインはさまざまだが、ほとんどの自転車はおなじようなパーツをもっている。ペダルとクランクによって動き、チェーンホイールによってえた力がチェーンで後輪につたわり、後輪がまわることで自転車が前進する。

**ホイールとタイヤ**
自転車と乗り手の重さをささえる。トレッドという、表面にある溝形の模様はタイヤによってちがう。図の自転車はロードレース用のスムーストレッドをつかっている。オフロード自転車のタイヤなら、路面をしっかりとらえる太めの溝が入っている。

**ギアケーブル**

**リアディレイラー**
チェーンを動かしてべつの歯車にかけ、ギアを切りかえる。

**スポーク**
細くて強いスポークで車輪のリムと中心のハブをつなぐ。スポークのおかげで車輪を軽く丈夫にできるし、車輪にあたる風もとおしてくれる。

**サドル**
自転車の座席。かたいものやすわりごこちのいいパッド入りがある。座席を固定するシートポストをフレームのシートチューブ内でスライドさせて、座席の高さを調節する。

**シートポスト**

**リアブレーキケーブル**

**リア（後部）ブレーキ**

**シートチューブ**

**チェーンホイール**

**チェーン**

**ボトムブラケット**

# 自転車の歴史

陸の乗りもの

ダンディ・ホース・ドライジーネ ドイツ 1817年
- パッド入りアームレスト
- 革のサドル
- 木製クロスバー
- 木製ホイール

ヴェロシペード イギリス 1839年
- 前後おなじサイズのホイール
- 鉄製ステム上のハンドルバー
- 長いシャフト ペダルと後輪をつなぐ

ミショー・ベロシペード・ボーンシェーカー フランス 1869年
- 鉄棒製のハンドルバーステム
- スプーン型ブレーキ ソリッドラバーのタイヤに直接おしつけて自転車のスピードをおとす

ペニー・ファージング イギリス 1871年
- 金属のスプリング製サドル

ペニー・ファージング

ほぼ5,000年以上むかしから車輪があったとかんがえると、2本の車輪を1本のフレームでつなぎ、人がペダルをこぐ力で移動するというアイデアを思いついたのがわずか200年前だったというのは、じつにふしぎなことだ。

1817年にドイツのカール・フォン・ドライス男爵がダンディ・ホースを発明した。これにはサドルとハンドルバーはついていたが、動力は乗り手が地面を直接足でけるというものだった。ここからほかの人力駆動のマシンがうまれた。ミショー・ベロシペードもそのひとつで、このマシンではペダルが前輪に直接つながれている。この鉄製の"タイヤ"

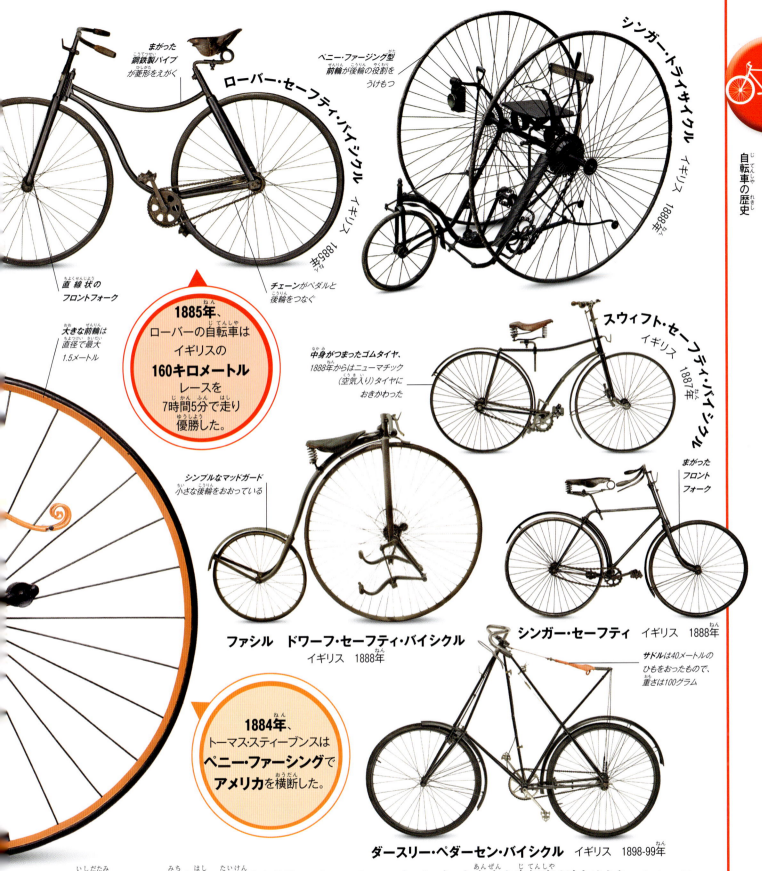

ローバー・セーフティ・バイシクル イギリス 1885年
まがった鋼鉄製パイプが菱形をえがく
直線状のフロントフォーク
チェーンがペダルと後輪をつなぐ

シンガー・トライシクル イギリス 1888年
ペニー・ファージング型前輪が後輪の役割をうけもつ
大きな前輪は直径で最大1.5メートル

1885年、ローバーの自転車はイギリスの**160キロメートル**レースを7時間5分で走り優勝した。

スウィフト・セーフティ・バイシクル イギリス 1887年
中身がつまったゴムタイヤ、1888年からはニューマチック（空気入り）タイヤにおきかわった
まがったフロントフォーク

ファシル ドワーフ・セーフティ・バイシクル イギリス 1888年
シンプルなマッドガード小さな後輪をおおっている

シンガー・セーフティ イギリス 1888年

1884年、トーマス・スティーブンスは**ペニー・ファーシング**で**アメリカ**を横断した。

ダースリー・ペダーセン・バイシクル イギリス 1898-99年
サドルは40メートルのひもをおったもので、重さは100グラム

で石畳のでこぼこ道を走る体験から「ボーンシェーカー（骨をゆするもの）」というニックネームがついた。イギリスやフランス、それにアメリカの**ペニー・ファーシング**にはチェーンもギアもないが、前輪を大きくすることで速度を上げる工夫をした。乗り手は地面から高い位置にすわることになるので、たくさんの転倒事故をまねくことになってしまった。もっと安全な自転車がもとめられ、ペニー・ファーシングの前輪2本を対にして後輪にした**シンガー・トライサイクル**や、チェーン駆動の後輪をつかった**ローバー・セーフティ・バイシクル**のような自転車がうまれた。後者のデザインが現代の自転車のさきがけとなり、ホイールも前後ほぼおなじサイズとなっている。

# レース用自転車

陸の乗りもの

シートポスト

アイザック・フォース　ドイツ　2005年

タイヤにはヘリウムガスが入れられており、タイヤあたり10-15グラム軽量化されている

スポークとカーボンファイバー製リムの後輪

デダチャイ・ストラーダ・アソルート　イタリア　2011年

ドロップハンドルバー

一体成型のカーボンファイバー製フレーム

この革命的なトラックレーサーの重さはわずか**9キログラム**。

女性用の自転車はハンドルバーの幅がせまいことが多い

マーリン・ラヴェンナA6WFG　アメリカ　2012年

1枚の固定ギア

スピードがほしいなら、レースバイクがおすすめだ。なめらかな道路を超スピードで走るように設計されたレースバイクは軽くて、シートが高く、曲がった（ドロップ）ハンドルバーは低い位置にデザインされている。

すべてのレースバイクがレースにつかわれるわけではない。多くはサイクリストによって、高速な通勤手段やワークアウトの道具につかわれている。フレームのデザインは男女共通だが、**ラヴェンナ A6WFG** は女性用のレースバイクで、耐久走行会用にデザインされている。競技用のレース用自転車はアルミニウムやチタンの合金やカー

ボンファイバー製超軽量フレームで設計されている。アソルートのカーボンファイバー製フレームの重さはわずか1.1キログラム、野球のバットより少しだけ重いくらいしかない。トラックレーサーやタイムトライアル、セルヴェロP5のようなトライアスロン用の自転車が後輪にソリッドディスクをつかうのは、スポーク組みのホイールより空力学的にすぐれている（空気をよりかんたんに切りさく）からだ。1980年代にはウィンドチータ・カーボン・カンチレバーのような一体型ボディのトラックレーサーがあらわれ、空洞試験の結果、ボディ全体をカーボンファイバーで一体成形すると、空力性能が限界まで高くなることが確認された。

## ゴールスプリント

世界一有名な自転車レースであるツール・ド・フランスの、ステージのおわり、スプリンターたちがペダルを全力でこいでいるのを見ていると、こちらもだんだんくるしくなってくる。このステージは2011年ツール第10ステージで、スタートは158キロメートル手前だった。写真判定の結果、ドイツのアンドレ・グライペル（右）がわずかにイギリスのマーク・カベンディッシュ（左）より先にゴールラインをとおっていた。両者ともタイムはおなじ3時間31分21秒。

ツール・ド・フランスは毎年夏に3週間かけておこなわれ、3,500キロメートルを超える距離を21のステージに分けて走る。フランス中をまわるルートは毎年かわり、ときおりフランスの外に出ることもある。レースのあいだはずっと、平地や丘、山岳と、あらゆる地形がライダーたちに難題をつきつけてくる。各チーム9人で組まれた約20のチームが毎年参加している。選手たちのタイムは毎日合算され、総合でもっとも短いタイムの選手がマイヨ・ジョーヌ(イエロージャージ、個人総合賞)を着る名誉をもらえる。そのほか、最速のスプリンターにはマイヨ・ヴェール(グリーンジャージ、ポイント賞)、最速のクライマーにはマイヨ・ブラン・ア・ポワ・ルージュ(ポルカ・ドット・ジャージ、山岳賞)、25歳以下でもっとも速く走った選手にはマイヨ・ブラン(ホワイトジャージ、新人賞)、そして最速で走ったチームにも賞があたえられる。

# はたらく自転車

あみ細工のバスケットには 25キログラムの荷物が入る

パシュリー・デリバイク　イギリス　1948年

パニア　救急医療機器が入っている

レスポンス・バイシクル　イギリス　2000年

蝶ネジをゆるめるとフレームを半分に折りたためる

折りたたみ式スタンドが駐輪中の自転車をささえる

ラックバッグには点滅するサイドランプつき

BSAエアボーン　イギリス　1943年

ツールバッグはフレームのトップチューブにつりさげ

ポリス・マウンテンバイク　ドイツ　2000年代

折りたたんだ自転車は高さ57センチメートル未満で全長55センチメートル未満

ブロンプトンの折りたたみ自転車には**1,200点を超える部品**がつかわれている。

ブロンプトン折りたたみ自転車　イギリス　1981-83年

陸の乗りもの

自転車に乗るのはとてもたのしい。それだけでなく、職場への通勤や仕事をするために乗る人もたくさんいる。自転車は値段が安くてスピードが出せる便利な移動手段であり、人や荷物をはこぶのにも適しているからだ。

混んだ街なかでも、人里はなれた村でも、ポリス・マウンテンバイクなら警察官は現場にすばやく向かえる。パニアバッグに救急医療機器をのせたレスポンス・バイシクルは、渋滞や群衆をすりぬけて、大型車両ではたどりつけない患者をたすけにいける。BSAエアボーンは第二

はたらく自転車

郵便物や小荷物をのせるコンテナ

**DHLパーサイクル** オランダ 2014年

幌つきの座席 日よけになる

ペナン・トリショー マレーシア 1980年代

最大2人乗りの座席

天蓋 アイスクリームを直射日光からまもる

カートのハンドル 自転車のハンドルバーのかわりをつとめる

**三輪アイスクリーム・カート** インド 1980年代

乗りやすいよう、サドルの高さと角度は調整できる

ブレーキとギアのケーブルのはりは自転車を折りたたむため、ゆるめになっている

大きなバッグをのせられる荷台

小さな金網バスケットで買い物をはこぶ

**公共自転車** 中国 2000年代

40.6センチメートル（16インチ）の小径ホイール

次世界大戦中にイギリス軍がつかったもので、2つの蝶ネジをゆるめるとフレームを2つに折りたたむことができた。**ブロンプトンのような折りたたみ自転車**は今でも何千人もの通勤者に愛用されている。配送用の自転車には荷物をはこぶためにバスケットやキャリアがついている。**DHLパーサイクル**は巨大なコンテナを自転車に取りつけ、荷物をはこぶ。自転車はフレームに荷車や客車を引いて走れるよう改造できるので、**アイスクリーム・カート**やペダルをこいで走るタクシーである、**ペナン・トリショー**といった「はたらく自転車」もある。

# かわりだね自転車

めずらしいかたちの自転車に乗って、いつもと違う筋肉をつかうと、"脚がゴムになったような"疲れを感じる。

すべての自転車が2本の車輪にひとりで背筋をのばして乗るものだという、こりかたまったかんがえはすてよう！　もっと速く、もっと乗りやすく、もっとたのしく乗れるように、基本設計にさまざまなアイデアの改良がほどこされた自転車を、ここでは紹介しよう。

一輪車はひとつのホイールをペダルでまわし、ころばずに乗るにはすぐれたバランス感覚が必要だ。三輪車は乗りやすく、パシュリー・トライ1など、大きな荷物をはこぶためのモデルもある。ドーズ・ギャラクシー・ツインのようなタンデム自転車は、ふたりでペダルをこぐけれども、どちらに進むかを決めるのは前の人だけ。サンタナ・トリプ

かわりだね自転車

このスマートな自転車は、ハンドルバーのかわりにジョイスティックで進む向きをきめる。

レットには3人分のサドルがあり、乗り手それぞれのチェーンホイールを長いチェーンリンクでむすんでいるので、なめらかにペダルがこげる。リカンベント自転車では低くすわるか寝るかして、脚を前のほうにのばす。低いポジションで風を切るように速く走ることができる。ウィンドチータ・スピーディーはわずか41時間4分22秒でイギリスを縦断した。リカンベント自転車のなかにはボディシェルをライダーの周囲に取りつけて空気をさらにスムーズにながそうというものもある。1990年、キングサイクル・ビーンは1時間にわたって時速76キロメートルという世界最速記録を打ちたてた。

# マウンテンバイク

陸の乗りもの

トレック8900プロ　アメリカ　1990年

フロントフォークがでこぼこに乗りあげたとき、下のチューブを上に押しあげてちぢむサスペンション

変速レバーがハンドルバーにあるので、15段ギアがかんたんにかえられる

後輪の1段ギアコグ

スペシャライズド・スタンプジャンパー　アメリカ　1981年

フレームはカーボンファイバーチューブ製、結合部にはアルミニウム製ジョイントをつかっている

ラレー・クールマックス　イギリス　2000年代

砂や土、泥の道をしっかりと受けとめる、6.4センチメートルの太いタイヤ

マウンテンバイクはどんな条件でもスピードが出せるよう、**30段ギア**をそなえているものもある。

キャノンデール・ヨー・エディ　アメリカ　1991年

トレック6000　アメリカ　1991年

足をペダルに固定するトーストラップ

でこぼこ道のショックをやわらげるショックアブソーバー

油圧式（液体で操作する）ディスクブレーキ

スタンプジャンパーFSRプロ　アメリカ　2004年

オフロードはふつうの自転車でも走れることは走れるが、平らなタイヤや細いフレームはでこぼこした道にかならずしも適しているわけではない。1970年代に、あるアメリカの自転車好きが、オフロードで走りやすいように自転車の設計をかえた。そう、これがマウンテンバイクの誕生だ！

はじめて量産されたマウンテンバイクはスペシャライズド・スタンプジャンパーだ。最初わずか500台しかつくられなかったモデルが、マウンテンバイク革命を起こした！　たちまち多くのメーカーが独自のデザインで参入した。トレック6000は総アルミニウム製フレーム、トレック8900プロはカーボンファイバー製と、フレームの軽量

**ハンドルバーの
ラバーグリップ**

**合成樹脂でおおった
クッション入りサドル**

**大径フレーム**

**20段のギアを自由に選択できる
ディレイラー・ギアシステム**

**フロントフォークには
最大9.9センチメートルまで伸び、
でこぼこに乗りあげたショックを
吸収できるサスペンションつき**

**マリン・ネイル・トレイル**
アメリカ　2014年

**リジッド
フォーク**

**服がチェーンに
からまるのをふせぐ
チェーンガード**

**ホイールのスポークに
取りつけたリフレクター**

**フットペグ
トリックをおこなう
ときはここに足を乗せる**

**サドルは低くセットして
体重が後輪にかかる
ようになっている**

**MBMインスティンクトBMX
スタント・バイシクル**　イタリア　2000年代

**ハロー・フリースタイラーBMW
レーシングバイク**　アメリカ　2012年

化が進んでいる。多くのマウンテンバイクにはサスペンションという機能がある。**マリン・ネイル・トレイル**のようにフレームにはサスペンションがないけれども、でこぼこや着陸のショックをやわらげるためのフロントフォークにサスペンションがある、ハードテイルのモデルもある。これにたいして、**スタンプジャンパーFSRプロ**のようなフルサスペンションの自転車は前後両輪にショックアブソーバーがある。BMXバイクはがんじょうな小径ホイールの自転車で、ダートトラックでのレースにつかわれるものもある。**MBMインスティンクト**のようなフリースタイルBMX（スタントライドBMX）は、トリック（決め技）や、サドルから腰をうかせて乗れるように設計されている。

# 命しらずのマウンテンバイク・ライダー

2014年のレッドブル・ランペイジで、MTBフリーライダーのルイ・リブールが、高さ16メートルの巨大なジャンプ台からマウンテンバイクで飛びだした。空中でバイクに乗ったまま一回転し、見事に着地をきめた。たったひとつのミスでまっさかさまにおち、かたい岩にたたきつけられる大惨事になっていたかもしれない。

マウンテンバイク（MTB）のフリーライドは、むずかしいコースやスリル満点の大自然のなか、ときには巨大なジャンプ台などの障害を走りながら技やトリックをきめる。選手は両輪フルサスペンションの自転車で着地するときの強烈なショックにそなえ、スピードとコントロール、それにトリックの完成度とむずかしさで審査される。一回転やバックフリップ（後方宙がえり）、手放し走行を披露する選手もいる。アメリカのユタ州、ザイオン国立公園の一角でおこなわれるレッドブル・ランペイジは年に一度開催され、招待されたフリーライダーだけが参加できる、世界でいちばんホットなトーナメントだ。各選手は、ほぼ垂直の尾根や崖にそったコースを走る。

# オートバイのしくみ

自転車にはじめてエンジンが取りつけられたのは19世紀のこと。そうして自転車はオートバイに進歩した。現在ではたくさんの人びとが、オートバイの速さと移動の便利さ、公道やトレイルでの自由をおもいっきりたのしんでいる。この**ヤマハXJR 1300**はエンジンがボディパネルにおおわれていないので「ネイキッド（はだかの）」バイクとよばれている。最高速度は時速210キロメートルで、ふつうの自動車よりも速い。

**シャーシ**
フレームにはオートバイの部品がついているが、シャーシはホイールを同一線上にたもってハンドリングを高める。鋼鉄か、金属の組みあわせ（合金）でできている。

**リアシート**
大型のオートバイには後ろに人が乗れるだけの長さのシートがあり、後ろの人はシート後方のハンドルをつかんで乗る。

ヤマハXJR 1300

**方向指示灯**

**ショックアブソーバー**
コイル状のスプリングが入ったシリンダーにオイルをみたしてあり、でこぼこな路面を乗りこえるショックからライダーをまもる。

**後輪**
エンジンが出すパワーはシャフトやベルトをつうじて後輪につたわる。このオートバイでは自転車のチェーンとにた金属のチェーンをつかって後輪をまわす。

**エグゾーストパイプ**
エグゾーストパイプはエンジンの排気ガスをバイクの後ろに出す。

### サイドミラー
ハンドルバーの上に取りつけてあり、ライダーはバイクの後ろを見ることができる。

### スロットル
右のハンドルバーをひねり、エンジンのシリンダーをながれる、燃料がまじった気体（混合気）をコントロールする。混合気がふえればパワーが増し、スピードが増す。

### 燃料タンク
エンジンを動かす燃料が入ったタンク。

### ウィンドシールド

### ヘッドライト
オルタネーターから電源を取り、前方の路面をてらす

### 前輪
前輪には空気が入ったタイヤを取りつけ、ハンドルバーで進む方向をきめる

### フロントフォーク

### ブレーキディスク

### エンジン
エンジンはガソリンでつくったパワーを後輪につたえる。このバイクのエンジンには、ハッチバックの自動車とほぼおなじ、約107馬力のパワーがある。

オートバイのしくみ

# オートバイの歴史

**ハンドルバー** ステアリング用

**サドルシート** 初走行のときにもえてしまった。それは高温のイグニッションパイプの真上にあったから

**リムは金属、ホイールは木製**

ミショー・ペロー・ベロシペード フランス 1867-71年

このオートバイは蒸気で動き、重量は88キログラム、なんとブレーキがない！

ダイムラー・ライトワーゲン ドイツ 1885年

ヒルデブランド＆ヴォルフミュラー・モトラート ドイツ 1894年

**マッドガード**はオートバイの水タンクもかねている

サイクロン ドイツ 1901年

動力源をそなえたオートバイのはじまりは小型の蒸気機関で後輪を動かしていたが、内燃機関が自転車型のフレームに取りつけられるほど小さくなったおかげで、オートバイは大きく発展することになる。

0.5馬力のエンジンをのせたダイムラー・ライトワーゲンが、木製だがはじめての「本物の」オートバイだといわれている。ホイールが木でできており、サスペンションがないと、とても乗りにくいことがわかった。はじめて量産されたオートバイはもっとスピードの出るモトラートで、約2,000台がつくられた。オートバイのはじめには、エンジンをへ

オートバイの歴史

ラウリン・クレメント・スラビア・モデルB　チェコ共和国　1903年
- スプリングつきの自転車用サドル
- エンジンを動かすためのペダル

インディアン・シングル　アメリカ　1904年
- ペダルをぎゃくにまわすとブレーキがかかる

FNフォー　ベルギー　1911年
- ガソリンとオイルが入る、真ちゅう製のタンク
- 当時の記録となる最高時速64キロメートルを出したエンジン

ポープ・モデルL　アメリカ　1911年
- 3段変速ギア　当時多くのオートバイは1段しかなかった

ウィルキンソンTMC　イギリス　1912年
- 気もちいいパッドが入った本革シート
- 多くの自動車とおなじ水冷式エンジン

カール・クランシーは1912年にヘンダーソン・フォーで**28,800キロメートル**走り、世界一周をなしとげた。

ヘンダーソン・フォー　アメリカ　1912年
- オートバイの最高速度は時速97キロメートルにたっし、警察のたよれる戦力になった
- 長いハンドルバーがシートに向かって後ろにのびている

ノートン・オールド・ミラクル　イギリス　1912年
- 初期のオートバイの最高記録、時速115キロメートルを出した

んなところにのせていたものもあった。**サイクロン**はライダーの前方にエンジンをおいて前輪をまわし、**インディアン・シングル**のエンジンは低い位置にあり、道のでこぼこを乗りこえようとすると、ぶつかる危険があった。やがて、複数のシリンダーをもつエンジンがつくられるようになる。**ポープ・モデルL**は2気筒で、T型フォードとほぼ同価格、**FNフォー**は早くから4気筒をのせたオートバイだといわれている。4気筒の**ウィルキンソンTMC**は長距離ツーリングのために設計されており、パッド入りの本革シートをつかっていたが、フロントブレーキはなかった。

# 戦場のオートバイ

陸の乗りもの

陸王97式　日本　1933年

サイドカーのホイールはオートバイの745ccエンジンで動いている

ツンダップ KS750　ドイツ　1940年

BMW R75　ドイツ　1941年

弾薬をのせるため、フレームを鋼鉄製にした重量感のあるバニア

サイドカー

2連燃料タンクには19リットルのガソリンが入った

20センチメートルのドラムブレーキ

ノートン・ビッグフォー・サイドカー　イギリス　1940年

インディアン841　アメリカ　1941年

オートバイがより速く、じょうぶで、頼りがいのあるものになると、各国の軍隊がたくさんのバイクをつかうようになった。第二次世界大戦では、偵察や護衛のため、そしてメッセージや人びとをはこぶ手段として、オートバイは大きな戦力となる。

第二次世界大戦時、たくさんの民間用オートバイが軍事目的でつかわれた。7万台を超えるハーレーダビッドソン WLA がアメリカ軍用につくられ、イギリスと連合国では BSA M20 が 12万 6,000 台と、戦時下にもっとも多い台数がおくりだされた。日本に製造をまかせていた

オートバイは3人の兵員とその兵装を最高時速95キロメートルの速度で輸送できた

バイクは直径わずか33センチメートルのキャニスターに収納する

パラシュート

ウェルバイク　イギリス　1942年

BSA M20　イギリス　1942年

後輪にキャンバスのパニア

ノートン16Hデザート・デューティー　イギリス　1942年

ウェルバイクはわずか11秒で組み立てることができた。

ライフルや機関銃を入れるためのホルスター

ハーレーダビッドソンWLA　アメリカ　1942年

エンジン保護用の鋼板製「バッシュプレート」

オートバイの重量は60キログラム、パラシュートからの投下やグライダーでの輸送が容易にできた

1リットルの燃料で53キロメートルを走行できる、小型エンジン

ロイヤル・エンフィールドWD/RE125フライング・フレア　イギリス　1948年

戦場のオートバイ

　戦前型のハーレーダビッドソンは、戦時中 陸王97式として日本軍が採用した。サイドカーにもエンジンをつけ、あれた地面にあわせた機能を強化しているところは、イギリス軍が採用したノートン・ビッグ・フォーのサイドカーもおなじ。重さ420キログラムのツンダップKS750は第二次世界大戦における超大型級サイドカーだ。いっぽう重さ32キログラムのウェルバイクは折りたたんでキャニスターにおさめ、航空機からパラシュートで投げおろせた。おなじく軽いフライング・フレアは無線通信ができない場所で手紙を運ぶのに使われた。

43

# スクーター

陸の乗りもの

つかわないときは折りたためる **ステアリングコラム**

**オートペッド** アメリカ 1915年

155ccのエンジンが前輪の真上にある

202ccのエンジンはカバーでおおってシートの下にある

**クッシュマン・オートグライド** アメリカ 1938年

鍵のついたトランク

大きなウィンドシールド

エグゾーストパイプ

後輪の直径は25センチメートル

**ランブレッタLD150** イタリア 1957年

2人乗りのサドル（日本仕様は1人乗り）

パッドの入った2人乗りのベンチサドル

**ベスパ・ラリー250** イタリア 1976年

スーパーカブは製造台数が史上最多の6,000万台を超える自動車両だ。

**ホンダ・スーパーカブC100** 日本 1958年

エンジンを冷やすエアベントのおかげで、最高時速113キロメートルまで加速できた

スクーターは乗り降りがかんたんなデザインで、カバーでおおわれたエンジンの上に運転席がある小型のオートバイだ。「モペッド」という言葉はもともと、ペダルをこいでエンジンをスタートさせる原動機つき自転車のことだったが、今では50cc以下エンジンを積む小型のスクーターもこうよばれている。

ごく初期のスクーター、オートペッドはエンジンがギアをつかって前輪をまわす。ヴェロソレックス45は初期のモペッドで、エンジンのパワーは前輪のタイヤの上にあるローラーを伝わってくる。ホンダ・スーパーカブなど、軽くて燃費のいいスクーターやモペッドは、物資が少ない第二次大戦後に手ごろな価格で手に入れることができて

このスクーターはスタートから7秒で時速100キロメートルまで加速できる。

セーフティセルは衝突時につぶれてライダーをまもる

BMW C1 200　ドイツ　2001年

フードつきのインストルメントパネル

前輪の油圧ブレーキ

ホンダPCX125　日本　2010年

大容量のリチウムイオンバッテリーが電気モーターをまわし、充電は4時間ですむ

BMW Cエボリューション　ドイツ　2014年

スクーターは1回の充電で100キロメートル走れる

小さな燃料タンクには5リットルの燃料が入る

荷物箱のついた荷台

モトベカン・モビレット　フランス　1986年

鋼鉄製の荷台

ヴェロソレックス45　フランス　1949年

ヤマハ・ジョグRR　日本　2011年

プラスチック製のフェアリングに取りつけたヘッドライト

下に荷物が入る開閉式シート

PGO PMXネイキッド　台湾　2011年

便利な交通手段だった。1950年代から60年代にかけておこった、おしゃれなデザインのイタリアン・スクーターの大ブームによって、大きなウィンドシールドや後部座席があり、最高速度が時速80キロメートルにたっする有名なランブレッタLD150がうまれた。スクーターやモペッドは今も進化をつづけている。小型の50ccエンジンで走るヤマハ・ジョグやPGO PMXは若者向けスクーター。未来のスクーターはBMW C1 200のようにルーフでおおわれることになるか、BMW Cエボリューションのように電気モーターで走るようになるかもしれない。

# 三輪オートバイ

陸の乗りもの

**アリエル・トライサイクル** イギリス 1898年
- 燃料タンク
- 単気筒エンジンでバイクを時速39キロメートルまで加速

**ラレー・ラリエット・タンデム・トライカー** イギリス 1904年
- トップボックスにはツールと着替えが入る
- 助手席はドライバーの前にある
- 水を満たしたコイル状のラジエーターパイプでエンジンを冷やす

**レクセット5HP** イギリス 1905年
- ハンドルバーではなく、自動車のようにステアリングホイールがついている
- テールライト

**ハーレーダビッドソン・サービカーGE** アメリカ 1969年
- 警察のサイレン
- フロントフェンダー

**ホンダ・ストリーム** 日本 1982年
- チョッパースタイルの幅の広いパッド入りシート

オートバイがすべて2輪とはかぎらない。バイクがはじめて開発されてから、エンジニアたちは3輪オートバイをつくりつづけてきた。3輪オートバイのほうが乗り方をおぼえるのが楽で、エンジンや荷物の空間も広く取れるうえに、タイヤがふえただけ安定性も高まる。3輪モデルのはじまりはペダルでこぐ3輪車にエンジンを取りつけたものだった。アリエル・トライサイクルは後輪のあいだの空間をエンジンのためにつかっている。後輪1つをエンジンで動かして走るモデルを開発したメーカーもあり、その場合、前輪は2つになる。レクセット5HPとラリエット・トライカーは両方とも後輪駆動で、前

**ホンダ・ゴールドウィングEMLトライク**
日本／オランダ 1994年

**ヴァンデンブリンク・カーヴァー・ワン** オランダ 2007年

短いプラスチック製の
ウィンドシールドが
空気を乗る人の
頭の上へとながす

3輪の自動車風ボディは
最大45度までかたむき、
ホイールがしっかり地面を
とらえるようになっている

道のでこぼこ
を乗りこえるため、
ふたつある前輪には、
それぞれ独立した
**サスペンション**
がある。

オートバイの重量は
152キログラムで、
カーヴァー・ワンの4分の1

**カンナム・スパイダー・トライク**
カナダ 2011年

**ヤマハ・トリシティ**
日本 2014年

2連の6スポークホイール
直径は35センチメートル

三輪オートバイ

輪の上の空間に助手席がある。有名な**ハーレーダビッドソン・サービカーGE**は、1930年代から1970年代まで警察車両や救難車両につかわれた。**カンナム・スパイダー**はレジャー用としてつくられ、小型のハッチバック自動車とほぼ同じパワーがある。技術はすすみ、カーブを切るときにボディをかたむけることができるあらたな3輪バイクが誕生した。ヴァンデンブリンクは車体上部をおおいつくすコクピット、2連の後輪と、まるで3輪自動車のようなかたちをしている。ヤマハ・トリシティは前輪が2連だが、もう少しオートバイに近いかたちをしている。

# ロードをつっぱしれ！

陸の乗りもの

ナンバープレート・ホルダー

エグゾーストパイプが下にある

ロイヤル・エンフィールド 500ツイン　イギリス　1951年

下にスプリングがついたシート

フロントフェンダーにはオートバイの名前が書いてある

ホンダ・CB550フォア　日本　1976年

ハーレーダビッドソン・エレクトラ・グライド　アメリカ　1965年

全米で3,000を超える警察部隊がハーレーダビッドソンをつかっている。

クローム仕あげのフロントフォーク

リアタイヤの直径は45センチメートル（18インチ）で幅は9.4センチメートル

カワサキH2C　日本　1975年

KMZドニエプルMT11　ロシア　1985年

BMW R60/6　ドイツ　1976年

一般道を走るため、標準型からクルーザーまで、さまざまなタイプのオートバイがつくられている。標準型オートバイは背中を起こして乗るものが多く、スムーズなタイヤを装備している。クルーザーのタイプはそれよりも大きく、後ろにかたむいたシートにもたれ、リラックスして乗るのが特徴だ。

標準型のオートバイは街乗りや短い旅行に理想的だ。1970年代のポピュラーな中型エンジンのバイクにはBMW R60/6やホンダCB550フォアなどがあり、500ccのエンジンで最高速度が時速164キロメートルまで出すことができた。長距離を走るため、クルーザーに乗る人も多い。エレクトラ・グライドは電動式のエンジンス

ロードをつっぱしれ!

パワフルなヘッドライト

ドゥカティM900モンスター　イタリア　1994年

ハーレーダビッドソン・FLSTFファットボーイ　アメリカ　1999年

ファットボーイは映画『ターミネーター2』に登場した。

エンジンシリンダーから長くのびるエグゾーストパイプ

高い制動力をほこる2枚の直径32センチメートル(12.6インチ)のブレーキディスク

BMW R1200 RT　ドイツ　2005年

21リットルの燃料タンク

ヤマハFZS1000フェザー　日本　2002年

最高速度が時速217キロメートルにたっするエンジン

燃料タンクの上のあるインストルメントパネル

長いベンチシートの地上高は74センチメートル

トライアンフ・ボンネビル　イギリス　2011年

トライアンフ・サンダーバード　イギリス　2010年

ターターつき、ハーレーダビッドソンではじめての大型オートバイだ。イギリスのトライアンフ・サンダーバードは1920年代からベルト駆動式オートバイをつくりつづけている。マッスルバイクはパワフルなエンジンを積み、デザインもアップ・トゥ・デートされている。ドゥカティM900は大きくて彫刻のようにかたちづくられた燃料タンクと、珍しい三角形のフレームが目を引く。ロード用オートバイのなかには、ハーレーダビッドソン・ファットボーイやトライアンフ・ボンネビルのように、むかしながらのオートバイのデザインを取りいれているものもある。

# レーシングオートバイ

燃料タンクの前方に取りつけられた**オイルタンク**

時速129キロメートル
**スコット・スーパー・スクイレル** イギリス 1927年

大きなスプリングがついたサドル

時速153キロメートル
**ノートン・インターナショナル30** イギリス 1936年

快適なパッド入りシート

透明なウィンドシールド

時速209キロメートル
**NSUレンマックス** ドイツ 1953年

RC166のエンジンは**毎分2万回転**できる。なんと1秒間に333回転！

巨大なアルミニウム製燃料タンクの上で前傾姿勢を取らなければならない

6本あるエグゾーストパイプの片側3本

ウィンドシールド

**ホンダRC166** 日本 1966年

時速286キロメートル
**モトグッチV8** イタリア 1957年

時速241キロメートル

レーシングオートバイは、サーキット上での究極の性能、速度と加速力、それに制動力を最大限に引きだすことをめざして調整されている。スポーツバイクも高性能をほこるが、こちらはあくまで公道を走るためのもの。レーシングオートバイのスタイルや特徴をまねたものもある。

レーシングオートバイのはじまり、たとえばスコット・スーパー・スクイレルやノートン・インターナショナル30などは、サーキットのレースからタイムトライアルにいたる、さまざまなレースをたたかった。ノートン・インターナショナル30は1934年、有名なマン島TT（タイムトライアル）で1位、2位、5位に入った。トラックレースは型式別とエンジ

カワサキ・ドラッグスター　イギリス／日本　1977年
ウィンドシールドを組みこんだ、低いフェアリング
カワサキ製オートバイ用850ccエンジン2台が同時に動く
時速354キロメートル

スズキRG500　日本　1986年
低いライディングポジションのための立体造形されたシート
時速237キロメートル

ビモータ・マントラ　イタリア　1996年
時速201キロメートル

加速後わずか7.7秒で時速240キロメートルにたっする。

ホンダCBR1000RRファイアブレード　日本　2009年
スムーズな路面のサーキットでレースをするための幅広で溝のないスリックタイヤ
時速320キロメートル

ヤマハYZF R1　日本　1998年
時速275キロメートル

アプリリアRSV4　イタリア　2011年
一本出しのレーシングエグゾースト　チタン合金製
時速290キロメートル

レーシングオートバイ

ン別レースがおこなわれている。**ホンダRC166**は重さが112キログラム、エンジンは250ccだが、レースでは時速241キロメートルの最高速度をたたきだしている。現代のレーシングオートバイ、たとえば**アプリリアRSV4**は超高性能な電子制御技術を取りいれている。RSV4は走行中にオートバイのサスペンションやトランスミッショ

ン、それにエンジンの性能を調整することができる。オートバイのメーカーは、レースで何度も優勝したモデルを一般道でも走れるよう改造したバージョンを発売することがある。**スズキRG500**は、500cc部門のグランプリ世界選手権で7年間に4回優勝したレーシングモデルをベースにつくられている。

## 跳べ！ トリックをきめろ！

マジか！ 2013年、スイスのチューリッヒでひらかれた欧州最大のフリースポーツのイベント、フリースタイル・コンペティションで、ペドロ・モレノが最高の空中演技をきめた。モレノはプロのフリースタイル・モトクロス（FMX）のライダー。フリースタイル・モトクロスは、ライダーたちが巨大なジャンプ台から空中に飛びだし、見事なポーズをきめて超人的なトリックをこなし、着地するまでの腕前をきそう。

レースに勝つため、フリースタイル・モトクロスのライダーはあちこちの部品を改造した特別なオートバイに乗る。サドルのクッションをけずってせまくしたり、コンポーネントを軽いものに交換したり、トリックやムーブのときにブーツが引っかからないようケーブルの引きまわしをかえるといった工夫がかさねられている。オートバイに乗ったライダーの後方宙返りや、ライダーがつま先をハンドルバーの下に引っかける「クリフハンガー」、ライダーがバイクを水平にたもったままハンドルバーの上で逆だちする「ツナミ」など、ハラハラドキドキするトリックを山ほど見せてくれる。空中でのひねり技、バイクからはなれてサドルをつかむ、バイクから両手をはなすといった超絶技をこなしても、審判からトップの評価をゲットするには完璧な着地をきめなければならない。

# オフロード用オートバイ

ハーレーダビッドソン・ヒルクライマー　アメリカ　1930年

マッドガードを高くして泥や水が飛びちらないようにしている。

BSAゴールドスター・スクランブラー　イギリス　1959年

グズグズな路面をしっかりとつかむため、後輪を金属チェーンでおおっている。

中空アルミニウム製ホイール、つまり、このオートバイは水に浮く！

大きな鋼鉄製カーゴラック

ロコン・トレイルブレーカー　アメリカ　1963年

ハスクバーナ・エンデューロ　スウェーデン　1973年

前輪はチェーンでまわる

レースナンバー

やわらかい路面をしっかりとらえるための突起がついた、トレッドの深いタイヤ

公道走行OKな重さ109キログラムのバイク

10.6リットルのプラスチック製燃料タンク

CZ 250モトクロス　チェコ　1974年

スズキ・エンデューロ PE250X　日本　1981年

オフロード・バイクは都会の混雑から乗り手を解放してくれる。しかし、30〜40人のライダーたちとでこぼこしたダートコース（舗装していない道）でモトクロスレースをたたかうとなると、押しあいへしあいのあらそいになる。オフロード用オートバイは、衝撃を消すためのタフでがんじょうなサスペンションをそなえている。

ロコン・トレイルブレーカーはただひとつの量産型二輪駆動オートバイだ。このモデル以外のオフロード・バイクは後輪駆動で、トレッドが深いがんじょうなタイヤで砂や泥をしっかりとつかむ。KTM 65SX は8歳から13歳が乗るのに理想的なモデルだが、もう少し大きくなったら、KTM 350 SX-F のようなトップクラスのモトクロスバイク

スピードウェイのバイクは、たった3秒で時速100キロメートルまで加速する。

レースで4周するのにじゅうぶんなメタノールを貯蔵できる小さなタンク

ステアリングの反応がよくなるよう、角度が急なフォーク

ウェスレイク スピードウェイ　イギリス　1981年

ホンダ・アフリカツイン　日本　1990年
2連ヘッドライト

燃料を満タンにすれば600キロメートルの距離を走れる

ヤマハXTテネレ　日本　2010年

KTM 65SX　オーストリア　2011年

フロントフォークのトラベルが長い（サスペンションが伸び縮みする長さがある）

アルミニウム製のエグゾーストサイレンサー　後席の下におしこまれている

オートバイの最高速度は時速80キロメートル

KTM 350 SX-F　オーストリア　2012年

オフロード用オートバイ

にステップアップしてもいい。KTMはモトクロスMX2世界選手権で2008年から2014年まで優勝したモデルだ。軽量級のスズキ・エンデューロPE250Xといったエンデューロ・バイクは、オフロードのレース用だが、ふだんはモトクロスよりも長距離のコースでたたかうためのもの。アドベンチャーバイクは燃料タンクが大きいヤマハXTテネレのような大型のオフロード・バイクで、このモデルはダカールラリーで7回優勝したバイクをベースとしている。ウェスレイク・スピードウェイのようなスピードウェイ・バイクにはブレーキがなく、ギアも1段だけだ。スピードウェイ・バイクはタイトな楕円形のダートトラックを周回するレースのためのもの。

55

# 最速の二輪車

1929年式SS100は、オークションに出たときに5500万円で落札されたこともある。

エクセルシオール20R　アメリカ　1920年
エンジンはV型2気筒
時速160キロメートル

ブロー・スーペリアSS100　イギリス　1927年
ものをしまうためのパニアバッグ
時速164キロメートル

ヴィンセント・ブラックシャドー　イギリス　1949年
Vツイン・エンジンからの1本出しエグゾースト
時速196キロメートル

ヴィンセント・マイティマウス　イギリス　1966年
加速するさいにバイクの前方がうきあがるのをふせぐウイリーバー
時速257キロメートル

ボディシェルはカーボンファイバー製で全長6.4メートル
スズキ 隼（ハヤブサ）のエンジンを2基のせてある
時速591キロメートル

オートバイがうまれてから今もなお、速さの限界を見きわめようと、レースや速度試験がくりかえされてきた。これからも、デザイナーやエンジニア、それにライダーも、自分たちのおどろくべきマシンがさらにほんの少しでも速くなるよう、ずっと努力をかさねていくだろう。

エクセルシオール20Rは早くから時速160キロメートルにたっしたモデルの代表格だ。記録はその後ブロー・スーペリアSS100に破られ、1960年代のドラッグレース（止まった状態でスタートをし、直線コース上を走るレース）ではもっとも速い単気筒オートバイ、ヴィンセント・マイティマウスがあらわれる。今のオートバイはほとんどが

**BMW R90S** ドイツ 1975年
1976年の第1回AMAスーパーバイク選手権の優勝車
時速200キロメートル

**ドゥカティ916** イタリア 1995年
時速257キロメートル
流線型のフェアリングが空気をバイクの後方にみちびく

はねあげてなかのパーツを整備できる、**ヒンジつきの燃料タンク**
時速299キロメートル
**スズキGSX 1300R 隼（ハヤブサ）** 日本 1999年
パワフルなディスクブレーキ

ジェットエンジンの排気のための**大きなエグゾースト**
時速402キロメートル
**MTTタービン・スーパーバイク** アメリカ 2001年
巨大な1,441ccのエンジンには車2台分のパワーがある

**トップ1アック・アタック** アメリカ 2004年
時速606キロメートル

時速301キロメートル
**カワサキZZR 1400** 日本 2011年

**BUBセブン・ストリームライナー** アメリカ 2006年

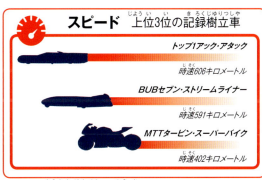

**スピード** 上位3位の記録樹立車

トップ1アック・アタック
時速606キロメートル

BUBセブン・ストリームライナー
時速591キロメートル

MTTタービン・スーパーバイク
時速402キロメートル

最速の二輪車

複数気筒のエンジンを採用している。**ドゥカティ916**は2気筒エンジンをのせていて、世界スーパーバイク選手権で4度優勝した。4気筒の**スズキGSX1300R 隼（ハヤブサ）**は20世紀でもっとも速い量産オートバイである。現時点では**カワサキZZR1400**が最速の地位を手にしている。それよりも速いのが最新鋭の流線型車両で、車高を低くおさえ、空力学的に有利なかたちをしたボディのなかで、ライダーが寝ながら乗っている。**BUBセブン・ストリームライナー**は2006年にはじめて時速563キロメートルを突破した。現在世界最速のオートバイは**トップ1アック・アタック**だ。

# ツーリング

ブロー・スーペリア・オースティン・フォア　イギリス　1932年

オーバーサイズのヘッドライト

インディアン・ツー・シクスティ　アメリカ　1914年

助手席は後輪の真上にある

サンビームS7デラックス　イギリス　1949年

BMW R26　ドイツ　1957年

気もちいい乗りごこちのための太いタイヤ

エンジンからのシャフトで後輪を動かす

BMW R26のエンジンは改良され、自動車のBMWイセッタ300につかわれた。

ウィンドシールドは高さ調整できる

高い位置の助手席

クロームの荷台

ハーレーダビッドソンFLHTエレクトラ・グライド・クラシック　アメリカ　1984年

巨大で重くパワフルなツーリングやスポーツツーリング用のオートバイは、長い距離を気もちよく走るためにつくられている。まるで大きな動物のようでもある大型オートバイのなかには、高音質のオーディオシステムをのせたものなど、他のオートバイでは見られない快適なつくりの、ぜいたくなものもある。

大型オートバイは最初のころ、自動車ではあたりまえの機能を取りいれたものが多かった。インディアン・ツー・シクスティは電気ライトを標準装備したはじめてのバイクだ。ブロー・スーペリア・オースティン・フォアは自動車のエンジンとトランスミッションをのせ、ごく近い場所にある2本の後輪をまわし、乗りごこちをスムーズにした。1970年

ホンダ・ゴールドウイング GL1500　日本　1999年
クルーズコントロールをつかうと、あらかじめきめた速度でオートバイを走らせることができる

スズキM1800Rイントルーダー　日本　2007年

ハーレーダビッドソンCVO ソフテール・コンバーチブル　アメリカ　2010年
アルミニウム鋳造製の前輪

MVアグスタF4CC　イタリア　2008年
カーボンファイバー製ボディパネル
1,078ccのエンジンで最高速度は時速315キロメートル
ツインディスクブレーキはレース用オートバイにつかわれるもの

BMW K1600GT　ドイツ　2011年
アダプティブ・ヘッドライト
環境におうじてあかるさをかえる

このバイクは**230万円**の時計がついて、価格が**3500万円**に。

エコス・チタニウム　アメリカ　2011年
フレームは軽いががんじょうなチタン合金製

ホンダ・ゴールドウイング GL1800　日本　2014年
エアバッグは衝突したときに0.1秒でひらく

代から80年代にかけて、大型オートバイはさらに大きく、重くなった。**エレクトラ・グライド・クラシック**はガソリンを入れていない重量が335キログラムを超える。最近のぜいたくなオートバイは、最新技術があらわれるたびにマシンに取りいれている。**ホンダ・ゴールドウイング GL1500**にはフットヒーターがあり、ジュークボックスを内蔵するモデルもある。**BMW K1600GT**はシートとハンドルバーのグリップにヒーターをそなえて寒い日も快適に走れるし、コンピュータはカラーのタッチスクリーンでコントロールできる。**ホンダ・ゴールドウイング GL1800**は電動式のリバースギアとライダーを事故からまもるエアバッグがついている。

# 自動車のしくみ

陸の乗りもの

20世紀、自動車は人やモノの輸送に革命をおこし、今では5億台を超える自動車が世界中の道路を走っている。自動車のなかには電気モーターですべて動くものや、一部を電気モーターにたよるものもあるが、ほとんどが内燃機関のなかで燃料と空気をまぜて燃やし、車輪をまわす力をつくっている。**トヨタ・ヴィッツ**（国によってはヤリスという名前でよばれる）は人気の小型ファミリーカーで、毎年20万台を超える台数がつくられている。

**エンジン**
ボンネットの下には内燃機関があり、約90馬力を出すと、最高速度は時速175キロメートルにたっする。

**ヘッドライト**
透明なプラスチックカバーで保護されたヘッドライトは前方の路上を照らす。

**方向指示器**

**サイドミラー**

**ステアリングホイール**

**バックミラー**

**ディスクブレーキ**
ブレーキはホイールに取りつけられたディスクにパッドを押しつける。パッドとディスクの摩擦でホイールの回転がおそくなるというしくみ。

### インテリア
車の内側には、ドライバーや同乗者をまもるエアバッグがあり、強烈な衝撃を受けるとふくらんで、車のなかにいる人のクッションとなる。ヴィッツでは、フロントとサイドにエアバッグがある。

### ハッチバック
この車の後ろには車高いっぱいの高さで上下にひらくドアがあり、272リットルの収納スペースがつかわれる。このように、後部にドアがある車をハッチバックとよぶ。

### ラジオのアンテナ

### トヨタ・ヴィッツ

### 後部方向指示器とブレーキランプ

### 乗降ドア
鋼鉄のパネルやアルミニウム、またはカーボンファイバーからつくられる。この車にはリモートコントロールのロックがついている。ドライバーがキーのボタンを押せば、4枚のドアすべてのロックやロックの解除もできる。

自動車のしくみ

# 自動車の歴史

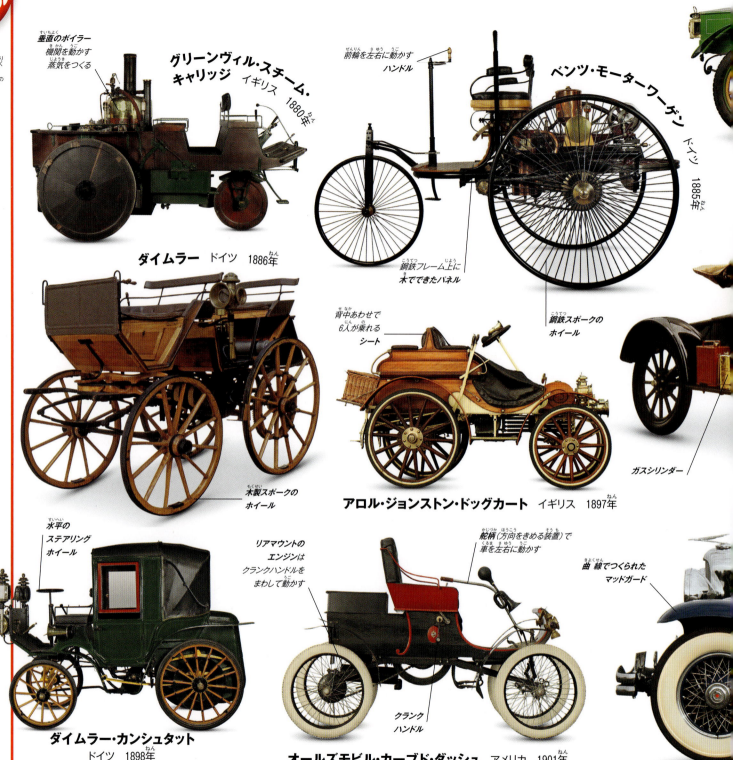

グリーンヴィル・スチーム・キャリッジ　イギリス　1880年
- 垂直のボイラー　機関を動かす蒸気をつくる

ベンツ・モーターワーゲン　ドイツ　1885年
- 前輪を左右に動かすハンドル
- 鋼鉄フレーム上に木でできたパネル
- 鋼鉄スポークのホイール

ダイムラー　ドイツ　1886年
- 木製スポークのホイール

アロル・ジョンストン・ドッグカート　イギリス　1897年
- 背中あわせで6人が乗れるシート
- ガスシリンダー

ダイムラー・カンシュタット　ドイツ　1898年
- 水平のステアリングホイール
- リアマウントのエンジンはクランクハンドルをまわして動かす

オールズモビル・カーブド・ダッシュ　アメリカ　1901年
- 舵柄（方向をきめる装置）で車を左右に動かす
- クランクハンドル
- 曲線でつくられたマッドガード

はじめて道路を走ったのは、グリーンヴィル・スチーム・キャリッジに代表される、蒸気機関の車両だった。ガソリンを燃料とするとても安定した内燃機関がつくられ、はじめての大衆車がうまれる。

カール・ベンツがつくった三輪のベンツ・モーターワーゲンが、内燃機関をのせたはじめての自動車である。そこから遅れること1年、馬車にエンジンをのせたダイムラーが、はじめてのガソリン駆動の四輪車となる。ダイムラーがエンジンつき馬車の開発を進めるなか、多くの自動車メーカーが登場してきた。オールズモビル・カーブド・ダ

自動車の歴史

ド・ディオン・ブートン・タイプO　フランス　1902年
- 手でにぎってならすホーン

ロールス・ロイス・シルバーゴースト　イギリス　1906年
- シルクハットをかぶる男性のために高いルーフの設計
- リムの取りはずしができる木のホイール

フォード・モデルT（T型フォード）　アメリカ　1908年
- ガス灯

1907年から1927年までで1500万台を超えるモデルTがつくられた。

シトロエン・タイプA　フランス　1919年

オースティン・セブン　イギリス　1926年
- 車両の総重量はわずか360キログラム

デューセンバーグ・モデルJ　アメリカ　1928年
- ボンネットの全長は1.3メートル、698ccのエンジン
- フードは高品質のキャンバス製
- テールライトはひとつ
- 車の両側に取りつけられたスペアホイール

ッシュは世界最初の量産車で、販売された台数は1万9,000台以上にのぼる。初期の自動車にはかなり原始的な機能のものもあった。**アロル・ジョンストン・ドッグカート**はロープを引っぱってエンジンをスタートさせるものだったし、**フォード・モデルT**をふくめ、多くの車はガス灯をのせていた。組み立てラインで製造したモデルTは、車を一般人が手に入れられる身近なものにした。1920年代には自動車のデザインに大きな変化がおこり、アメリカのギャングや映画スターが運転する**デューセンバーグ・モデルJ**、コンパクトな**オースティン・セブン**があらわれる。

## ころがるスリル！

人と車がぶつかったようなこの写真、最初はひどい事故が起こったように見える。でもじつは、たのしいゲームの1コマをとらえたもの。ヒントは写真右、地面にころがっているボール。さらによく見ると、助手席の人がポロ競技のマレット（ボールを打つ道具）をもっているのがわかるだろう。「オートポロ」というあたらしいスポーツをたのしもう、ということで、この緊張の瞬間は、アメリカはフロリダ州で1928年におこなわれたポロの試合の一場面なのだ。

ポロはふつう、馬に乗ってプレイする。輸送手段が馬から自動車へとかわっていった1900年代初期のアメリカでは、ポロのルールがじつにおかしなかたちにかえられていった。このスポーツをかんがえたのはフォードの自動車ディーラーだといわれており、販売をうながすための見世物として、このアイデアを思いついたらしい。ゲームは2つのチームでプレイされ、2台の車と4人のプレイヤーで1チーム、馬のかわりとなるのは、よけいな装備をすべて取りはらったT型フォードだ。ドライバーはシートベルトでシートに固定され、同乗者のマレットマンは外側に身を乗りだしてバスケットボールを打ってゴールをねらう。車がフィールドを走りまわる速さはなんと最高時速64キロメートルにたっしたのに、審判は自分の足で競技を追いかけたのだった。ゲームがおわるころ、車はたいていほろほろになっていたようだ。

# レーシングカーのはじまり

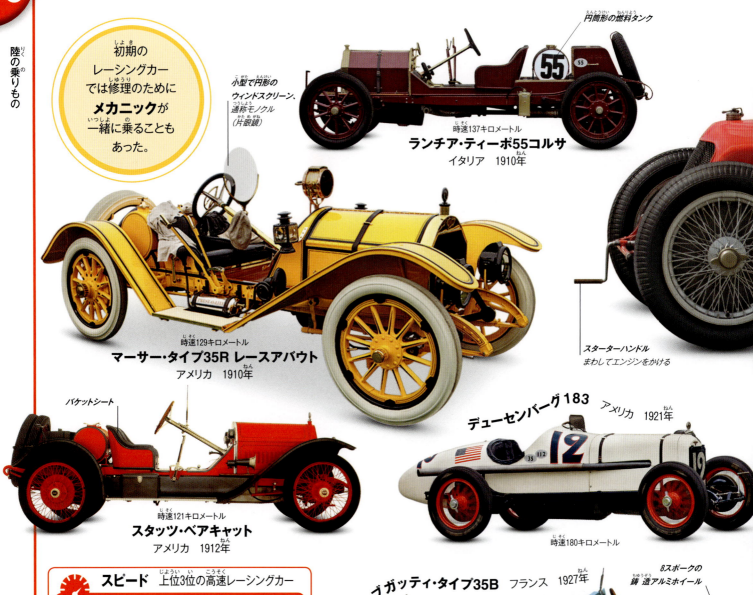

初期のレーシングカーでは修理のためにメカニックが一緒に乗ることもあった。

円筒形の燃料タンク

小型で円形のウィンドスクリーン、通称モノクル（片眼鏡）

時速137キロメートル
**ランチア・ティーポ55コルサ**
イタリア　1910年

スターターハンドル
まわしてエンジンをかける

時速129キロメートル
**マーサー・タイプ35R レースアバウト**
アメリカ　1910年

バケットシート

時速121キロメートル
**スタッツ・ベアキャット**
アメリカ　1912年

**デューセンバーグ183**
アメリカ　1921年
時速180キロメートル

8スポークの鋳造アルミホイール

**ブガッティ・タイプ35B**
フランス　1927年
時速204キロメートル

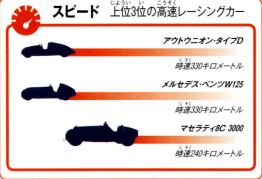

**スピード**　上位3位の高速レーシングカー

アウトウニオン・タイプD
時速330キロメートル

メルセデス・ベンツW125
時速330キロメートル

マセラティ8C 3000
時速240キロメートル

自動車が大量生産されるようになるとすぐ、人びとはレースに熱中するようになった。初期のレースではスピードとともに信頼性がためされた。それだけ車がよくこわれたからだ。しかし技術は進歩しつづけ、あっという間にレーシングカーはスピードのばけものへと進化していった。

初期のレーシングドライバーには、車をつくる側に仕事をかえた人もいる。たとえば、1904年のコッパ・フローリオレースで優勝したイタリアのヴィンツェンツォ・ランチアは、ランチア・ティーポ55コルサをつくった。大西洋をはさんだアメリカではスタッツ・ベアキャットが30のレースに出場し25勝、マーサー・タイプ35Rレースアバウトは

時速148キロメートル
ベントレー4½リットル　イギリス　1927年

ミラー・ボイル・バルブ・スペシャル　アメリカ　1930年
時速225キロメートル
スポークつきタイヤ

マセラティ8C 3000　イタリア　1932年
4本のエグゾーストパイプ1本から排気ガスがまとめて出る
時速240キロメートル

エグゾーストパイプがコックピットの下をとおっている
時速217キロメートル
アルファロメオ8C 2300 モンツァ　イタリア　1933年

ハドソン・エイト・インディアナポリス　アメリカ　1933年
時速209キロメートル
ハンドブレーキレバー外側についている

時速330キロメートル
メルセデス・ベンツW125　ドイツ　1937年

エンジンはドライバーの後側にのっている
アウトウニオン・タイプD　ドイツ　1938年
時速330キロメートル

レーシングカーのはじまり

1911年にはじめの6レースのなかで5つの勝利をおさめた。レーシングカーは第一次世界大戦ののちも、しばらくは箱のようなゴツゴツしたかたちをしていたが、しだいにうつくしい丸みをおびたかたちの車があらわれだした。**デューセンバーグ183**はヨーロッパのグランプリレースで勝ったはじめての純アメリカ製の車だ。1920年代から30年代にかけては、**アルファロメオ8C 2300 モンツァ**や**ブガッティ・タイプ35B**など、息をのむほどうつくしいレーシングカーがつくられていく。タイプ35はレースで1,000回以上優勝し、1937年の欧州グランプリ選手権でとてつもない強さを見せた**メルセデス・ベンツW125**に代表されるドイツ車たちとたたかった。

# 流線型スタイル

メルセデス・ベンツ500K
スペシャル・ロードスター　ドイツ　1934年

金属製の電動で折りたたみできるルーフ

プジョー401エクリプス　フランス　1934年

ボンネット内のベントでエンジンをひやす

ブガッティ・タイプ57SC
アトランテ　フランス　1934年

巨大なホイールフェンダー、または「ウィング」

オーバーン・スピードスター　アメリカ　1935年

砂利道でのきずをふせぐ金属板

MG TAミジェット　イギリス　1936年

スペアホイール

燃料タンクには68リットル入る

スペアタイヤはトランクにぴったりおさまり、流線型のフォルムをくずしていない

リンカーン・ゼファー　アメリカ　1936年

タイヤ側面全体が白い、おしゃれなホワイトウォール・タイヤ

低くカットしたななめのドアヒンジが後ろにある前びらき

BMW 328　ドイツ　1936年

1930年代、速く走るためには車のまわりの空気の流れが大事なポイントであることが研究であきらかになり、流れるようになめらかな流線型デザインの車がつくられるようになった。流線型のデザインは車の性能を高め、とてもおしゃれで目を引くデザインとなる。

涙のつぶのようなかたちをしたリンカーン・ゼファーは1936年のニューヨーク・オートショーで大きな話題となった。街なかではオーバーン・スピードスターが時速約160キロメートルの最高速度をたたきだす148馬力のエンジンをのせて、うなりをあげて走っていた。ヨーロッパのスポーツカーはMG TAミジェットのように、ボディの

コード810　アメリカ　1936年

横びらきの折りたたみ式ボンネット

エレガントなブガッティ・タイプ57SCは全部でわずか**17台**しか製造されなかった。

アルファロメオ8C 2900Bクーペ　イタリア　1938年

長く弧をえがくホイールフェンダー

ドラージュ D6-75　フランス　1938年

エンジンのボンネットを固定するレザーストラップ

1938年、**ダールマ**は**ル・マン**24時間レース、2リットル級で優勝。

前面のウィンドウは収納できる

後輪はカバーでおおわれている

プジョー402ダールマ　フランス　1938年

流線型スタイル

かたちが箱形のままだったものもあったが、**アルファロメオ8C 2900B クーペ**など、丸みをおびたうつくしいかたちにデザインされるモデルも登場した。エキゾチックな**プジョー402 ダールマ**は流線型をきわめ、軽いアルミニウム製のボディや進んだ技術のトランスミッションが売りだった。流れるようにゆうがなデザインの**メルセデス・ベンツ500K スペシャル・ロードスター**は、電気式のドアロックや方向指示器、油圧ブレーキがつかわれているほか、乗りごこちをよくするため、車輪それぞれが独立したサスペンションをもつなど、当時としては進んだ機能をたくさんのせていた。

# フィフティーズ、アメ車

後席コンパートメントには
2列の対面シートに4人がすわれる

**メルセデス・ベンツ300** ドイツ 1951年

**ビュイック・ロードマスター** アメリカ 1951年

**キャデラック・シリーズ62 クラブ・クーペ** アメリカ 1952年

7,046ccのエンジンで最高速度は時速177キロメートル

キャディラックは大きなフィンをはじめて採用した

**アームストロング・シドレー・サファイア** イギリス 1953年

巨大なテールフィンには87リットルの燃料タンクの給油キャップがついている

フロントドアはリアドアとはぎゃくに後ろ向きにひらく

**クライスラー・ニューヨーカー** アメリカ 1957年

メインボディから立ちあがる大きなテールフィン

**スチュードベイカー・シルバーホーク** アメリカ 1957年

1950年代のアメリカは景気がとてもよく、60年代がはじまるまでには3,000万台もの車が道路にあふれるようになった。車は便利な移動のための手段から、クロームでつつまれたゆたかさの象徴となり、時代をかえるような新機能がつめこまれた。

戦後はじめてのドイツの高級車、メルセデス・ベンツ300は6人乗りで、当時の西ドイツの初代連邦首相、コンラート・アデナウアーが愛車にライティングデスクを取りつけたことにちなんで、「アデナウアー」とよばれた。アメリカの車、ビュイック・ロードマスターはツートーンのカラーとクロームの飾りをほどこし、エンジンのベントにまでクロ

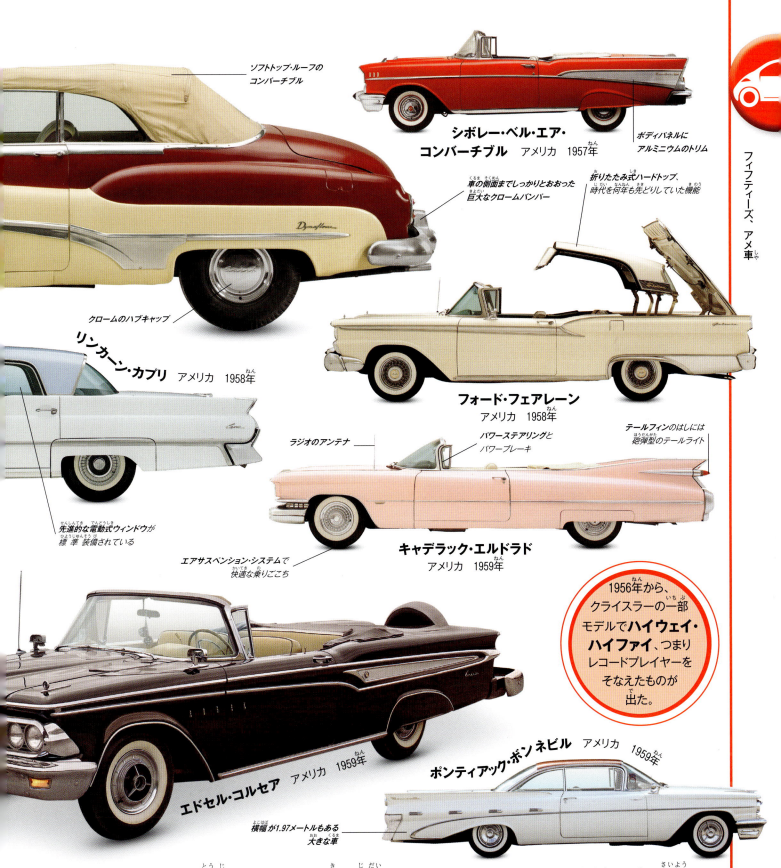

フィフティーズ、アメ車

シボレー・ベル・エア・コンバーチブル　アメリカ　1957年
ボディパネルにアルミニウムのトリム

ソフトトップ・ルーフのコンバーチブル

車の側面までしっかりとおおった巨大なクロームバンパー

折りたたみ式ハードトップ、時代を何年も先どりしていた機能

クロームのハブキャップ

リンカーン・カプリ　アメリカ　1958年

フォード・フェアレーン　アメリカ　1958年

先進的な電動式ウィンドウが標準装備されている

ラジオのアンテナ

パワーステアリングとパワーブレーキ

テールフィンのはしには砲弾型のテールライト

エアサスペンション・システムで快適な乗りごこち

キャデラック・エルドラド　アメリカ　1959年

1956年から、クライスラーの一部モデルで**ハイウェイ・ハイファイ**、つまりレコードプレイヤーをそなえたものが出た。

エドセル・コルセア　アメリカ　1959年

横幅が1.97メートルもある大きな車

ポンティアック・ボンネビル　アメリカ　1959年

ームがつかわれていた。当時アメリカはジェット機の時代に入り、未来的なスタイリングと巨大なテールフィンをそなえた**ポンティアック・ボンネビル**など、多くの車にジェット機のデザイン要素が反映されている。**クライスラー・ニューヨーカー**は全長が5.5メートル以上あり、**リンカーン・カプリ**の全長は5.8メートルを超える。大型車ではオートマチックトランスミッションがあたりまえのように採用され、豪華なスタイリングの**シボレー・ベル・エア・コンバーチブル**は燃料噴射機能もあった。自動車コレクターのあいだで、フィフティーズ（50年代）の人気モデルに数えられている。

# サーキット・レーシング

陸の乗りもの

ホイールがすぐ交換できるようにかんがえられた、ホイールナット

メルセデス・ベンツW196　ドイツ　1954年

取りはずしできるステアリングホイール

マセラティ250F　イタリア　1954年

巨大な200リットルの燃料タンク
燃料はMW50（水とメタノールが半分ずつの燃料）をつかっている

大きな安定フィン

ジャガーDタイプ　イギリス　1956年

ドライバーのヘッドレスト

アストン・マーティンDBR1　イギリス　1956年

このF1カーは、1954年から1960年まで**8回グランプリで優勝**している。

車が横転したときにドライバーをまもるロールバー

ハフェーカー・オッフェンハウザー・スペシャル　アメリカ　1964年

レーシングカーのデザインは1950年代からいちじるしく発展した。エンジニアとデザイナーは速度を上げ、操縦しやすさをおいもとめ、性能を高めてゴールラインを最初に抜けるよう、改良できるところはないかとつねにかんがえている。

1950年代にはじまったサーキット・レースでは、フロントエンジンのレーシングカーが走っていた。**マセラティ250F**、あるいは1954年と1955年のフォーミュラ1（F1）の選手権で優勝した**メルセデス・ベンツW196**などがそうだ。1950年代のおわりになると、F1やインディカーといったタフなレースでは、リアマウントのエンジンが主流になっ

フォードGT40 MKⅡ アメリカ 1966年

ロータス49 イギリス 1967年

ローラ・コスワースT500 イギリス 1978年

ノーズには低いフロントウィングを装備

ベネトン・フォードB193 イギリス 1993年

カーボンファイバー製ボディ

調整できるリアスポイラー

ウィリアムズ・ルノーFW18 イギリス 1996年

ホールデンVRコモドアSS オーストラリア 1993年

ウィンドシールドはかんたんに取りはずせるようクリップ留めしてある

大きな空力ウィングが車を高速で安定させる

ウィリアムズ・ルノーFW18は1996年におこなわれたF1レース16回のうち12回優勝している。

シボレー・モンテカルロ アメリカ 2000年

3,000ccのエンジンで最高速度は時速354キロメートルにたっする

サーキットでタイヤのグリップ力(摩擦力)を安定させるフロントウィング

てくる。スポーツカーのレースにも注目すべき変化があった。1955年、1956年、1957年のル・マン24時間耐久レースで優勝した**ジャガーDタイプ**に代表されるオープンコックピットの車の時代がはじまり、ルーフのある車にとってかわった。1966年のル・マンでは、スマートな**フォードGT40 MKⅡ**が1位と2位と3位でフィニッシュするか

いきょをのこした。改造したセダンやサルーンをつかったサーキットレースが人気を集めているところもある。**ホールデンVRコモドアSS**は1995年のオーストラリアン・ツーリングカー選手権で優勝し、**シボレー・モンテカルロ**はNASCARレーサーからとても頼りにされている。

サーキット・レーシング

# カーレースのスターたち

陸の乗りもの

ベントレー・スピード8　イギリス　2001年

リアウィングが空気の向きをかえて車の安定をたもつ

アストン・マーティンDBR9　イギリス　2005年

ル・マンでの最高速度は時速330キロメートル

ル・マンでの最高速度は時速299キロメートル

夜のレースでも走れる強力なヘッドライト

アウディR10　ドイツ　2006年

ル・マンでの最高速度は時速339キロメートル

ロールケージフレーム
車が横転したときにドライバーをまもる

BMW M3 GT2　ドイツ　2008年

無線送信機が車の性能にかんする情報をレースチームにおくる

フェラーリF2008　イタリア　2008年

パワフルなディスクブレーキは時速200キロメートルの車を3秒で止めることができる

ル・マンでの最高速度は時速290キロメートル

最新鋭のエレクトロニクスをたくさんのせた高速レーシングカーは、デザインとモデリングをコンピュータでおこない、デザインが最大の性能を引きだせるかどうか、風洞試験で確認する。このカッコよくて速いマシンには、お金もたっぷりつぎこまれているのだ。

レーシングカーは速くなければ勝てないが、車になにがもとめられるかは、レースがひらかれる場所によってかわってくる。パワフルなラリーカーはがんじょうで、公道、サーキット、荒れた地面のすべてに対応できなければならない。世界選手権で優勝した**フォルクスワーゲンWRCポロR**はエンジンをスタートさせてから時速100キロメ

走りをよくする加熱機能がある**幅広のゴムタイヤ**

ヒンジつきのサイドウィンドウをドアとしてつかう

**ローラ・アストン・マーティンLMP1** イギリス 2009年

フォーミュラ1(F1)での最高速度は時速322キロメートル

**マクラーレン・メルセデス MP4/23** イギリス 2008年

ル・マンでの最高速度は時速336キロメートル

**シボレーSS** アメリカ／オーストラリア 2013年

クラッシュしたときにはねあがり、車体がうきあがらないようにする**巨大なルーフフラップ**

NASCARでの最高速度は時速316キロメートル

F1ドライバーは1回のグランプリレースで**3,600回**以上**ギアをシフト**する。

インディカー・シリーズでの最高速度は時速370キロメートル

**チーム・ペンスケ・ダラーラ／シボレー** アメリカ 2014年

**フォルクスワーゲンWRCポロR** ドイツ 2014年

フォーミュラ1(F1)での最高速度は時速322キロメートル

ラリーでの最高速度は時速201キロメートル

**メルセデスAMGペトロナスW05** ドイツ 2014年

フォーミュラ1(F1)での最高速度は時速341キロメートル

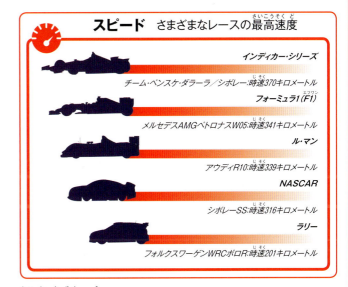

**スピード** さまざまなレースの最高速度

インディカー・シリーズ
チーム・ペンスケ・ダラーラ／シボレー：時速370キロメートル

フォーミュラ1(F1)
メルセデスAMGペトロナスW05：時速341キロメートル

ル・マン
アウディR10：時速339キロメートル

NASCAR
シボレーSS：時速316キロメートル

ラリー
フォルクスワーゲンWRCポロR：時速201キロメートル

ートルの加速を3.9秒でこなす。耐久レース用につくられる車にはきわめて高い信頼性がもとめられる。2009年に、**ローラ・アストン・マーティンLMP1**はル・マンで24時間のうちに5,084キロメートルを走りぬけた。そのときのドライバー、トム・クリステンセンは**ベントレー・スピード8**と**アウディR10**にも乗り、このレースで9回の優勝という最多記録を打ちだした。**シボレーSS**のドライバー、ダニカ・パトリックはNASCARのデイトナ500において女性ではじめてポールポジションになった。ルイス・ハミルトンは2008年に**マクラーレン・メルセデスMP4/23**で世界選手権で優勝し、2014年の**メルセデスAMGペトロナスW05**でも優勝している。

## きびしい砂漠、究極の試練

2013年のダカール・ラリーに出場したモンスター・エナジー・Xレイド・ミニにとって、ときには高さ20メートルを超える大きな砂丘の山を全力で疾走するのは、たくさんある挑戦のひとつでしかない。車とドライバーの両方にとってきわめてきびしい試練ともいえるこのラリー、出場者は岩だらけの歩道から広大な砂漠、森林のトレイルと、8,500キロメートルを超える距離にわたる悪路を走ってきそいあう。

ダカール・ラリーは1979年からはじまった。はじめはアフリカのサハラ砂漠を縦断していたが、2009年からは南米でひらかれている。400台を超える車やオートバイ、四輪バイク、それにトラックがクラス別にわかれて参加するのだが、ゴールラインにたどりつけるのは全体の60パーセントにみたない。写真のモンスター・エナジー・X レイド・ミニはタフなつくりの四輪駆動、パワフルなエンジンで最高速度は時速178キロメートルにたっし、タンクには400リットルまでガソリンが入る。ドライバーのステファン・ペテランセルはダカール・ラリーの伝説だ。四輪車のドライバーになる前はオートバイ部門に出場し、ダカール・ラリーで6勝している。愛車に乗り、2週間以上ぶっとおしで走る驚異的なオフロードレースであるダカール・ラリーにおいて、ペテランセルは2013年に優勝をはたした。ダカール・ラリー四輪クラスで5度目の勝利である。

# オフロード自動車

**ウィリスMBジープ** アメリカ 1941年
- 初期モデルのワイパーは手動、**折りたためるウィンドシールド**

**ミニ・モーク** イギリス 1964年
- 荒れた地面をグリップ（タイヤがしっかり地面をとらえること）できる、**深いトレッドのタイヤ**

**レイランド・ミニ・モーク** オーストラリア 1968年
- **25センチメートルの小径ホイール**
- バッテリーをおさめるための**鋼鉄製サイドボックス**

1960年から1980年にかけて、オーストラリアのマグネティック島では**セカンドカー**がすべてミニ・モークだった。

**スズキ・ジムニーLJ10** 日本 1970年
- 折りたためる**ウィンドスクリーン**
- 4人目のシートのかわりに**スペアホイールがある**
- エンジン室に空気をおくる**グリル**

**デューン・バギー** アメリカ 1960年代
- ドライバーと乗客をまもる、**ハーネスつきバケットシート**

**フォルクスワーゲン・ビートル・バハ・バグ** ドイツ 1970年代
- 砂や泥にはまってしまったときに車を引っぱりだすためにつかう、**がんじょうなトーイングバー**

**フォード・エスコートRS1800** イギリス 1973年
- リアスポイラー
- ラリー用に**強化されたボディ**

---

車を運転することはたのしいが、それ以外のおもしろさをもつ車もある。幹線道路や広々とした砂浜、山道やラリーのコースを走るために改造されたり、デザインからあたらしくつくられた車がたくさんあるのだ。

第二次世界大戦中に60万台以上が世に出たウィリスMBジープは、どんな場所でも走ることができた。民間向けジープは1986年まで生産がつづけられ、その後、ドライバーが二輪駆動と四輪駆動とを切りかえられるジープ・ラングラーが登場した。運転がたのしめる車には軍用のプ

プジョー205 T16エヴォ2
フランス　1985年

ランボルギーニLM002
イタリア　1986年
- 290リットルの燃料タンクのキャップ
- スーパーカーのランボルギーニ・カウンタックから転用したV12エンジン

ジープ・ラングラー
アメリカ　1987年
- 鋼鉄製ハーフドア
- スペアホイール
- 後ろから人が乗り降りできるリアドア
- でこぼこ道でも平気、丈夫なサスペンション

MCCスマート・クロスブレード　フランス　2002年
- 両サイドが切りおとしてあり、オープンエアのドライビングがたのしめる
- ドアがオプションの2シーターカー

セクマF16スポール
フランス　2008年

クロスブレードには**ドアも、ウィンドスクリーンも、ルーフもない。**

オフロード自動車

　ロトタイプを原形とするものが少なくなく、**ランボルギーニLM002**もそのひとつ。エアコンがあり、ルーフにはステレオを取りつけた四輪駆動のオフロードカーだ。**レイランド・ミニ・モーク**はベアボーンの車で、ドライバーのまわりにはフレームがない。**デューン・バギー**はビーチ専用に設計されている。バハ・バグなど、ボディを高くし、パワフルなサスペンションをそなえ、でこぼこな地形を走るために改造されたモデルもある。バギースタイルの車は現在もつくられている。**セクマF16スポール**はボディパネルがプラスチック製で、雨がふったときのため、コンバーチブルのルーフがついている。

# おもしろ自動車

軽量な合板製ボディ

レイアット・エリカ　フランス　1919年

アルミニウム製のディスクホイール

全長10.4メートルの翼

エアロカー　アメリカ　1954年

水しっくいで、まるで鳥のうんちがついているように塗装してある

ブルック・スワン　イギリス　1910年

BMWイセッタ600 ザ・デトネーター　ドイツ　1958年

カラフルに塗装した特別バージョン

ガルウィングドア

ブラシでみがきあげたステンレス製のボディ

デロリアンDMC-12　イギリス　1981年

このボンドカーは時速180キロメートル以上のスピードが出せるリバースギアをつかっている。

アストン・マーティン・ヴァンキッシュ　イギリス　2002年　マシンガン

ラジエーターグリルからロケットが出る

ウインナーモービル　アメリカ　2004年

車はみんな、車輪の上に箱がのっていて、シンプルでまじめなマシンだと思ってる？ このページを見ればかんがえが変わるよ。デザイナーとエンジニアがへんてこなアイデアをおしすすめ、とんでもないびっくりするデザインがほんとうに設計台にのぼり、自動車としてつくられたものがあったのだ。くちばしからお湯と蒸気をふきだし、音を出すブルック・スワンのようにウケねらいの一発屋もあれば、バットモービル・タンブラーのように映画『バットマン』シリーズのためにつくられた車もある。そしてフラットモービルは全高わずか48.2センチメートル、公道を走れる世界一背が低い車という記録をつくるだけのために設計された。

## おもしろ自動車

**バットモービル・タンブラー** アメリカ 2005年
- リアタイヤ4本

**公道を走れるいちばん背の低い車**
高さ48.2センチ

**フラットモービル** イギリス 2007年
- ボルボF10トラックのターボチャージャーで自作したジェットエンジン

**テラフギア・トランジション** アメリカ 2009年
- 電磁石で翼をロック
- コックピットには飛行機操縦用のスティックと車のステアリングホイールの両方がついている

たった60秒たらずで車から飛行機に変身できる。

- 巨大なビュイック・ローバーV8エンジンを後部にのせている

**トヨタFV2** 日本 2013年
- ドライバーの体の動きに反応する

- ホットドッグみたいなかたちの運転席

**オンダ・ソラーレ・エミーリア3** イタリア 2013年
- 小さなコックピット
- ソーラーパネルが1,200ワット以上の電気をつくってモーターをまわす。

空飛ぶ車はアイデアそのものが夢のようだが、**エアロカー**や**テラフギア・トランジション**は折りたたみ式の主翼と後部の推進プロペラで車を前に進め、ほんとうに飛ぶことができた。**レイアット・エリカ**は飛ぶことはできないが、航空機用のプロペラをつかっていて、最高速度は時速170キロメートルにたっする。へんなかたちの車には、ソーラー駆動の**オンダ・ソラーレ・エミーリア3**のように、アイデアをためすためにつくられたものもある。**トヨタFV2**はドライバーの気分にはんのうして、なんとボディの色がかわるんだ！

## 水を走るクルマ

これは車？ それともボート？ どちらも正解！ ウォーターカー・パンサーはアメリカ製の水陸両用車で、地面も水の上もすいすい走る。湖や川、湾岸ではエンジンがジェットスラスターをまわして水を取りいれ、車体の後ろへ勢いよくふきだすことで車が進むしくみだ。最高時速70キロメートルまでスピードが出る。

陸上では3.7リットルのホンダ・アキュラ用エンジンが動く後輪駆動車となり、最高速度は時速128キロメートルにたっする。全長4.6メートル、水が車内に入らない設計になっていて、ジープ型の車体は4人乗りで、鋼鉄製のフレームにグラスファイバーでつくったボディパネルを取りつけている。ボディのパーツには超軽量のスタイロフォームをつめて浮く力を高めている。水に入ったら、ドライバーはノブを引いてジェットスラスターをつなぎ、ボタンをおすだけ。のこりの作業はパンサーがやってくれて、油圧式サスペンションでホイールをボディのなかにしまいこむ。水の上を走る準備はたったの15秒たらずで完了だ！　水上に出たパンサーはすいすいと進み、水上スキーヤーやウェイクボーダーを引っぱる車として大活躍するのだ！

# ファミリーカー

フォルクスワーゲン・コンビ　ドイツ　1950年

ラジオのアンテナ

エンジンは車の後部

ヒルマン・インプ
イギリス　1963年

コーティナは1972年から1981年まで**イギリスでもっとも売れた車**。

フォード・コーティナMK I GT
イギリス　1963年

クロームのハブキャップ

オールズモビル・スターファイア　アメリカ　1964年

全長5.5メートル

フェイクのエアベント
ただの飾りで役にはたたない

オースティン・マキシ1750　イギリス　1969年

リアシート
たたむとフラットになり、積みこめる面積がふえる

モーリス・マリーナ　イギリス　1971年

燃料タンクには52リットルのガソリンが入る

ファミリーカーは経済的で4人か5人が乗れる空間、荷物がたっぷり積めることがもとめられる。荷物がのるスペースと空間、価格のバランスが取れた、たくさんの人びとが買える車をつくろうと、たくさんのメーカーが努力している。

オールズモビル・スターファイアのような1960年代のファミリーカーは、エンジン室と人が乗るスペース、それに大きなトランクの3ボックス設計がベースになっているものがほとんどだ。ヒルマン・インプはエンジンをリアにおくことでその流れをかえた。オースティン・マキシ1750のように、はじめのハッチバックは後ろのドアをななめにする

**フォルクスワーゲン・ゴルフGTI**　ドイツ　1975年

前輪駆動、110馬力のエンジン

最高速度はたったの時速93キロメートル

**フィアット・ストラーダ／リトモ**　イタリア　1978年

前輪駆動

**トラバント**　東ドイツ　1989年

**プジョー406**　フランス　1995年

最高速度が時速100キロメートルのエンジン

ボディパネルはリサイクル素材

**ボルボV70 T5**　スウェーデン　1997年

**メルセデス・ベンツAクラスMKII**　ドイツ　2004年

最高速度は時速218キロメートル

ことで、いろいろなつかいみちのできる積載スペースをつくりだした。手ごろな価格の**モーリス・マリーナ**は、おもにイギリスで当時200万人ものドライバーを獲得した大ベストセラー、**フォード・コーティナ**のライバルとしてつくられた。1970年代になるとスマートなデザインのファミリーカーがあらわれはじめる。**フィアット・ストラーダ／リトモ**や、ホットハッチというあたらしいジャンルをつくった**フォルクスワーゲン・ゴルフGTI**のようなハッチバックが主流となった。こうしたモデルは、ふつうのファミリーカーよりも速く走れてスポーツカー風のデザインだ。これまでに2,900万台以上のゴルフシリーズが世におくりだされた。

# アウトドアの四輪駆動車

スパイカー60HP
オランダ 1903年

8リットルのエンジンで車輪をまわす

ジープ・ワゴニア アメリカ 1972年

車高が低いので荷物の出し入れがかんたん

後席を折りたたむと広い荷物用スペースができる

スバル・レオーネ・エステート 日本 1972年

四輪駆動と二輪駆動が切りかえられる

アウディ・スポーツクワトロ ドイツ 1983年

最高速度時速248キロメートル

低いリアスポイラー

2.2メートルの短いホイールベース

ダイハツ・ロッキー 日本 1987年

ターボチャージャーがエンジン出力を185馬力まで強化する

## 急な坂がのぼれる

四駆はどれも最大45度の傾斜がのぼれる

ランチア・デルタ・インテグラーレ イタリア 1987年

車はエンジンの出力で前輪か後輪のどちらかをまわす設計で、四輪を同時にまわせるようにはなっていない。「4×4」、または「四駆」として知られる四輪駆動車は、4つの車輪すべてに動力をつたえ、すべりやすい路面や手ごわいオフロードでも、タイヤが安定して地面をグリップできるつくりになっている。

1903年、スパイカー60HPがガソリン燃料車ではじめて四輪駆動をもちいた。しかし1960年代から70年代まで、大量生産されたのは軍用か、ランドローバーのような特殊なつかいみちの四輪駆動車だけだった。スバル・レオーネ・エステートは、一般向けに開発されたはじめての四輪駆動車のひとつ。たいていはどんな条件の

アウトドアの四輪駆動車

ランドローバー・ディスカバリー・シリーズⅡ　イギリス　1998年
ゴム製の衝撃吸収バンパー
最高速度は時速158キロメートル
電子制御サスペンションで、曲がりくねった路面でもタイヤはしっかりと大地をつかむ

ボルボXC90　スウェーデン　2002年

レンジローバー・スポーツ　イギリス　2005年

オープンな荷台
リンカーンMK LT　アメリカ　2005年
下向きにひらくテールゲート

ハマーH3　アメリカ　2005年
後方のスペアタイヤをふくめた全長は4.8メートル

サターン・アウトルック　アメリカ　2006年
3列シートには最大で8人が乗れる

H3はハマーのモデルでは最小、このモデルのみGMが製造している。

道でも走れて、ちょっとしたオフロードカーとしての機能もある設計だった。1980年代になると、ラリーは**ランチア・デルタ・インテグラーレ**や**アウディ・スポーツクワトロ**のような、高速でがんじょうな四輪駆動車がメインになり、世界ラリー選手権（WRC）は、いつもこの2台のあいだで勝利を分けあうことが多かった。そのころには、最初のスポーツ・ユーティリティ・ビークル（SUV）があらわれた。ダイハツ・ロッキー（スポートラック）やボルボXC90など、がんじょうなSUVはでこぼこ道とのあいだにじゅうぶんな余裕があるよう、ボディの高さを上げている。**ハマーH3**は深さ60センチメートルの水中でも走ることができるほか、60度の斜面ものぼれる。

87

# コンバーチブルと スポーツカー

陸の乗りもの

ソフトトップのルーフは手で折りたたむ

MGBコンバーチブル　イギリス　1962年

オースティン・ヒーリー3000 MKIII　イギリス　1963年

ワイヤスポークのホイール

フォード・マスタング・ファストバック　アメリカ　1965年

小さくせまいトランク幅はスペアタイヤをしまうのがやっとだ

ポルシェ911　ドイツ　1965年

リアマウントのエンジン

フェラーリ・ディーノ246GT　イタリア　1969年

透明プラスチックカバーつきのヘッドライト

速い加速にすばやいブレーキ、スポーツカーはスリルをあじわうためにつくられている。スポーツカーはたいてい2人乗りで、ふだん乗っている車より性能が高く、ハンドリングもシャープだ。コンバーチブルは晴れた日にトップをあけてドライブできるよう、折りたたみ式ルーフをそなえている。

最新型だって、ビンテージカーだって、スポーツカーへのあつい思いがかわることはない。初代シボレー・コルベットがつくられたのは1953年、そして2014年モデルでついに7代目となる。高い性能のポルシェ911の製造台数は82万台を超え、フォード・マスタング・ファストバックはつくりはじめてから最初の2年で200万台も売れた。

日産フェアレディZ（ダットサン260Z） 日本 1973年

ポンティアック・トランザム アメリカ 1975年

鋼鉄製ボンネットの下には大型のV8エンジン

方向指示灯

シボレー・コルベット アメリカ 1980年

フェアレディZシリーズは1970年代に世界でもっとも売れたスポーツカーの代表格。

長くかたむいたボンネット

マツダ・ロードスター 日本 1989年

アロイホイールディスクブレーキ装備

アルミニウム製フレームの上にグラスファイバー製ボディ

ロータス・エリーゼ イギリス 1996年

2015年には940,000台を超えるロードスターが売れた。

アウディTTロードスター ドイツ 1999年

モーガン・エアロ8 イギリス 2001年

フロントブレーキからの空気をルーバーから逃がして冷やす

## コンバーチブルとスポーツカー

1960年代後半から70年代にかけてのマスタングは大排気量のV8エンジンで猛烈な加速が売りのモデルが多かったし、**ポンティアック・トランザム**など、似たように押しだしの強いスポーツカーもそうだった。エンジンが比較的小型のスポーツカーは、ずばぬけてパワフルでもなければ速くもないが、車体が軽いので、運転がたのしいこ とにかわりはない。**マツダ・ロードスター**の重量は890キログラム、**ロータス・エリーゼ**はわずか725キログラム。ポピュラーなソフトトップの**MGBコンバーチブル**はイギリス国内だけで50万台売れた。

89

# 超小型車

陸の乗りもの

① フォルクスワーゲン・ビートル　ドイツ　1945年
リアエンジン
ベントをつうじた空冷式
全長4.1メートル

② BMWイセッタ300　ドイツ　1955年
車のフロントが1枚のドアとしてひらく
全長2.3メートル

③ メッサーシュミットKR200　ドイツ　1956年
全長2.8メートル

④ フリスキー・ファミリー・スリー　イギリス　1958年
せまいドアは前方からひらく
全長3.1メートル

⑤ スバル360　日本　1958年

スバル360はスタートから時速100キロメートルまでの加速を**37秒**でこなした。

⑥ オースティン・ミニ・セブン　イギリス　1959年
4人乗りシートが入る広さ
全長2.95メートル

⑦ ピールP50　イギリス　1963年
車の後部にはハンドルがあり、ドライバーは自分で駐車場まで引っぱっていく
全長1.3メートル

せまい街なかをどこでも自由に走りまわったり、小さな駐車スペースに車をとめる必要があるなら、ボディは小さいにこしたことはない。重さが軽くて財布にもやさしい小さなエンジンは、ミニカーたちのランニングコストを安くおさえてくれる。

フォルクスワーゲン・ビートルの成功に刺激されてか、1950年代から60年代にかけて、小さな車が路上にあふれかえった。コンパクトなメッサーシュミットKR200はドライバーともうひとりしか乗ることができず、卵型ボディのBMWイセッタ300は2本の前輪をならべ、ボンネッ

サイズ 小から大まで

⑧ リライアント・ロビン イギリス 1973年
全長3.3メートル
前輪は1本

⑨ スマート・シティクーペ ドイツ／フランス 1998年
全長2.5メートル

⑩ フィアット500 イタリア 2007年
エンジンの上にある小さな荷台
全長3.5メートル

⑪ タタ・ナノ インド 2009年
ボンネットの下に給油キャップがある
全長3.1メートル

グラスファイバー製ルーフ

全長2.9メートル
エンジンが後部にあるので収納スペースはボンネットの下
直径32.5センチメートルの小径ホイール

⑫ ルノー・トゥイジーZE フランス 2012年
シザーズドア上方にひらく
全長2.3メートル

超小型車

トはなく、オートバイ用のエンジンを座席後部に押しこんでいた。**リライアント・ロビン**や**フリスキー・ファミリー・スリー**など、三輪自動車の多くはオートバイの免許さえあれば運転することができた。フリスキーが100台単位でしか売れなかったのに、超人気車となった**オースティン・ミニ・セブン**は、1976年までに400万台を超える売り上げをほこった。現在、**スマート・シティクーペ**や**タタ・ナノ**のようなミニカーは混雑する街なかでの人気者だ。なかでも世界最小の車の座を今もゆずらずにいる**ピール P50**の重さはわずか59キログラムしかない。

## ミニミニ・モペッタ

1958年、車へのあつい思いをいだいたドイツ人自動車デザイナー、エゴン・ブリュッチュは、その年のフランクフルトでひらかれる国際自転車オートバイ展示会に出展するため、世界でもっとも小さい車をつくると心にきめた。当時の新素材、グラスファイバーで2つの卵殻型のパネルをつくり、組みあわせて卵型のマイクロカーをつくるというものだった。

ブリュッチュは徹夜でモペッタのテスト機をつくったのだが、展示会がはじまるまでにメカニックが完成しなかったので、目ざとい客に見つからないよう、高いところに展示していた。展示会で注目されると、設計作業を最後までおわらせなければならなかったからだ。こうしてうまれたのがひとり乗りの3輪自動車で、全長1.75メートル、全幅0.9メートルの車体に50ccのエンジンを積み、最高速度は時速35キロメートルというかわいい車だった。ボディがグラスファイバー製なので、ブリュッチュはこの車をボートとしても使えるとかんがえた。たしかに宣伝用の写真には浅い小川をわたるモペッタが写っているのだが、けっきょくのところ、水が車の内側に入らないようには設計できなかった。ざんねんなことにモペッタは売りものにはならず、わずか14台しかつくられなかった。

# スーパーカー

陸の乗りもの

ランボルギーニ・ミウラ　イタリア　1966年
運転席の真後ろ、横方向におかれたエンジン
時速285キロメートル

ランボルギーニ・カウンタック LP 400　イタリア　1974年
時速274キロメートル
スピードを出してもホイールが地面をしっかりとらえるよう車体を安定させる、リアウィング

ランボルギーニ・ディアブロ　イタリア　1990年
時速325キロメートル

マルチェロ・ガンディーニがミウラをデザインしたのは28歳になる前のこと。

マクラーレンF1 LM　イギリス　1995年
ドライバーはふたつある乗車席より少し前、まんなかにひとつある席にすわる
時速370キロメートル
5本スポークのマグネシウム製ホイールにはこの車だけのためのタイヤが装着される

### スタートから時速100キロにたっする秒数
- キャパロT1　2.5秒
- ポルシェ918 RSRスパイダー　3.0秒
- ケーニグゼグCCX-R　3.1秒

パガーニ・ゾンダ　イタリア　1999年
ボディパネルは軽くて強いカーボンファイバー製
時速354キロメートル

馬力が強すぎて人の手におえない車がある。こうした高性能スポーツカー、いわゆるスーパーカーは、とんでもなく速く、とても高価なものがほとんどだ。手作業で少しだけつくられるスーパーカーは、究極のスピードとハンドルさばきを実現した。

はじめてスーパーカーがうまれたのは1960年代のこと。ランボルギーニ・ミウラのように高性能の車はうつくしいラインとパワフルなエンジンをそなえ、地をはうように車高が低いデザインだった。ミウラのあとをついだランボルギーニ・カウンタックLP400は、高さがわずか1.1メートルしかない。スーパーカーのなかにはハイテク素材で軽量

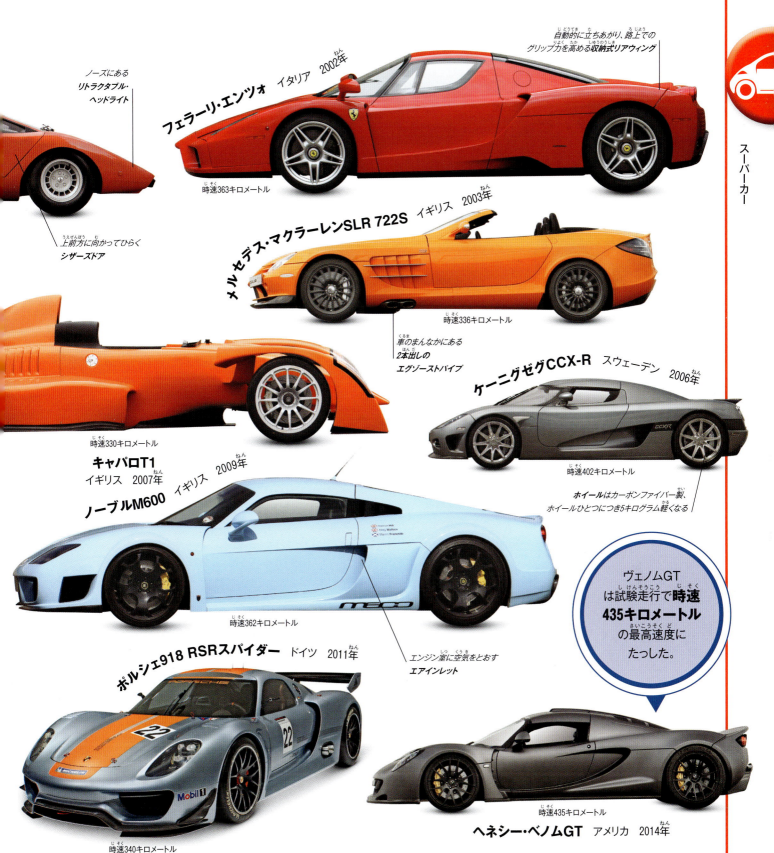

ノーズにある
**リトラクタブル・ヘッドライト**

上前方に向かってひらく
**シザーズドア**

**フェラーリ・エンツォ** イタリア 2002年

自動的に立ちあがり、路上でのグリップ力を高める**収納式リアウィング**

時速363キロメートル

**メルセデス・マクラーレンSLR 722S** イギリス 2003年

時速336キロメートル

車のまんなかにある**2本出しのエグゾーストパイプ**

**ケーニグゼグCCX-R** スウェーデン 2006年

時速402キロメートル

**ホイール**はカーボンファイバー製、ホイールひとつにつき5キログラム軽くなる

時速330キロメートル

**キャパロT1** イギリス 2007年

**ノーブルM600** イギリス 2009年

時速362キロメートル

エンジン室に空気をとおす**エアインレット**

ヴェノムGTは試験走行で**時速435キロメートル**の最高速度にたっした。

**ポルシェ918 RSRスパイダー** ドイツ 2011年

時速340キロメートル

**ヘネシー・ベノムGT** アメリカ 2014年

時速435キロメートル

化しているものもある。なかでも**キャパロT1**は470キログラムと、もっとも軽いスーパーカーだ。重量級のスーパーカーはしんじられないほど高出力のエンジンで重さを乗りこえている。**ヘネシー・ベノムGT**は最大で1,244馬力が出せるが、そのパワーはハッチバックの10倍もある。**ノーブルM600**のツイン・ターボチャージャーは最高速度時速362キロメートル、**マクラーレンF1 LM**は時速370キロメートルのスピードが出せる。レーシングカーの最新技術を採用したスーパーカーもある。**メルセデス・マクラーレンSLR722S**は航空機にもつかわれているフライ・バイ・ワイヤのブレーキがもちいられている。

# ラグジュアリーカー

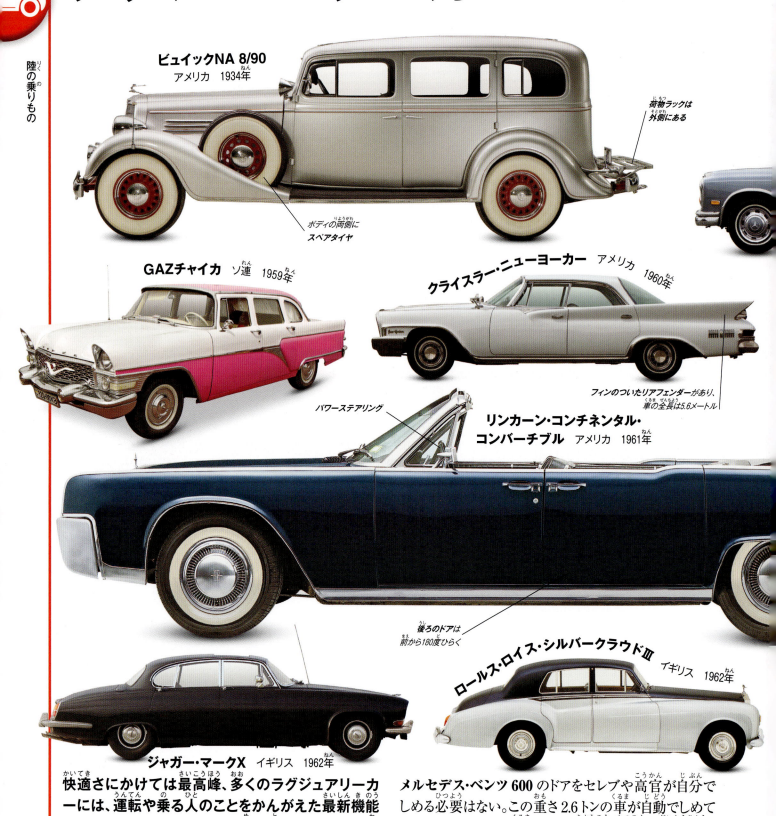

陸の乗りもの

ビュイックNA 8/90　アメリカ　1934年
ボディの両側にスペアタイヤ
荷物ラックは外側にある

GAZチャイカ　ソ連　1959年

クライスラー・ニューヨーカー　アメリカ　1960年
フィンのついたリアフェンダーがあり、車の全長は5.6メートル

パワーステアリング

リンカーン・コンチネンタル・コンバーチブル　アメリカ　1961年
後ろのドアは前から180度ひらく

ジャガー・マークX　イギリス　1962年

ロールス・ロイス・シルバークラウドⅢ　イギリス　1962年

快適さにかけては最高峰、多くのラグジュアリーカーには、運転や乗る人のことをかんがえた最新機能がたくさんつかわれている。目が飛びだしそうな値段がする、ゆったりとした車は、大金もちや政治家、セレブたちに心やすらかで気もちのよい乗りごこちをあたえてくれる。

メルセデス・ベンツ600のドアをセレブや高官が自分でしめる必要はない。この重さ2.6トンの車が自動でしめてくれるのだ！　この車はローマ教皇、各国の大統領から、ロックンロールの大スター、エルビス・プレスリーなどに愛されてきた。共産主義時代にソビエト連邦とよばれていた今のロシアでは、全長5.6メートル、7人乗りの

チェッカー・マラソン　アメリカ　1963年

無骨なタクシー仕様の車を、かっこよく伸ばしてリムジンカーに改造

メルセデス・ベンツ600　ドイツ　1963年

左右リアフェンダーの内側にある、容量45リットルの燃料タンク

デイムラーDS420　イギリス　1968年

車をスタートさせてから時速100キロメートルに達する速さは7秒未満

ベントレー・コンチネンタルR　イギリス　1991年

ロールス・ロイス・ファントム・ドロップヘッド　イギリス　2007年

折りたたんだルーフは車の後ろにしまうことができる

ファントム・ドロップヘッドには**4,300種類ものカラーバリエーション**がある。

キャデラックSTS V8　アメリカ　2009年

車がレーンからはずれるとセンサーが警告してくれる

ラグジュアリーカー

GAZ チャイカが政治家たちのお気にいりだった。いっぽう、ゆったりとしたデイムラーDS420はイギリスやスウェーデン、それにデンマークの王家がつかう乗りものだった。この車、ジャガー・マークXをベースにつくられていて、インテリアをウッドパネルにし、のびのびと脚がのばせる空間、折りたたみ式ピクニックテーブルつきの特別バージョンだ。ロールス・ロイス・シルバークラウドIIIにはカクテルバーとテレビもついている。リンカーン・コンチネンタル・コンバーチブルは4ドアのコンバーチブルだから、みんなが思わずふりかえる。ロールス・ロイス・ファントム・ドロップヘッドのマスコットは、車をロックするとボンネットのなかにおさまるしくみだ。

# 世界最速記録の車

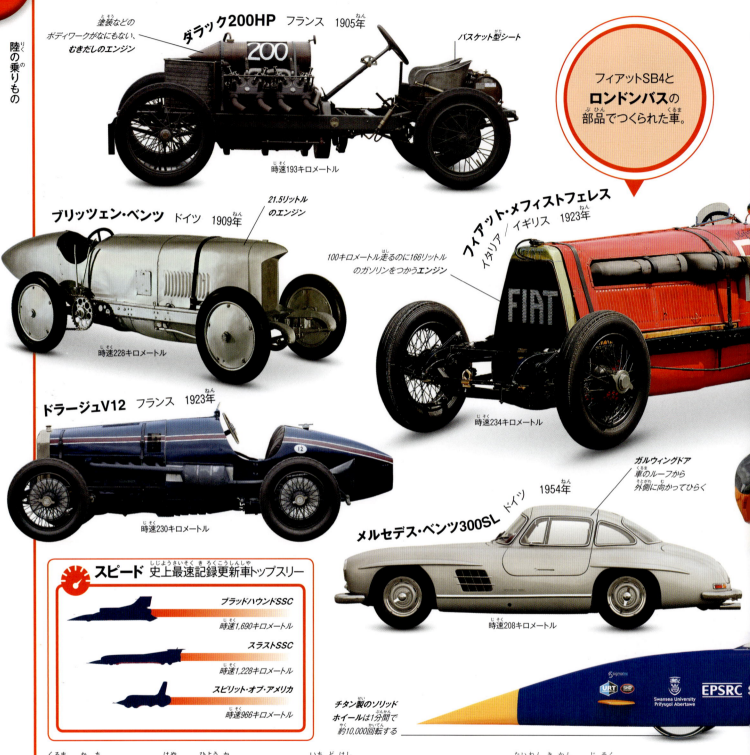

ダラック200HP フランス 1905年
塗装などのボディワークがなにもない、むきだしのエンジン
バスケット型シート
時速193キロメートル

ブリッツェン・ベンツ ドイツ 1909年
21.5リットルのエンジン
時速228キロメートル

ドラージュV12 フランス 1923年
時速230キロメートル

フィアットSB4と**ロンドンバス**の部品でつくられた車。

フィアット・メフィストフェレス イタリア／イギリス 1923年
100キロメートル走るのに166リットルのガソリンをつかうエンジン
時速234キロメートル

メルセデス・ベンツ300SL ドイツ 1954年
ガルウィングドア 車のルーフから外側に向かってひらく
時速208キロメートル

### スピード 史上最速記録更新車トップスリー

ブラッドハウンドSSC
時速1,690キロメートル

スラストSSC
時速1,228キロメートル

スピリット・オブ・アメリカ
時速966キロメートル

チタン製のソリッドホイールは1分間で約10,000回転する

車の価値はつねに速さで評価されてきた。一度走ったらそれでおしまい、いわゆる「ワンオフ」の車で自動車の速度記録更新をねらう人もいるなか、自動車メーカー各社は量産車で最速の車づくりをきそってきた。

ブリッツェン・ベンツは内燃機関で時速200キロメートルの壁をやぶったはじめての車だ。1924年、ドラージュV12が自動車速度記録を打ちたてたが、それからたった6日後に、爆撃機のエンジンをつかったフィアット・メフィストフェレスが記録をやぶる。ブルーバードCN7も航空機のエンジンをつかっているが、エンジンで直接ホイ

陸の乗りもの

## 世界最速記録の車

**ブルーバードCN7** イギリス 1962年
フロントは空気が取りこめるようにつくられている
直径1.3メートルの大きなホイールをおおうボディパネル
時速648キロメートル

**スピリット・オブ・アメリカ・ソニック1** アメリカ 1965年
全長11.5メートルのボディ
時速966キロメートル

**フェラーリ365 GTB/4 デイトナ** イタリア 1968年
時速280キロメートル

車体の横にのびるエグゾーストパイプ
後ろのホイールはチェーン駆動

**スラストSSC** イギリス 1997年
ロールス・ロイス・スペイ・ジェットエンジン
時速1,228キロメートル

**ブガッティ・ヴェイロン・スーパースポーツ** ドイツ／フランス 2012年
空気圧がゼロになっても走れるランフラットタイヤ、パンクしても時速50キロメートルで走れる
時速431キロメートル

**ブラッドハウンドSSC** イギリス 2015年
テールフィン
時速1,690キロメートル

ールを駆動する車で世界最速記録を更新したのは、この車で最後となった。その後は現在の記録保持車、スラストSSCのようにジェットエンジンをつかうようになっている。ブラッドハウンドSSCのチームは、ジャガーの自動車用エンジン、ジェットエンジン、ロケットエンジンをのせたマシンで、音速を超える新記録をめざしている。1955年、メルセデス・ベンツ300SLは市販車で最速記録を樹立したが、フェラーリ365 GTB/4がおいぬいた。ブガッティ・ヴェイロン・スーパースポーツが現在最速の市販車だ。

## ドラッグスターの火をふく発進

ブルウゥウゥン！　ブルウゥウゥン！　2014年のイギリス、デイブ・ギボンズがサンタ・ポッド・レースウェイで愛車のラフ・ダイヤモンドＴドラッグスターのエンジンをふかす。このレースはドラッグストリップとよばれる、アスファルト舗装の直線コースを5、6秒で走りぬける。まばたきしてたら、世界最速の加速をほこるレーサーたちのトリハダもののたたかいを見のがしてしまうぞ。

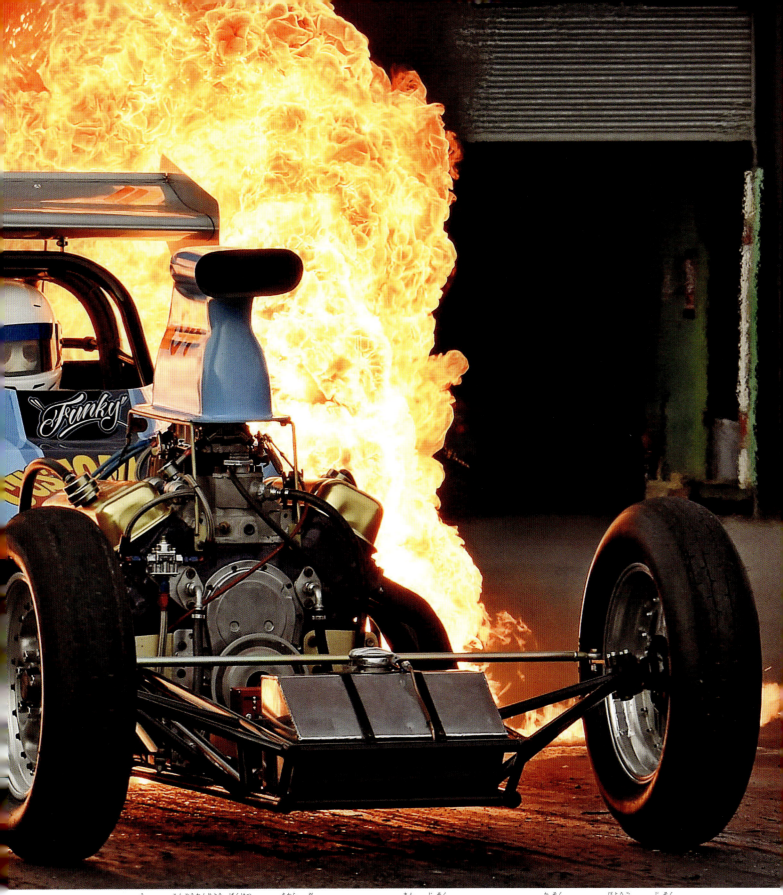

ドラッグスターの売りは、混合燃料を爆発させて力を出す、とんでもなくパワフルなエンジンだ。ドラッグスター級の超高速車がそろう「トップフュエル」というクラスになると、8,000馬力という、とてつもないパワーの車がならぶ。NASCARやF1のスターティンググリッドにならんだ上位10台のエンジンパワーをすべてあわせても勝てないほどパワフルなのだ。こんなずばぬけた力をつかい、ドラッグスターは0.8秒未満で時速160キロメートルまで加速する。2、3秒後には時速400キロメートルを超える速度にたっし、過去最速の車はゴールラインを時速500キロメートルでぬけている。ドラッグスターには、山ほどのブレーキングシステムが必要だが、巨大なパラシュートを車の後ろにひらくことで抵抗力をうみ、スピードをおとすのがふつうだ。

# トラックのしくみ

陸の乗りもの

トラックにはたくさんの種類があり、サイズもいろいろある。トレーラー式のトラックは前後2つに分かれている。前はトラクターで、エンジンと運転席がある。荷物を積む後ろのトレーラーと回転式のジョイントでつなぐと、トラックが急なコーナーをまわれるようになっている。この**ケンワースC540**はパワフルな長距離トラックで、荷物をフルに積んだトレーラーを引っぱって長い距離を走ることができる。

**寝台つき運転席**
この運転席には長距離トラック運転手のために、ベッドと荷物入れ、料理もできる設備があることが多い。

ケンワースC540

**トレーラーのサイドカーテン**

**セミトレーラー**
このモデルがセミトレーラーとよばれるのは、前方に車輪がないから。前方をけん引用トラックに乗せて固定するように設計されている。こうしたモデルはカーテンサイドトラックといい、布でできたサイドパネルを横に引いてひらき、荷物の積みこみや積み降ろしができる。

**ホイール**
2軸のトラクターの後輪がトレーラーの重さをささえる。

**サイドライト**

**燃料タンク**

**排気管**
エンジンからの排ガスを出す、垂直のエグゾーストパイプ。

キャブライト

ウィンドスクリーン

バックミラー

**ラジエーターグリル**
グリルから空気を取りいれ、トラックを動かす巨大なディーゼルエンジンをひやす。

運転席へのステップ

フェンダー

バンパー

トラックのしくみ

# 大量輸送車

ソーニークロフト・タイプJ　イギリス　1917年

ウォリス&スティーブンス・ワゴン7279　イギリス　1912年
- 蒸気機関の煙突
- 袋や箱、そのほかの荷物をはこべる平らな荷台
- ソリッドなゴムタイヤ

第一次世界大戦のとき、タイプJには敵機をうちおとす銃をのせたモデルもあった。

ピアッジオ・エイプ・モデルD　イタリア　1967年
- 2ドアのキャブにシートはひとつだけ

スバル・サンバー軽トラック　日本　1969年
- 保護カバーのフレーム

シボレーC10　アメリカ　1960年代

ルノーTR 280　フランス　1971年
- ルーフに寝棚がある運転席
- トレーラーに丸太をのせ、森林から製材所にはこぶ

街中での小包のうけわたし、家畜、車、モノをトレーラーにのせてはこぶなど、仕事のかずだけちがう種類のトラックがある。動力をもつはじめてのトラックは蒸気で動いていたが、今のトラックはほとんどがディーゼルエンジンをのせている。

日本ではスバル・サンバーのような小型の軽トラックが街中で小さな荷物をはこんでいた。イタリアではオートバイのエンジンをのせたもっと小さなオート三輪、ピアッジオ・エイプ・モデルDが走っている。シボレーC10などのピックアップトラックは、セダンより少し大きなものが大半で、

陸の乗りもの

大量輸送車

MCD DAF 85　オランダ　1992年

メルセデス・ベンツ1838タンクローリー　ドイツ　1996年

後部は軸が3つある
ホイールでささえる

DAF XF105　オランダ　2008年

レース用の
DAF85トラックが
レーシングサーキットで
走ると、最高速度が
**時速160キロメートル**
まで出せる。

運転席の下にある、
13リットルの大型エンジン

垂直の排気口

ラジエーターグリル

ボルボ・ボブテール・
セミトラック　スウェーデン　2011年

ドライバー用のベッドがある
居住区域

スカニアP400　スウェーデン　2009年

運転席の後ろに開放型の荷台がある。**ボルボ・ボブテール**や**スカニアP400**といった大型トラックは、さまざまなものがはこべる、いろいろなかたちのトレーラーがけん引できるよう設計されている。大型トラックには運転席とエンジンのトラクターユニットがあり、トラックが急なカーブをまがれるよう、運転席とトレーラーとをつなぐ設計になっている。トレーラーには箱形や屋根のないオープン形、**MCD DAF85**が引いている傾斜形の自動車運搬車のほか、タンク車を引く**メルセデス・ベンツ1838**のように、きまったつかいみちのためにつくられたものもある。

# 特殊トラック

**アルビス・ストールワート** イギリス 1966年
3人乗りの運転席はルーフから乗り降りできる
車両の下側は耐水構造で、水のなかも走れる

**ダグラスP3** イギリス 1970年
水と消火用の泡を出す放水銃は、1分間に何リットルもの液体をふきだす

**ウォルター・スノーファイター** アメリカ 1972年
雪を横におしのける巨大なブレード

**グロスター・サロ・ジャベリン** イギリス 1987年
6つある車輪をすべてまわすエンジン
伸縮式のはしごは上にのばすと高層ビルにもとどく

**アメリカン・ラ・フランス・メトロスティック75** アメリカ 2000年
はしごをのばしたときに安定するようささえるアウトリガー
消防士と機器をのせるため、運転席を前方にのばしてある

ごみをあつめる大型のホッパー（四角い開放型の荷台）

どんなつかいみちもできるようつくられ、さまざまな荷物がはこべるトラックもあるが、しぼられた目的のためだけにつくられ、あたえられた任務をりっぱにこなすトラックだってある。特別なつかいみちのためにつくられたトラックを見てほしい。

どの空港にも、巨大な航空機をきまった場所まで引っぱっていく、ダグラスP3のようなトーイングカーがあり、事故が発生したときのためにグロスター・サロ・ジャベリンなどの消防車がひかえている。こうした高速消防車両は四輪、六輪、八輪駆動のものがほとんどで、事故を起こした航空機にかけつけて、水と消火用の泡を放射す

小型のけん引トラックをもちあげられる
**パワフルなクレーン**

**ケンワースW900トートラック**
オーストラリア　2007年

点滅する警告灯

**メルセデス・ベンツ・シターロ**　ドイツ　2009年
**救急車**

特殊トラック

運転席のウィンドウには
金網がはってあり、
窓を木の枝や土砂からまもる

**ジョン・ディア843K**　アメリカ　2010年

シターロは民間用の救急車では**最大**で、**20名の患者**が乗れるスペースがある。

1万2,500キログラムの車両と荷物をささえる
**巨大なタイヤ**

**ホルダーC270**　ドイツ　2010年

垂直の
エグゾーストパイプ

**オートカーE3ごみ収集車**　アメリカ　2011年

**ヒュンダイ700S-7E**　韓国　2012年

高速回転するブラシで
ごみを取りのぞく

る。特殊用途のトラックは街中あちこちで見かける。小型のホルダーC270のような道路清掃車は、運転席を器用に動かし、急な曲がりかどもきれいにかたづけてくれるし、オートカーE3に代表されるごみ収集車は、ごみをあつめて小さくかためてから後ろのダンプカートに入れ、ごみすて場やリサイクルセンターまではこぶ。ウォルター・スノーファイターは道路の雪を取りのぞく。ケンワースW900はこわれた車両をもちあげて回収する。山あいの場所では、ジョン・ディア843Kといった木材伐採車が、パワフルなのこぎりとグリップで樹木を切りおとし、移動する作業をおこなっている。

## スペースシャトルをはこぶ車

これが究極の重量級運搬車、NASAの巨大なクローラー・トランスポーターだ。これは2005年、スペースシャトルのディスカバリーを、ロケットを組みたてるビルからアメリカのフロリダ州、ケネディ宇宙センターの39B打ち上げ台まで、そろりそろりと動かしているシーンだ。フル積載のシャトル宇宙船は重量200万キログラムを超えるので、このようななみはずれた荷物をはこぶには、とくべつな車が必要になる。

　NASAの2台のクローラー・トランスポーター、通称「ハンス」と「フランツ」は、1960年代にサターンⅤ型ロケットをはこぶためにつくられた。積載プラットフォームは27.4平方メートル、野球場の内野のダイヤモンドとほぼおなじ面積だ。クローラー・トランスポーターの長さは40メートル、幅は35メートル、重さは272万1,000キログラムある。宇宙船をのせる出番が来ると、クローラーはクローラーウェイとよばれるがんじょうな専用道路を、最高時速1.6キロメートルで走る。「ハンス」と「フランツ」は16台の電気エンジンで動き、エンジンの電力は車にのせたディーゼルエンジン2台がつくる。1キロメートルあたり297リットルもの燃料を消費するため、クローラー・トランスポーターの燃費はとても悪い。

# バスの仲間たち

ボレー・オベイサント
フランス 1873年

蒸気を出す煙突

LCOG Bタイプ
イギリス 1911年

開放型の運転席
エンジンのラジエーター

AECルートマスター　イギリス　1954年

全長8.4メートル
開放型の出入り口

フォアモスト・テラ・バス
カナダ　1986年

ボルボB10MA ベンディバス　スウェーデン　1996年

圧縮空気で閉じ開きするドア

はじめての自動車形バスが登場したのは19世紀のこと。蒸気機関で動き、人を乗せて短い距離を走った。その後、内燃機関があらわれて、大型でパワフルなバスが通勤、旅行、通学につかわれるようになった。

ふたつの蒸気機関で後輪それぞれを動かすボレー・オベイサントは、最高速度が時速40キロメートル、12名の乗客を乗せて走った。その後はガソリンエンジンのバスが引きついだ。たくさんつくられたはじめてのバス、LCOG Bタイプは、車内に16名分、屋上デッキには18名分の客席があった。ダブルデッカー（2階建て）のバ

**ボルボB12M** スウェーデン 2001年

エンジンはフロアの下にある

連結部はのびちぢみするゴムでおおってある

B12Mは連接式で全長28メートル、乗客を270名も乗せられるのだ。

**スクールバス** アメリカ 2002年

高い場所にある運転席

ルーフを開けたり閉めたりできるレール

**ローマ・クリスティアーナ・オープンバス** イタリア 2003年

折りたたみ式ステップ

全長15メートル

Wi-Fiをのせているので、インターネットがつかえる

**ヴァン・ホール寝台バス** ベルギー 2009年

スには、たくさんの人を乗せるスペースがあり、人気が出ることがあきらかになった。**AEC ルートマスター**はイギリスを代表するバスとなり、最大64名の乗客を乗せ、イギリスのロンドンを走りまわっている。**ローマ・クリスティアーナ**はオープントップのバスで、観光客にうつくしい街のけしきを見せてくれる。じょうぶな1階建てバス、**フォアモスト・テラ・バス**はカナダや南極といった氷に閉ざされた地域で旅行者や作業者をはこんでいる。**ボルボ B10MA**は中央で折れまがってカーブを曲がる。**ヴァン・ホール寝台バス**はシートを42床のベッドにかえることができ、夜のうちに長距離を移動する旅行用だ。

# トラクターのしくみ

陸の乗りもの

トラクターは農場のはたらきもの、畑で鋤などの道具を引いたり、さまざまな荷物をはこんだりもちあげたりするための車だ。トラクターには、庭仕事や公園でつかう小さいものから、びっくりするほどのけん引力をほこる巨大なけもののように大きなものまで、サイズはいろいろある。**マッシー・ファーガソン7618**は汎用の大型トラクターで、現場で山ほどある仕事をいろいろこなすことができる。

**エンジン**
大型のエンジンはディーゼル燃料をつかう。このトラクターの最高速度は道路上で時速約50キロメートル、畑の上では時速約28キロメートルまで出せる。

**エンジンのボンネット**

**垂直の排気口**

マッシー・ファーガソン7618

**ラジエーターグリル**

**マッドガード（どろよけ）**

**ウエイトフレーム**
トラクターの前にウエイトをくわえると、後ろにのせる道具や荷物の重さとのバランスが取れる。

**燃料タンク**

**タイヤトレッド**
ゴムタイヤにトレッドが深くきざまれているおかげで、トラクターはやわらかい地面をしっかりとつかみながら前後に動ける。

運転席

警告灯

キャブライト
運転席の前後左右にあって、トラクターのまわりをてらす。

リアホイール
直径1.8メートル、幅58センチメートルという、とほうもない大きさのタイヤをつけたリアホイールでトラクターの重さをささえる。

運転席に出入りするためのステップ

トラクターのしくみ

# トラクターの歴史

クレイトン&シャトルワース・ドロシー　イギリス　1914年
- 煙突
- 前輪をまわすステアリングチェーン

ツインシティ40-65　イギリス　1916年
- ドライバーとエンジンをおおうキャノピー

ウォータールー・ボーイ　アメリカ　1917年
- 鋼鉄製ホイールにはブレードがついていて、地面に食いこんでグリップ力を高める

キャタピラー・シクスティ　アメリカ　1931年

ファーガソンTE-20　イギリス　1946年
- ゴムタイヤはトレッドが深くきざまれ、地面をつかむグリップ力が高くなっている

ビッグバド16V 747　アメリカ　1978年
- 地面から高いところにある運転席
- タイヤの直径はそれぞれ2.4メートル

　蒸気で動いた最初の農業用トラクターはたいてい重く、スピードも遅かったが、それでも強い力でものを引っぱることができた。やがて蒸気機関がすたれ、ディーゼルやガソリン用のエンジンがつかわれるようになり、ソリッドな鋼鉄のホイールは、無限軌道や幅が広いゴムタイヤに道をゆずることになる。

　クレイトン&シャトルワース・ドロシーは蒸気機関で動くトラクターで、重量は1万キログラム、最高速度は時速8キロメートルだった。6,900キログラムと軽量なJCBファストラック185-65は、時速80キロメートルで走る。ファーガソンTE-20はとてもよく売れ、50万を超える台数がつくられた。トラクターには、無限軌道というひとつづきの

農場の荷物を上げ下げする**油圧式アーム**

荷物入れ

蒸気機関の力でまわる**後輪**

**JCBファストラック185-65**
イギリス　1994年

トラクターが後ろにひっくりかえったときにドライバーをまもるバー

ファストラックは世界最速のディーゼルカーが記録を出したときに**けん引役**をつとめた。

**マッセイ・ファーガソン1540**
アメリカ　2005年

トラクターが重い道具や荷物を引くときにバランスを取るための**ウエイト**

**ルノー・アレス710 RZ**
フランス　2009年

運転席を乗り降りするためのステップ

**チャレンジャーMTF 7650**
アメリカ　2012年

後ろにある**接続フック**で鋤などの農具を引く

トラクターのまわりの地面をてらす**キセノンライト**

**ジョン・ディア6150 RH**
アメリカ　2013年

キングピンを軸にして、ボディの前後がべつべつに回転できる

**ニュー・ホランド T9.505**
アメリカ　2013年

## トラクターの歴史

ベルトを車輪のかわりにつけているものもあり、車体の重さが地面にひとしく乗るので、安定し、地面をつかむグリップ力があります。**キャタピラー・シクスティ**は鋼鉄製、最新式の**チャレンジャーMTF7650**はゴムでできた無限軌道をつかっている。最近ではいろいろなサイズのトラクターが出まわっている。小型の**マッセイ・ファーガソン1540**は公園やガーデニング用として人気があり、**ニュー・ホランドT9.505**は全長が長く、ボディが中央でヒンジ留めになっている。全長8.23メートルの**ビッグバド 16V 747**は、アメリカのひろびろとした綿花畑ではたらいている。

# 農作業用トラクター

陸の乗りもの

この収穫機は、1週間に**100万個**ものカボチャを収穫してあらうところまで、1台でやってのける！

マッセイ・ファーガソン9240　イギリス　1995年

ハロー（砕土機）の**シャープな金属製ディスク**が土をくだく

カボチャをあらう水をおくる**タンク**

パンプキン・ハーベスター　イギリス　2006年

**大型で太いタイヤ**が、あれたどろだらけの地面をしっかりとつかむ

作物に農薬をまくためのブーム（パイプ）は、幅およそ18メートルの範囲まで広がる

ジョン・ディア5430i　アメリカ　2008年

運転席を乗り降りするための**ステップ**

最大3,500キログラムをもちあげられる**フォーク**

キャタピラーTH406　アメリカ　2010年

切りとった穀物の茎を切削バーからひろいあつめる**リール**

草や作物の茎を切りとる**切削用ヘッド**

ジョン・ディアW260　アメリカ　2013年

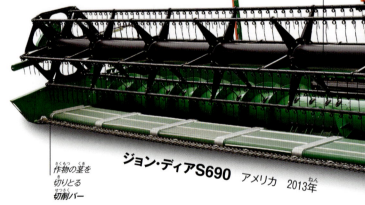

作物の茎を切りとる**切削バー**

ジョン・ディアS690　アメリカ　2013年

農業にはたいへんな仕事が山のようにあるが、ありがたいことに、今は機械が手つだってくれるようになった。農業用機械が自動化されたおかげで、人の手か動物の力を借りてしかできなかった多くの作業が、短い時間でこなせるようになった。

マッセイ・ファーガソン9240のような多機能トラクターは、鋤やディスクハローといった農機具を引っぱったりあやつったりできる。収穫まではジョン・ディア5430iなどの農薬散布車が巨大なパイプを左右にふって農薬をまいて、作物を害虫からまもる。収穫するさいにはニュー・ホラン

油圧式のグリッパーが干し草の俵をつかんでもちあげる

ニュー・ホランド740TL　アメリカ　2013年

ニュー・ホランドT6.140
アメリカ　2013年

1分間あたり135リットルの穀物のからを吐きだす**排出パイプ**

最大1万4,100リットルの穀物をためることができる**穀物タンク**

運転台

ニュー・ホランド・ブロー960L　アメリカ　2013年

トウモロコシの上にのこった花の部分を取りのぞく**カッターヘッド**

ホイールが細いのは、トウモロコシ畑の畝の溝にあわせたため

ハギー204SPデタスラー　アメリカ　2013年

農作業用トラクター

ド・ブロー960Lがブドウ畑の畝のあいだを走りまわってブドウを収穫し、**パンプキン・ハーベスター**はカボチャをつみとってあらい、パッキングするまでの作業のすべてを引きうける。**ジョン・ディアS690**のような大きなコンバインは、穀物の茎を切り、脱穀し、のこりの茎は後ろに投げだしていく。畑にのこった茎の部分はキャタピラーTH406などのフォークリフトがもちあげたり、ニュー・ホランド740TLのグリッパーでつかみあげられるよう、干し草として俵にまとめられる。

117

## モンスター・トラックが跳ぶ

イギリスのモンスター・マニア・フェスティバルで、イアン・ベイティが、モンスター・トラックの愛車「リル・デビル」に乗り、一列にならんだ古い廃車を飛びこえる。高オクタン価のレース用メタノールを燃料とするV8エンジンを搭載したこのパワフルなトラックは、ふつうのファミリーカーの10倍もの出力をほこる。重さは4,000キログラム以上、こいつが着地したところにあった廃車は、まちがいなくぺしゃんこにつぶれるだろう。

アメリカで、ボブ・チャンドラーがオリジナルの「ビッグフット」を世におくりだした1979年からずっと、ぶかっこうなモンスタートラックは、こっけいな走りや曲芸で世界中の観客をたのしませてきた。イベントではダートコースでのレース、曲乗り、ジャンプ台からのジャンプがくりひろげられ、衝突事故は山のように起こる。モンスタートラックはたいていふつうのピックアップ・トラックをもとにつくられる。たとえば「リル・デビル」はシボレー・シルバラードの改造車だ。トラックのボディだけをのこし、鋼管フレームのシャーシを組みつけ、直径1.7メートルの巨大な「テラ」タイヤでモンスタートラックに変身する。着地するときの強烈なショックを吸収できる、りっぱなサスペンションシステムをつけ、ドライバーはシートにレース用のハーネスでしっかり固定されて、モンスタートラックでおどろくような動きを見せる運転に集中する。

# 建設土木車

陸の乗りもの

左右に動かして車両の向きをかえられるフロントローラー

アームでスコップを動かし、4.5メートル以上の深さまでほることができる

**ホッパー**（四角い開放型の荷台）には、モンスタートラック20台分とおなじ重さの、90トンの岩がのる。

ハムHW90/10　ドイツ　1987年

鋼鉄製のスコップ

ケース・ポクレン688B　アメリカ　1993年

垂直のエグゾーストパイプ

鋼鉄製のローダーは1回で1,000キログラム以上のものをすくいあげられる

ホッパーは油圧アームでかたむけられる

キャタピラー950G　アメリカ　1998年

タイヤの全高は2.7メートル、重さは1,500キログラム以上ある

BELAZ-75570

全高9.7メートル

リープヘルLTM 1500　ドイツ　2000年

クレーンを高くのばしたときに車体を安定させるアウトリガー

建設現場や鉱山では掘削や地ならし、重いものをもちあげる作業がずっとつづく。その作業のほとんどをこなしているのが、巨大でがんじょうな機械たちだ。はげしい作業にたえられるがんじょうさ、一日中はたらける信頼性がもとめられる。

掘削機はほるための機械で、地面に切りこむための鋼鉄製のショベル（バケット）がついている。ケース・ポクレン688Bのように車輪で走るものもあるが、どろまみれの地上を動きまわるには、ジョン・ディア160DL Cをはじめとする無限軌道で走るモデルのほうが便利にできている。キャタピラー950Gなどのフロントローダーには巨大なフ

建設用コンクリートを
まぜる**ドラム**

**メルセデス・ベンツ**　ドイツ　2007年

**ジョン・ディア160DL C**　アメリカ　2007年

掘削機は
ディーゼルエンジンが
まわす無限軌道で動く

**BelAZ-75570**　ベラルーシ　2008年

最深6.5メートルまで
ほることができる**掘削機**

パイプライン用の
穴や溝をほる
**バックホウ・バケット**

大量の土や
いろいろな資材を
はこんだりおしたりできる
**フロントローダー**

**JCB 3CX**　イギリス　2009年

ダンシング・
ディガーズとは、
JCBが音楽にあわせて
おどるチームのこと。

**キャタピラー12M2**　アメリカ　2011年

長いブレードで
資材をけずり、
表面をなめらかにする

**ジョン・ディア650K XLT**　アメリカ　2012年

建設土木車

ロントショベルがついていて、JCB 3CX のようなバックホウ・ローダーには、前にはローダー、後ろにはバケット掘削機の両方がついている。**ジョン・ディア650K XLT** は資材を地面にそっておすための長くてするどいブレードがついたブルドーザー。**ハムHW90/10** のようなつきかため機は、重いローラーで地面をプレスして表面をかたくする。巨大なクレーンは高いものを建てるときに資材をひきあげるためにつかい、移動型モデルの**リープヘル LTM1500** のアームをせいいっぱいにのばすと、ボーイング747 ジャンボジェットよりも長い、84メートルのところにまでとどく。

121

# 戦車と装軌車

ルノーFT-17　フランス　1917年
戦車が後方にひっくりかえるのをふせぐスタビライザー

マークV　イギリス　1918年
もともと艦艇や沿岸の要塞でつかっていた銃
ボディ全体をおおうようにしてはりめぐらされた金属製の履帯

Ⅳ号戦車　ドイツ　1936年
ターレットハッチの下に戦車の車長がすわる場所がある

M4A1シャーマン　アメリカ　1941年
5名の乗組員のうち3名が銃座（銃を固定しておく場所）にのる

T-34/85　旧ソヴィエト連邦　1941年

チャレンジャー1 MBT
全高3メートル
5キロメートル以上先まで砲弾がとぶ、巨大な砲
セラミックと金属の複合材料でつくった、がんじょうな装甲

戦車はぬかるんだ場所や移動がむずかしい地形の場所をとおりぬけられるようにつくられた装甲車だ。戦車はふつう、砲弾を発射するパワフルな大砲を装備している。第一次世界大戦では世界ではじめての戦車が戦地にあらわれた。

マークVは8人乗りで、最高速度は時速8キロメートル、回転式砲塔がはじめて採用された2人乗り戦車、ルノーFT-17もマークVとおなじ速さで動くことができた。Ⅳ号戦車の強力な大砲は他の戦車の装甲をつらぬくほどのパワーをもっていた。Ⅳ号戦車の最高速度は時速39キロメートル、走行距離は200キロメートル。Ⅳ号戦

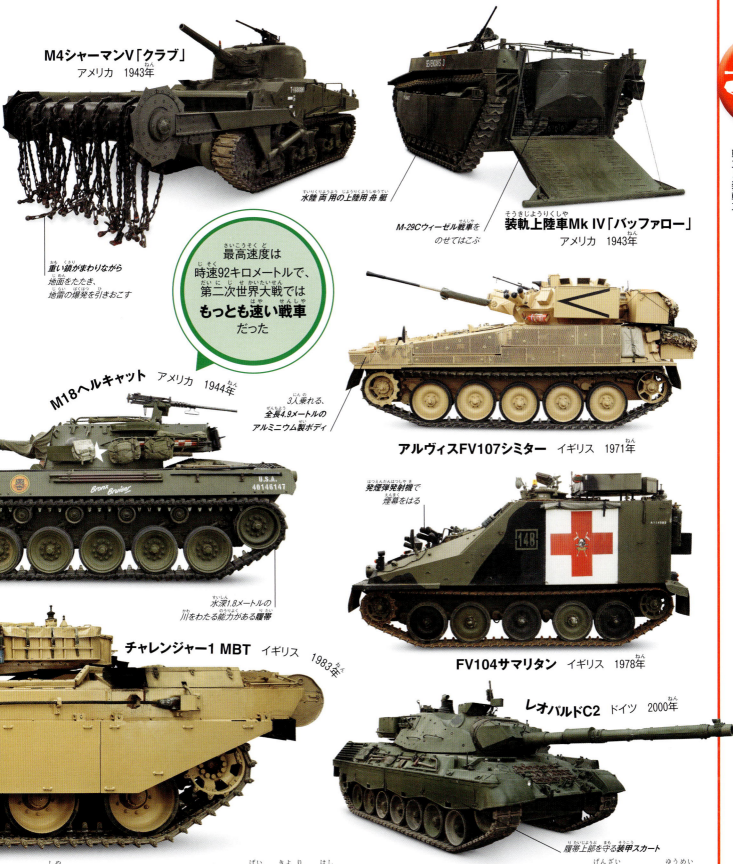

# 戦車と装軌車

**M4シャーマンV「クラブ」** アメリカ 1943年
- 重い鎖がまわりながら地面をたたき、地雷の爆発を引きおこす

**装軌上陸車Mk IV「バッファロー」** アメリカ 1943年
- 水陸両用の上陸用舟艇
- M-29Cウィーゼル戦車をのせてはこぶ

最高速度は時速92キロメートルで、第二次世界大戦では**もっとも速い戦車**だった

**M18ヘルキャット** アメリカ 1944年

**アルヴィスFV107シミター** イギリス 1971年
- 3人乗れる、全長4.9メートルのアルミニウム製ボディ
- 水深1.8メートルの川をわたる能力がある履帯

**FV104サマリタン** イギリス 1978年
- 発煙弾発射機で煙幕をはる

**チャレンジャー1 MBT** イギリス 1983年

**レオパルドC2** ドイツ 2000年
- 履帯上部を守る装甲スカート

車のライバル、T-34/85は、その2倍の距離を走ることができた。戦車ではない軍用車両にも装甲がほどこされ、履帯がついているが、戦車とは別のつかいみちがあった。戦場救急車のFV104サマリタンは患者を6名まで乗せることができ、M4シャーマンV「クラブ」は何本もある鎖をゆらして地雷がうまった大地を走る。62トンのチャレンジャー1 MBTといった現在もっとも有名な戦車は大きくて強い武器を装備している。アルヴィスFV107シミターの重さはわずか8トンに満たないが、時速80キロメートルのスピードが出た。

# 蒸気機関車のしくみ

蒸気機関車には燃料を火室でもやすエンジンがある。エンジンでできた熱で水を沸騰させると蒸気がうまれ、これをシリンダーにおくるとシリンダーがふくらんでピストンが動く。ピストンの動きがロッドとクランクにつたわって車輪がまわり、列車が動く。これが蒸気機関のしくみだ。写真は1863年からつくられているアメリカの機関車で、名前は「**サッチャー・パーキンス**」、重さは41トン、客車か貨車数両を引き、時速80キロメートルで走った。

ボルチモア・アンド・オハイオ鉄道 クラスB No.147「サッチャー・パーキンス」

**運転室**

**蒸気の力で汽笛がなる**

**炭水車**
多くの列車は、ここに水と燃料の両方を積む。燃料は石炭が多かったが、写真の機関車はたきぎを燃料にしてエンジンを動かしていた。

**ホイールブレーキ**
運転手がレバーを引くとブレーキシューが動輪に直接押しつけられ、列車のスピードがおちる。

**動輪**

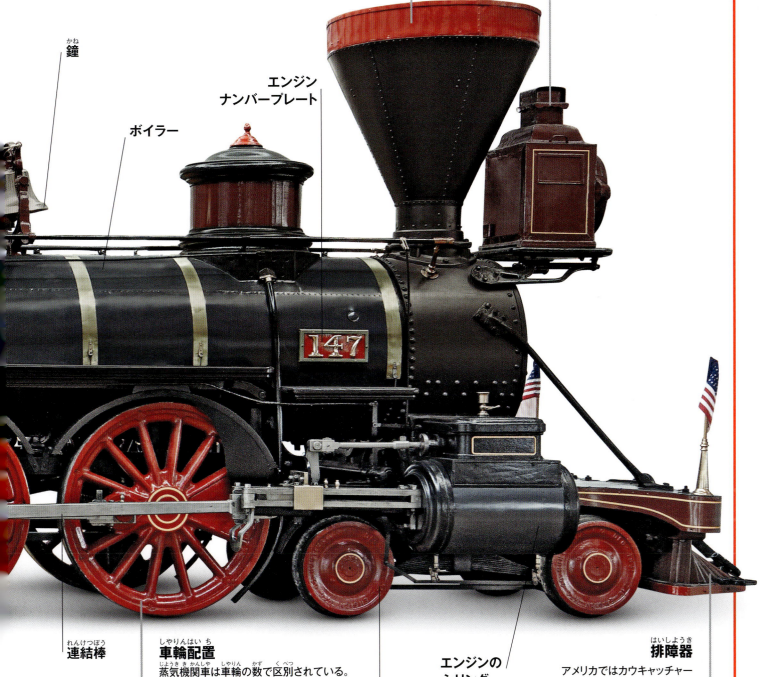

**煙突**
火室で燃やした石炭の煙は煙突をとおって外に出される。この機関車は煙突のなかに網が数枚はってあり、危険な火の粉が外に出るのをふせいでいる。

**ヘッドランプ**
油をたいてあかりをともす大型のランプが、線路の前方を照らす。

**鐘**

**エンジンナンバープレート**

**ボイラー**

**連結棒**

**車輪配置**
蒸気機関車は車輪の数で区別されている。写真の機関車には4本の先輪と6本の動輪がある。

**エンジンのシリンダー**

**先輪**

**排障器**
アメリカではカウキャッチャーともいい、木の枝などの障害物を機関車の道からどける。

蒸気機関車のしくみ

# 蒸気機関車の歴史

煙を外に出す煙突
蒸気機関車ペナダレン号 イギリス 1804年

けん引フック
パッフィング・ビリー号 イギリス 1813年

直径が2.45メートルある、巨大なフライホイール

手動式ポンプで入れた水がいっぱいに入っている垂直ボイラー

スチームワゴン アメリカ 1825年

高さ4.9メートルの煙突

エイジノリア号 イギリス 1829年

煙突のてっぺんは地上から6.7メートルのところにある

縦型のボイラー

針金のスポークをはった車輪

ノベルティ号 イギリス 1829年

ロケット号 イギリス 1829年

発明されたばかりのころ、蒸気機関は工場で機械を動かしたり、鉱山で水をくみあげるためにつかわれていた。イギリスの鉱山技師リチャード・トレビシックは、はじめて蒸気で機関車を動かし、輸送の世界のあたらしい扉をひらいたひとりといわれている。

1804年のウェールズ、トレビシックがつくったペナダレン号がはじめて鉄道の長距離移動を成功させた。速度は時速4キロメートルにもとどかなかったが、それでも11トンの荷物、70名の乗客が乗った客車を引いて、14.4キロメートルを走りきった。まもなくパッフィング・ビリー号やエイジノリア号といった蒸気機関車がつくられ、石炭や

## 蒸気機関車の歴史

**トム・サム号** アメリカ 1830年
- ボイラー内部の水管は銃身でできている

**ボルチモア・アンド・オハイオ鉄道 アトランティック号** アメリカ 1832年
- 大型ボイラーのおかげで、最高速度は時速32キロメートルにたっした

アドラー号とおなじ路線では馬も客車を引いていた。

**アドラー号** イギリス／ドイツ 1835年
- 水の入った樽

**グランド・ジャンクション鉄道 コロンバイン号** イギリス 1845年
- 動輪の直径は1.8メートル

（ロケット号）
- ななめになったシリンダーが動輪を前に動かす

**チャーネット・バレー鉄道 No.13 パイオニア号** アメリカ 1851年
- 大きなじょうご型の煙突には、火の粉を止める金網がついている
- クルミ材でできた運転室
- 線路から障害物を押しだすカウキャッチャー

物資を工場からはこぶようになる。1829年、世界初の都市間路線であるリバプールとマンチェスターのあいだを機関車が走ってスピードをあらそう、イギリスのレインヒル・トライアルで、ロバート・スティーブンソンの**ロケット号**が**ノヴェルティ号**に勝った。スティーブンソンの会社はドイツではじめての商業列車、**アドラー号**をつくった。アメリカではじめての鉄道はジョン・スティーヴンズの**スチームワゴン**だが、小さな円形の周回路の上を走るぐらいのものだった。ボルチモア＆オハイオ鉄道を走った**トム・サム号**が、アメリカで最初に定期運行につかわれた機関車だ。アメリカも1840年には、ヨーロッパ全土のものよりも長い4,500キロメートルを超える線路をしくようになっていた。

# 蒸気機関車の全盛期

スイス北東鉄道「リンマット号」 ドイツ／スイス　1847年

木でおおったシリンダー

沿線の川の名にちなんだあだ名でよばれていた

ヘッドライト

ボルチモア・アンド・オハイオ鉄道 クラスL No.57「メムノン」 アメリカ　1848年

「フェアリークイーン」は1972年にインド政府から国宝に認定された。

王冠型の煙突開口部

ヘッドライト

煙室に外から入るヒンジ式のドア

運転室

東インド鉄道 No.22「フェアリークイーン」 イギリス／インド　1855年

19世紀後半には蒸気機関鉄道のブームがおこった。路線の範囲をさらに広げ、小さな町や都市をつないでいった。機関車の開発はどんどん進み、速くて信頼性があり、たくさんの客車や貨車を引けるようになった。

スイス北東鉄道の「リンマット」はスイスではじめての鉄道線路を走り、東インド鉄道の No.22「フェアリークイーン」は54年間現役で走りつづけた。おなじインドのダージリン・ヒマラヤ鉄道 B 形はホイールベースが短く、高度差が 2,000 メートルあるダージリン山岳鉄道の急坂でも車輪が脱輪しにくくなっている。メトロポリタン鉄道 A

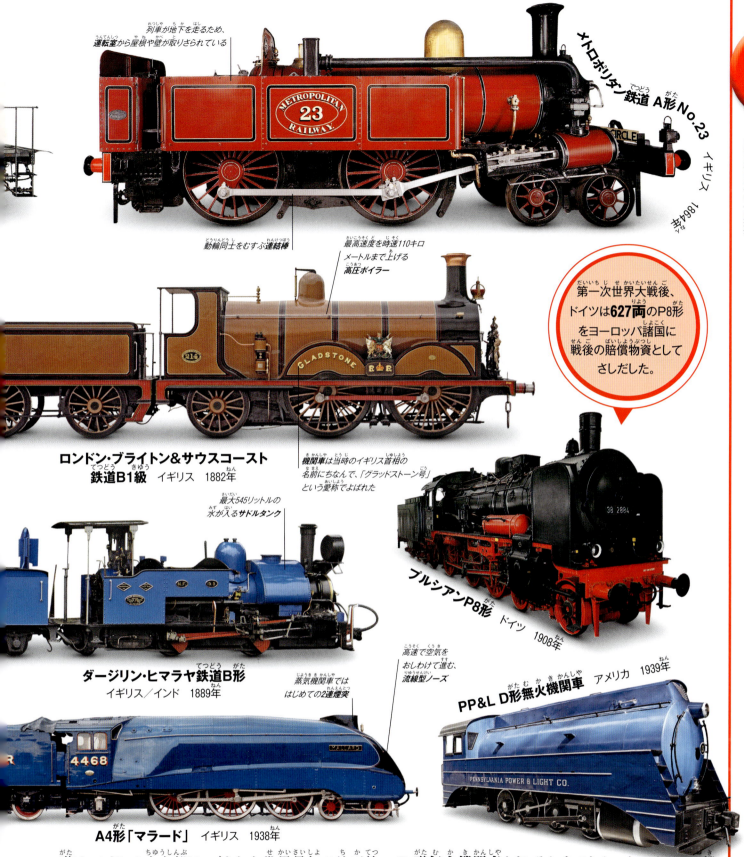

メトロポリタン鉄道A形 No.23　イギリス　1864年

列車が地下を走るため、運転室から屋根や壁が取りさられている

動輪同士をむすぶ連結棒

最高速度を時速110キロメートルまで上げる高圧ボイラー

ロンドン・ブライトン&サウスコースト鉄道B1級　イギリス　1882年

機関車は当時のイギリス首相の名前にちなんで、「グラッドストーン号」という愛称でよばれた

第一次世界大戦後、ドイツは627両のP8形をヨーロッパ諸国に戦後の賠償物資としてさしだした。

最大545リットルの水が入るサドルタンク

ダージリン・ヒマラヤ鉄道B形　イギリス／インド　1889年

蒸気機関車でははじめての2連煙突

プルシアンP8形　ドイツ　1908年

高速で空気をおしわけて進む、流線型ノーズ

PP&L D形無火機関車　アメリカ　1939年

A4形「マラード」　イギリス　1938年

形はロンドンの中心部につくられた世界最初の地下鉄路線、メトロポリタン鉄道を走る機関車だ。蒸気機関車は20世紀になってもさかんにつくられた。プルシアンP8形がつくられた台数は3,700両を超え、ルーマニアやポーランド、フランスなどの国を走った。蒸気をボイラーにためて、燃料がもえやすい場所でも走れるPP&Lの D形無火機関車など、それまでなかったアイデアの機関車もうまれた。速いスピードが出るよう、蒸気機関車のスタイルも流線型になっていく。最速の機関車はA4形「マラード」、最高速度は時速202キロメートルにたっしている。

## フライング・スコッツマン

通称「カンブリア山急行」を引き、No. 4472、「フライング・スコッツマン」がイギリス北西部にあるカーライルからセトルまでの線路を走る。全長21.7メートルのこの機関車の重さは97.5トンを超え、なみはずれたけん引力を発揮する。1934年、蒸気機関車ではじめて最高時速160キロメートルを上まわる公式記録をたたきだした。

「フライング・スコッツマン」はイギリスのエンジニアであるサー・ナイジェル・グレスリーの設計したものだ。彼は17歳のときに見ならいとして鉄道の世界に入った。この機関車がつくられたのは1923年、直後にこの機関車のイメージカラーとなる黄緑色の塗装がほどこされた。ただし第二次世界大戦のあいだは黒に塗りかえられた。40年間まじめにつとめあげた「フライング・スコッツマン」は1963年に当時のイギリス国有鉄道を引退したが、この機関車の旅はそれでおわったわけではなかった。鉄道愛好家のアルヴィン・ペグラーのおかげでスクラップをまぬがれ、復元作業をへたのち、5年間アメリカを走りつづけた。さらにオーストラリアに移動してからはアリススプリングスからメルボルンまでの679キロメートルを走りきり、機関車の最長無停車走行の世界記録を打ちたてた。

陸の乗りもの

# ディーゼル列車のしくみ

ディーゼル列車はひとつ、またはいくつかの内燃機関でひっぱる力をつくる。この力を車輪につたえるにはさまざまなやり方がある。図の**イギリス国有鉄道クラス05**のような機械式ディーゼルは、力をシャフトとクランクで直接つたえる。電気式ディーゼルは発電機で電力に変え、モーターを動かして機関車の車輪をまわす。

**イギリス国有鉄道 クラス05**

**目につきやすい警戒色のしま模様**

**緩衝器（バッファー）**

**換気グリル**
グリルが機関車の車体に空気を取りこみ、大型ディーゼルエンジンが熱しすぎないようにする。

**連結棒**
エンジンがつくった力を機関車の両側にある3軸の動輪につたえる。

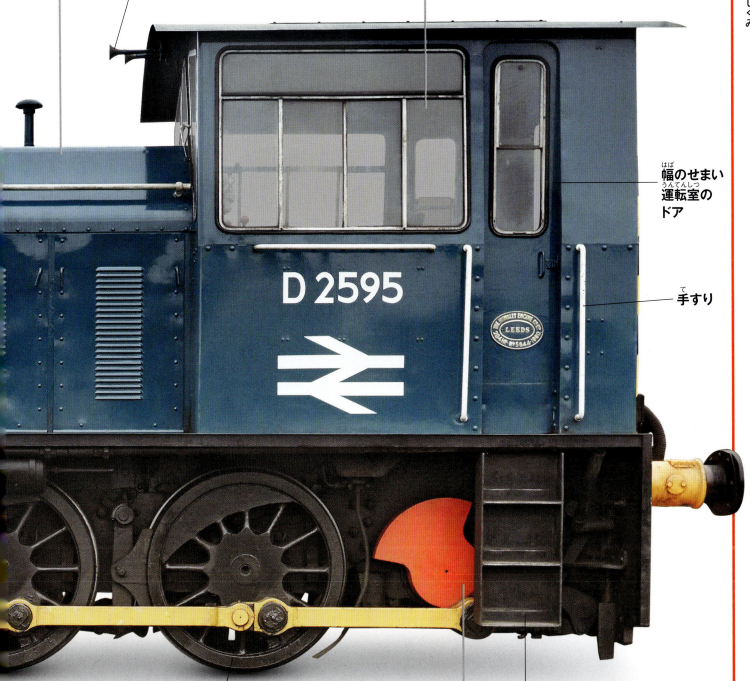

### エンジン
大型のガーディナー製8気筒ディーゼルエンジンが、4段トランスミッションのたすけをかりて機関車にパワフルなけん引力をあたえる。ただし、速さは時速29キロメートルと遅い。

**警笛**

### 運転室
高さ3.5メートルの運転室は長いボンネットの先がよく見えるようになっており、運転手は2枚のリアウィンドウから後ろのようすも目で見て確認できる。
運転室のなかにはダイヤルがならび、運転手はエンジンのスピードや温度、状態をこまかく調整できる。

**幅のせまい運転室のドア**

**手すり**

**運転室へのぼりおりするためのステップ**

**カウンターウェイト**
連結棒の力のバランスを取るのに役だつ。

**動輪の直径は1.02メートル**

ディーゼル列車のしくみ

# ディーゼルの歴史

陸の乗りもの

ブガッティ気動車　フランス　1932年
8輪ボギー(軸のまわりを回転する車輪が8個ある)
位置が高く、傾斜した運転手のウィンドスクリーン
時速196キロメートル

GHE T1　ドイツ　1933年
両端が細いボディデザイン
初号機は初年度で通算9万6,000キロメートルを走った。
時速40キロメートル

小さな引き窓
ヘッドライト
時速129キロメートル
グレート・ウェスタン鉄道 流線型気動車　イギリス　1934年
時速72キロメートル

20世紀前半になってエンジン技術が進歩してくると、蒸気機関を卒業し、ディーゼル燃料で動く機関車をえらぶエンジニアがあらわれはじめた。ディーゼルエンジンの列車が本格的に営業運転をはじめたのは、1930年代になってからのことだ。

ディーゼルエンジンの列車は蒸気機関車よりも保守点検の必要が少なく、ボイラーに石炭を投げいれる助手なしで運転できた。このため低速の入換機関車として、ヴァージニア・セントラル・ポーター No.3 やドイツ国有鉄道の Kö 形などは理想的なモデルだった。ディーゼル列車ははじめ、エンジンで車輪を直接まわしていたが、

ドイツ国営鉄道Kö形 旧東ドイツ 1934年
ステンレス製の客車
CB&Qパイオニア・ゼファー アメリカ 1934年
時速181キロメートル
時速18キロメートル
運転室に出入りするためのドア
ボクスリー・ウィットコム アメリカ 1941年
垂直に立った1本の排気管
時速32キロメートル
ヴァージニア・セントラル・ポーターNo.3 アメリカ 1944年
運転室
PMR GM エレクトロ・モーティブ・ディーゼル アメリカ 1942年
エンジンで動かすサイドロッドが車輪をまわす
時速32キロメートル

**PMR GM エレクトロ・モーティブ・ディーゼル**はほかとはちがい、ディーゼルエンジンが発電機を動かして4台のモーターに電力をおくりこむ電気式ディーゼル機関車だった。ディーゼルエンジンは動力源が床下にある客車、すなわち気動車にもつかわれた。**GHE T1 気動車**はたった4つの車輪で34名の乗客を乗せることができた。グレート・ウェスタン鉄道の流線型気動車は最高速度時速129キロメートル、**ブガッティ気動車**はもっと速かった。このうつくしいマシンは1934年に高速列車の記録を打ちたて、最高速度は時速196キロメートルだった。

# ディーゼル列車の主力

時速171キロメートル

ボールドウィンDS-4-4-660形　アメリカ　1946年

前方の線路をあかるくてらす、**強力なヘッドライト**

時速96キロメートル

**ノーフォーク・アンド・ウェスタン鉄道のロゴマーク**

時速125キロメートル

全長25.91メートル、**ステンレス製ボディ**

バッド気動車　アメリカ　1949年

時速137キロメートル

1966年、ルーフに2台の**ジェット機用**エンジンをのせ、速度新記録を打ちたてた。

ボルチモア・アンド・オハイオ鉄道 F7形　アメリカ　1949年

**運転室から乗り降りするためのはしご**

時速80〜193キロメートル

第二次世界大戦がおわると、ディーゼル機関車が一般にひろまった。製作コストはたいてい蒸気機関車を上まわったが、運用コストははるかに安く、簡単に導入できるうえ、工場で修理する時間も短い。

ボールドウィン DS-4-4-660形入換機関車は、貨車や客車を操車場で動かすのにつかう。660馬力のディーゼルエンジンをのせ、139両という、なかなかの台数がつくられた。じょうぶで信頼性の高いノーフォーク・アンド・ウェスタン鉄道 エレクトロ・モーティブ・ディーゼル GP9

機関車の前後にある
ひろびろとした運転室

イングリッシュ・エレクトリックDP1
デルティック　イギリス　1955年

ノーフォーク・アンド・ウェスタン鉄道エレクトロ・モーティブ・ディーゼル GP9形　アメリカ　1955年

ルーフに取りつけた運転室

時速160キロメートル

ドイツ連邦鉄道 VT11.5　旧西ドイツ　1957年

ユニオン・パシフィック鉄道ゼネラルモーターズ・エレクトロ・モーティブ・ディーゼル SD60形　アメリカ　1984年

ラジエーターの冷却ファン

両開きのスライドドア

2つあるらせん階段でのぼりおりできる上部デッキ

球形の燃料タンク

時速105キロメートル

イギリス国有鉄道ゼネラルモーターズ・エレクトロ・モーティブ・ディーゼル 66形　イギリス／アメリカ　1998年

時速100キロメートル
DWA 670系気動車
ドイツ　1996年

時速121キロメートル

形は、アメリカとカナダの全土で入換機関車としてつかわれ、つくられた台数は4,000両を超えた。**ドイツ連邦鉄道 VT11.5**はヨーロッパの130の都市をむすぶ有名な TEE（ヨーロッパ国際特急）の運行につかわれ、全席一等車の客車列車を、最高速度時速160キロメートルで引いた。**バッド気動車**など、ディーゼル駆動の気動車は使いみちがとても広いことがみとめられれた。小規模路線では、かぎられた人数だが気動車自身が乗客をはこぶことができたし、気動車をつなげれば乗車定員をふやせた。**DWA 670系**のように2階建て（ダブルデッカー）で、上下のデッキに110名が乗れる気動車もある。

# はたらく列車

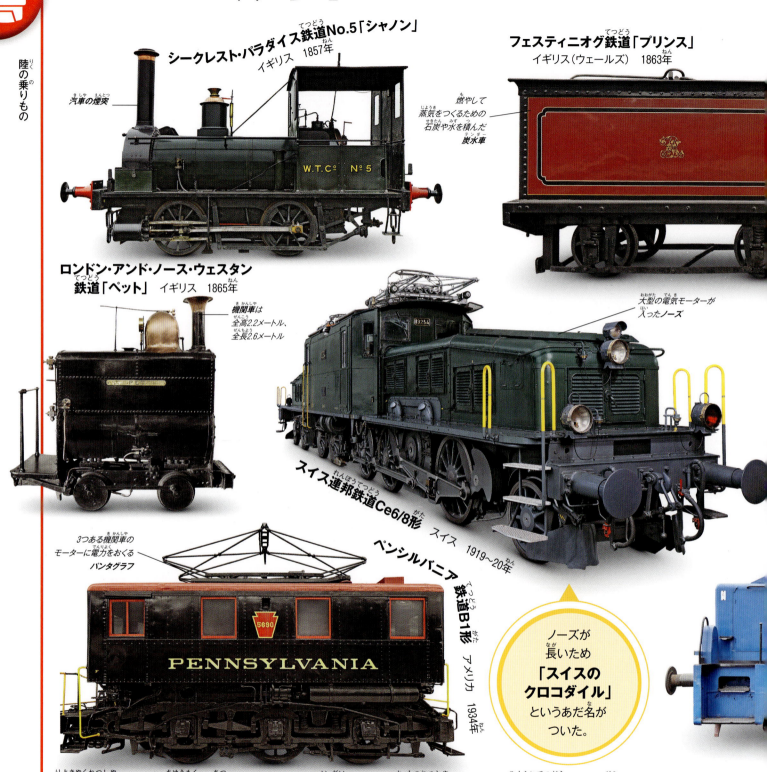

陸の乗りもの

シークレスト・パラダイス鉄道No.5「シャノン」　イギリス　1857年
- 汽車の煙突

フェスティニオグ鉄道「プリンス」　イギリス（ウェールズ）　1863年
- 燃やして蒸気をつくるための石炭や水を積んだ炭水車

ロンドン・アンド・ノース・ウェスタン鉄道「ペット」　イギリス　1865年
- 機関車は全高2.2メートル、全長2.6メートル

スイス連邦鉄道Ce6/8形　スイス　1919～20年
- 大型の電気モーターが入ったノーズ

ペンシルバニア鉄道B1形　アメリカ　1934年
- 3つある機関車のモーターに電力をおくるパンタグラフ

ノーズが長いため「スイスのクロコダイル」というあだ名がついた。

旅客列車ばかりに注目が集まるなか、それ以外にもたくさんの列車が毎日いそがしくはたらいている。こうしたレール上の名脇役たちはたくさんの貨物をはこび、操車場で、ほかの列車や貨車をうごかしている。

貨物列車にはドイツ国営鉄道V100形のようなディーゼル機関車がつかわれることが多く、全世界で1,100両を超えるディーゼル列車がはたらいている。スイス連邦鉄道Ce6/8形電気機関車もV100形とよくにていて、運転室がまんなかにあり、ノーズが前につきだしたデザインだ。スイスの山岳地帯の曲がりくねった線路を走れるよ

蒸気圧を調整するための**蒸気ドーム**

煙室と直結し、煙を列車の外に出す**煙突**

**運転室**

悪天候のとき、車輪とレールのなじみをよくするための砂が入った**砂箱**

**前側の連結器**

はたらく列車

**ボルチモア・アンド・アナポリス鉄道GE 70トン入換機関車**
アメリカ　1946年

**イギリス国有鉄道08形「ファントム」**
イギリス　1953年

運転室がまんなかにあり、どの方向も見わたせる

**ドイツ国営鉄道V100形**　旧東ドイツ　1966年

**運転室**

**ドイツ国営鉄道V15形**　旧東ドイツ　1959年

う、貨車とはヒンジでつながっている。機関車はいつも、国境をわたるような長距離を走って貨物をはこんでいるとはかぎらない。港や鉱山、工場のなかで物資や機器をはこぶものもたくさんあり、たとえば**フェスティニオグ鉄道の「プリンス」**は、ウェールズの鉱山で粘板岩をはこんでいる。貨車や客車、大型機関車を引きまわし、列車を組みたてたりバラしたりするときにつかわれる小型の機関車も多数ある。**ドイツ国営鉄道V15形**や**イギリス国有鉄道08形**のような入換機関車は、じょうぶで高い信頼性が求められる。運用をはじめてから50年がすぎても、100両以上の08形が今も現役である。

# ディーゼルから電気鉄道へ

頭上の架線から機関車のモーターに電気をおくる、**トロリーポール**

**運転室に出入りするためのドア**

**架線から電力を受けとる パンタグラフ**

**大インド半島鉄道（GIPR）WCP1形** イギリス／インド　1930年

**ボルチモア・アンド・オハイオ鉄道Bo入換機関車（スイッチャー）** アメリカ　1895年

**ノース・イースタン鉄道 電気機関車** イギリス　1905年

機関車の**前後**に2台ずつあるモーターが車輪をまわす

**流線型のノーズ**

**ドイツ国営鉄道E04形** 旧東ドイツ　1933年

**ペンシルバニア鉄道 GG1形** アメリカ　1934年

GG1形は アメリカ大統領 フランクリン・D・ルーズベルトの **葬送列車**を引いた。

陸の乗りもの

1880年代になると、電気で走る路面電車や軌道車が音をたてて市内をガタゴト走りまわるようになり、まもなく電気列車があらわれた。電車は煙をはく蒸気機関車より便利なところが多かったが、走るには電線のとおった線路が必要だった。

1830年代から実験的な電気列車はつくられていたが、本線を電車がはじめて走ったのは1890年代、アメリカのボルチモアでのことだった。ボルチモア・アンド・オハイオ鉄道Bo入換機関車は、ボルチモアの波止場のあたりを最高速度時速16キロメートルで走っていた。電気列車は頭上の架線か、線路のわきに敷設した第三軌

ディーゼルから電気鉄道へ

障害物を線路から押しだす
**カウキャッチャー**

**フランス国有鉄道BB9000形** フランス 1954年

1基のパンタグラフで1万1,000ボルトの架線に接続

**ペンシルバニア鉄道 バッド・メトロライナー** アメリカ 1969年

**ドイツ国営鉄道243形** 旧東ドイツ 1982年

> イギリスとフランスをむすぶ**ドーバー海峡トンネル**を走るためにつくられた。

機関車の重さは126トン

**イギリス国有鉄道 92形** イギリス 1993年

条から電気をうけとる。ノース・イースタン鉄道は両方のシステムをつかっていた。第一次世界大戦以降、たくさんの国が自国の路線を電化するようになった。大インド半島鉄道 WCP1 形はインドを走ったはじめての電気機関車だ。全長 24.2 メートルのペンシルバニア鉄道 GG1 形はアメリカの路線の急な曲線を走ることができるよう設計されている。バッド・メトロライナーのような電車もアメリカの鉄道を走るようになった。電気列車はたよりになる輸送手段としてみとめられ、ドイツ国営鉄道の 243 形は旧東ドイツの貨物や乗客をはこぶため、600 両以上つくられた。

# 高速電気鉄道

陸の乗りもの

バーミンガム空港磁気浮上式鉄道　イギリス　1984年
時速42キロメートル
列車は磁力で15ミリメートル線路からういている

ドイツ鉄道 ICE3　ドイツ　2000年
ガラスのパネルで客席とくぎられている運転室
時速320キロメートル

ヴァージントレイン「ペンドリーノ」　イギリス　2002年
時速225キロメートル
カーブをとおるとき最大8度までかたむく客車

上海トランスラピッド磁気浮上式鉄道　中国　2004年
時速400キロメートル
磁力で列車を約10ミリメートル軌道から浮上させる

フランス国有鉄道TGV POS　フランス　2006年
時速320キロメートル

空や道路を走る乗りもののが、どれぐらい短い時間で乗客を移動させるかをきそいあうなか、そこに高速鉄道がくわわってから、速く走る乗りものをもとめる声は、今までにないほど高まっている。史上最速の高速鉄道のトップクラスは、こんな顔ぶれだ。

超高速のJR N700系新幹線列車は止まった状態から3分で時速270キロメートルまで加速し、カーブを通過するときには車体をわずかにかたむけて速度をキープする。現代自動車ロテムKTXなど、列車先頭の駆動ユニットにパワフルな車輪駆動用の電気モーターを

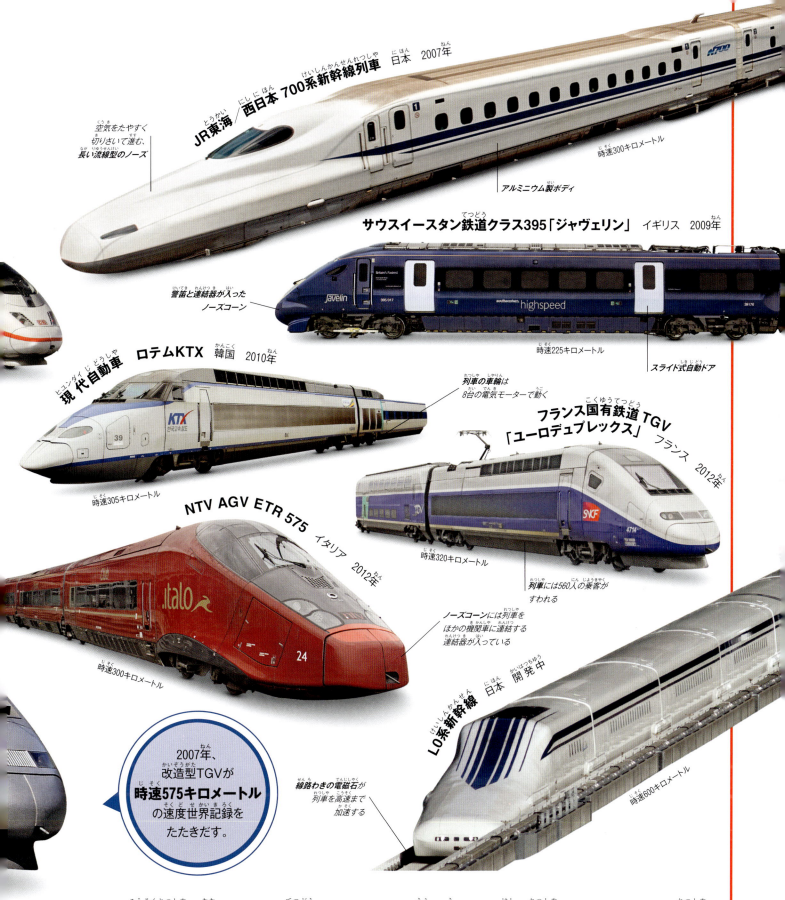

JR東海/西日本 700系新幹線列車　日本　2007年
空気をたやすく切りさいて進む、長い流線型のノーズ
時速300キロメートル
アルミニウム製ボディ

サウスイースタン鉄道クラス395「ジャヴェリン」　イギリス　2009年
警笛と連結器が入ったノーズコーン
時速225キロメートル
スライド式自動ドア

現代自動車　ロテムKTX　韓国　2010年
列車の車輪は8台の電気モーターで動く
時速305キロメートル

フランス国有鉄道 TGV「ユーロデュプレックス」　フランス　2012年
時速320キロメートル
列車には560人の乗客がすわれる

NTV AGV ETR 575　イタリア　2012年
時速300キロメートル
ノーズコーンには列車をほかの機関車に連結する連結器が入っている

2007年、改造型TGVが**時速575キロメートル**の速度世界記録をたたきだす。

L0系新幹線　日本　開発中
線路わきの電磁石が列車を高速まで加速する
時速600キロメートル

のせている高速列車が多いが、**ドイツ鉄道ICE3**はモーターを列車のほぼ全車両に分散するようにのせ、重さが均一になるようにしている。**フランス国有鉄道のTGV「ユーロデュプレックス」**は世界でも数少ない高速2階建て列車。また、パワフルな電磁石で車体を線路の上に浮かせて走る列車もある。このしくみの列車を磁気浮上式鉄道という。一般の乗客を乗せた最初のバーミンガム空港磁気浮上式鉄道のもので、なかでも最速は、中国の**上海トランスラピッド**だ。

143

## 弾丸列車
スマートな流線型、きわめつけの速さが自慢の「弾丸列車」、新幹線が本州をつっぱしり、雪をいただく富士山の前をとおりすぎていく。2014年、日本は1964年の東京オリンピックがひらかれる直前に開業した新幹線の開業50周年をおいわいした。日本の高速鉄道ネットワークは、110億人を超える乗客をはこんできた。

開業したころ、新幹線の最高速度は時速210キロメートルだった。最新の列車は架線から2万5,000ボルトの電力をうけ、最高速度が時速320キロメートルにたっすることもある。新幹線は速度の遅い在来線とは別の路線を走り、合計で2,387キロメートルの高速路線が日本のすみずみまで広がっている。日本を代表する2大都市である東京と大阪とのあいだを、多いときは1時間に13本の新幹線が走り、日本では無敵の高速輸送手段になっている。新幹線があらわれるまで、東京～大阪間の移動には6時間40分ほどかかった。最速編成の列車に乗れば、おなじ区間がわずか2時間22分で目的地に到着できる。

# 都市鉄道交通

陸の乗りもの

大きなシングルワイパーが
ウィンドスクリーン全体を
きれいにする

マッド・アイランド・モノレール　アメリカ／スイス　1982年

懸垂式車両に
最大180名の乗客が乗れる

ガトウィック空港シャトル「アドトランツC-100」　イギリス／カナダ　1987年

列車はゴムタイヤを
つけた車輪で走る

SMRTトレインズ　MRT南北線C151　シンガポール　1987年

列車の最高速度は
時速80キロメートル

ベルリンUバーンは
毎年5億800万人もの
乗客を運んでいる。

ベルリンUバーン
ドイツ　1992年

短い客車をむすぶ
自在連結器

大都市圏鉄道は毎日おおぜいの人をはこんでいる。通勤、通学のほか、観光やレジャーとしてつかう人もいる。空港と市街地をむすぶ都市交通のほか、都市中心部の道路の渋滞をやわらげるための鉄道もある。

フランスのマトラ社が製造にたずさわった地下鉄、台北捷運といった高速輸送システムは、大都市の駅のあいだの距離が短い区間を速く、しかもおくれをあまり出さずに走っている。道路の渋滞をさけるため、地下を走る路線が多い。ベルリンUバーン（地下鉄）は全長

# 都市鉄道交通

ジーメンス・アヴァント　ドイツ　1995年

マトラ社製台北捷運（地下鉄）　台湾／フランス　1996年

750ボルトの電力を列車のモーターにおくるレール

列車の車輪を走らせるケーブルを、なかに空間がある梁にとおしている

デュッセルドルフ空港Hバーン「スカイトレイン」　ドイツ　2002年

ボンバルディアMOVIA　カナダ／シンガポール　2000年代

モスクワ・モノレール　ロシア　2004年

運転室の大きなウィンドスクリーン

無人運転列車で、最高速度は時速90キロメートル

他の列車と連結するための密着自動連結器

フォスロー・ヴッパータール・シュヴェーベバーン　ドイツ　2015年

　146キロメートルのうち80パーセントが地下を走っている。モノレールは1本のレールの上を走る列車だ。モスクワのモノレールに代表されるように、レールの上を列車が走る（跨座式）ものがほとんどだが、マッド・アイランドのモノレールのようにレールにぶらさがるもの（懸垂式）もある。都市鉄道はたいてい運転手が運転しているのだが、なかには自動運転のものもある。ガトウィック空港シャトルやデュッセルドルフ空港Hバーン、それにシンガポールや中国といった各国で運用されているボンバルディアMOVIAは、無人運転だ。

# 路面電車とトロリーバス

陸の乗りもの

グレート・オーム・トラムウェイ　イギリス　1902年

市電は電気モーターで動く　ケーブルで引っぱられて坂をのぼる

両開きの手動ドア

路面電車　チェコ　1907年

市電と架線をつなぐパンタグラフ

メルボルン市電W2形　オーストラリア　1927年

この車両は引退後、車輪をつけたままレストランに改装された

4台の電気モーターで動く車輪

イングリッシュ・エレクトリック「バルーン」　イギリス　1934年

バルーンモデルの市電は製造から80年たった今も、ブラックプールという保養地で現役で走っている。

香港の路面電車　中国　1980年代

市電は軌道上を走り、架線から電気を受けとって動いている。ほかの車両と路面を共有するので、路面電車とも呼ばれる。トロリーバスも電力で動く乗りものだが、こちらはタイヤで走る。

1885年、イギリス初の市電がブラックプールでつくられた。2階建てのイングリッシュ・エレクトリック「バルーン」は、最大で94人の乗客を乗せ、最高時速70キロメートルで走った。路面電車がすべて2階建てなのは世界でも香港だけで、車体の幅はわずか1.98メートルと、せま

路面電車とトロリーバス

フレキシティ・スイフトM5000　カナダ／ドイツ　2009年
- アルミニウム製ボディパネル

この市電では、年間平均9万5,000キロメートルを走るものもある。

CAF ウルボス3　スペイン　2009年
- 5連結車両がカーブをすいすい抜ける
- 66名まで乗れる座席
- 線路から35センチメートと、低いところに床がある設計

ソラリス・トロリーノ15　ポーランド　2001年
- 頭上の電線からトロリーバスに電気を取りこむトロリーポール

サンフランシスコ・トロリーバス　アメリカ　2003年

ベルキュウマッシュ42003A　ベラルーシ　2007年

　い乗りものだ。マンチェスターやイスタンブール、ケルンに行けば、**フレキシティ・スイフト**など最新型の市電にであえるし、**CAF ウルボス3**はオーストラリア、ブラジル、台湾、スペインと、世界中の市電軌道を走っている。**サンフランシスコ・トロリーバス**や**ソラリス・トロリーノ15**といったトロリーバスはふつうの道路を走っている。ふつうのバスとちがうのは、バスの屋根にある電線が路面に伸びるポールとつながっているところぐらいだ。トロリーノはガソリンやディーゼルのエンジンで走るバスよりしずかで、大気汚染もとても少ない。

## しっかりつかまって！

北インドの町ゴヴァルダンに向かう列車、グールー・プルニマ祭に参加するヒンズー教徒があふれんばかりに乗っている。インドの機関車や客車は、ふだんはこんなにこみあっていないが、あわせて11万5,000キロメートルと、地球約3周分の線路が国中をおおいつくしているインドの鉄道は、規模の大きさと混雑のすさまじさにかけては世界でもトップクラスに入る。

写真のモデル、WDM-3A形機関車は、インド国鉄が5,345両も運行しているディーゼル機関車のひとつだ。インド国鉄はこのほか、電気機関車を4,568両、蒸気機関車を43両走らせている。こうした機関車は6万2,000両あまりの客車、23万9,000両を超える貨車を引き、インド国内に点てんとちらばる、7,200か所以上の駅にとまる。国境を越え、隣国のパキスタンやネパール、バングラデシュまで走る路線もある。インドは鉄道料金が安く、自動車を持っている人の数も比較的少ないので、鉄道で移動するのがあたりまえだとかんがえられている。2014年には85億人の乗客が列車を利用し、130万人いるインド国鉄の職員は大いそがしだ。

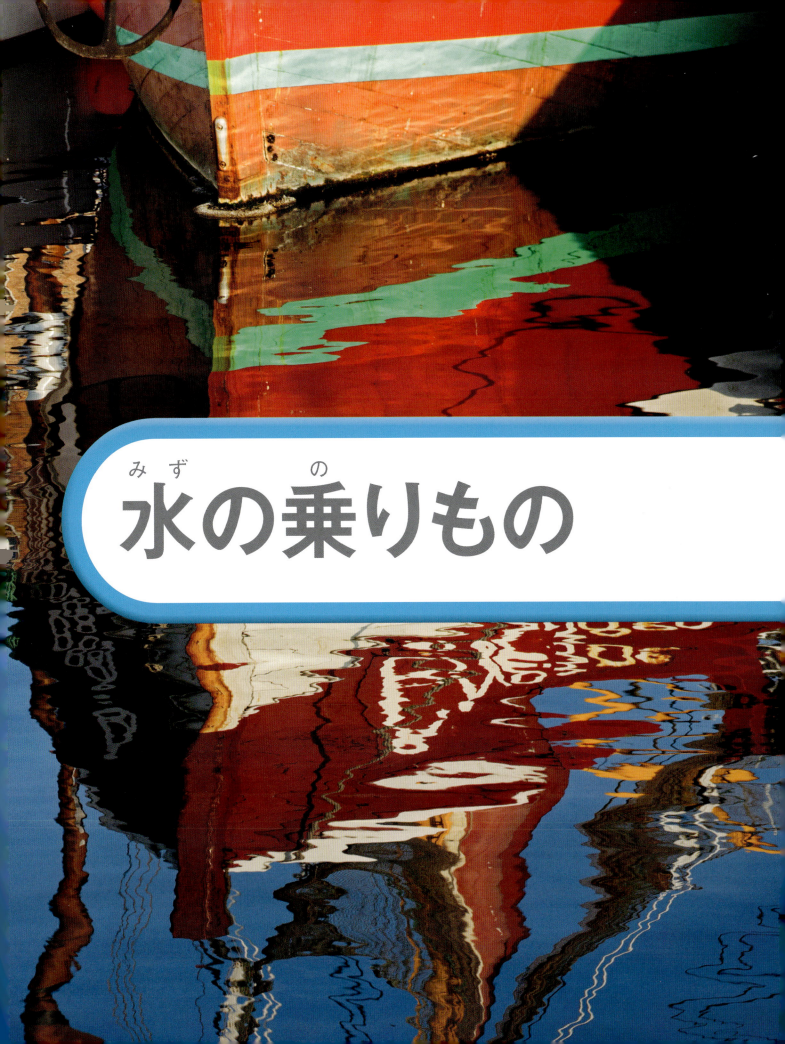

# 水の乗りもの

# はじまりの船

水の乗りもの

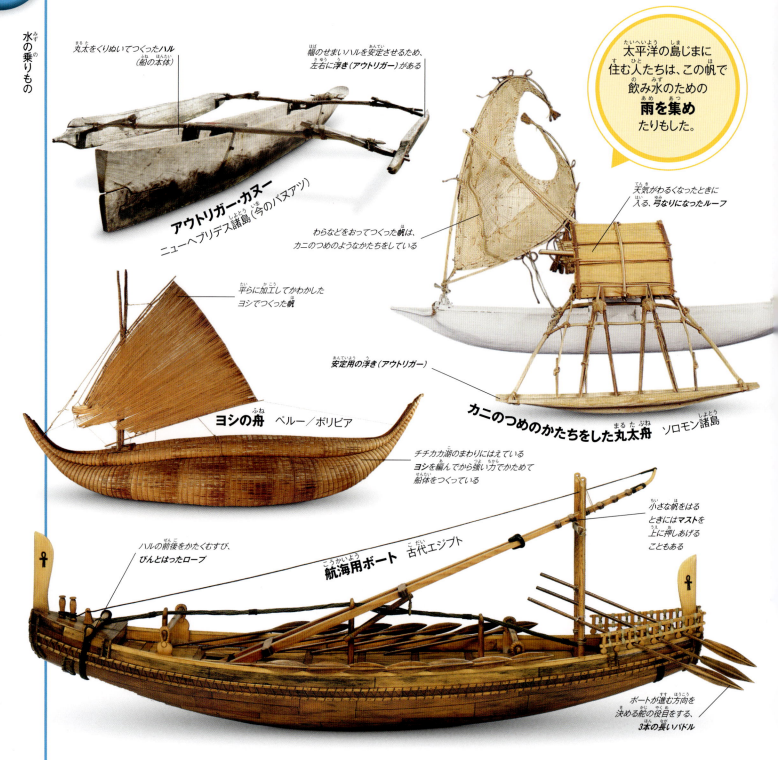

太平洋の島じまに住む人たちは、この帆で飲み水のための**雨を集め**たりもした。

丸太をくりぬいてつくった**ハル**（船の本体）

幅のせまいハルを安定させるため、左右に浮き（**アウトリガー**）がある

**アウトリガー・カヌー** ニューヘブリデス諸島（今のバヌアツ）

わらなどをおってつくった**帆**は、カニのつめのようなかたちをしている

天気がわるくなったときに入る、**弓なりになったルーフ**

平らに加工してかわかしたヨシでつくった**帆**

安定用の浮き（**アウトリガー**）

**ヨシの舟** ペルー／ボリビア

チチカカ湖のまわりにはえているヨシを編んでから強い力でかためて船体をつくっている

**カニのつめのかたちをした丸太舟** ソロモン諸島

ハルの前後をかたくむすび、ぴんとはったロープ

**航海用ボート** 古代エジプト

小さな帆をはるときにはマストを上に押しあげることもある

ボートが進む方向を決める舵の役目をする、**3本の長いパドル**

はじめて舟に乗った人の名前や、そのとき乗った舟の名前を知っている人はいない。もしかすると丸太やヨシの束を結んだものにまたがっていたのかもしれない。ただ、移動のため、魚を取るため、人間が1万年以上も前から舟に乗っていたことはたしかなことだ。

最初のころの舟には、太い木の幹をくりぬいてつくった丸太舟がある。大むかしに太平洋のまわりに住んでいた人びとは、水に浮いて舟本体の安定をよくする予備の舟、**アウトリガーをつけたカヌー**のつくりかたを身につけ、北アメリカの人たちは木の幹をおおう木の皮を材

丸太のカヌー　ハイチ

舟が水を切るように進むよう、船首（船のいちばん前）がとがっている

トウヒの木から取った松ヤニをぬり、水がしみこまないようにしたカバの木の皮を何枚もつかっている

木の皮でつくったカヌー　北アメリカ

舟の枠組みをヤナギの幹でつくる

コラクル舟　アイルランド

トネリコの木でつくったつかいやすいオール

クッファ　イラク

ハルはヨシとロープをおってつくり、ビチウメン（瀝青）をぬって補強することもある

アイルランドやスコットランドでは、今もコラクル舟で魚を取ったり、レースを楽しんだりしている。

トゥンチャイ（バスケットボート）　ベトナム

ボートのヘリは竹でできている

舟の側面はアマの糸でしばってハルの底とつなぎ、鳥の羽をかざっている

儀式にもとづく文様をほった船尾（舟の後ろ）

マオリ人のたたかいのカヌー　ニュージーランド

はじまりの船

料にしてカヌーをつくっていた。多くの川や湖のほとりにおいしげっているヨシという草をかわかしてから束ね、編みこんでヨシの舟をつくった。ヨシを丸いかたちに編みこんで魚を取る舟もつくられた。ベトナムのトゥンチャイ（バスケットボート）、アイルランドのコラクル舟、イラクでつかわれていたクッファは、少なくとも5,000年前からあった。古代エジプト人はヨシでつくった舟でナイル川をわたっていたが、5,500年前ごろから、もう少し大きくて航海ができる木製の舟をつくり、ナイル川を越えて地中海に出た。

# 船の発展

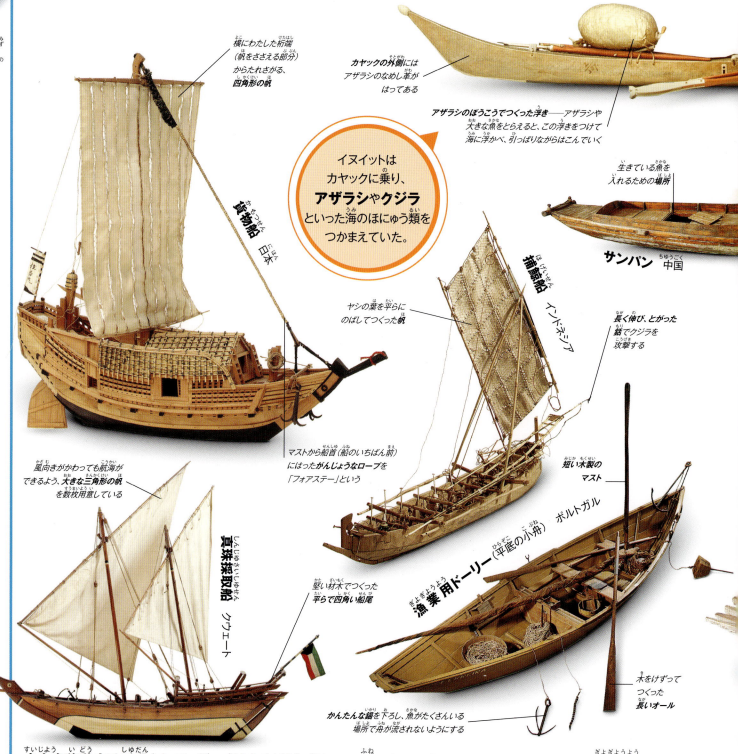

水の乗りもの

横にわたした桁端（帆をささえる部分）からたれさがる、**四角形の帆**

**貨物船** 日本

風向きがかわっても航海ができるよう、**大きな三角形の帆**を数枚用意している

**真珠採取船** クウェート

堅い材木でつくった**平らで四角い船尾**

カヤックの外側にはアザラシのなめし革がはってある

アザラシのぼうこうでつくった浮き──アザラシや大きな魚をとらえると、この浮きをつけて海に浮かべ、引っぱりながらはこんでいく

> イヌイットはカヤックに乗り、**アザラシやクジラ**といった海のほにゅう類をつかまえていた。

ヤシの葉を平らにのばしてつくった帆

**捕鯨船** インドネシア

マストから船首（船のいちばん前）にはったがんじょうなロープを「フォアステー」という

生きている魚を入れるための場所

**サンパン** 中国

長く伸び、とがった銛でクジラを攻撃する

短い木製の**マスト**

**漁業用ドーリー**（平底の小舟） ポルトガル

かんたんな錨を下ろし、魚がたくさんいる場所で舟が流されないようにする

木をけずってつくった**長いオール**

水上を移動する手段として、びっくりするほどバラエティにとんだ舟がつくられてきた。世界中の人たちが知恵をしぼり、手に入る材料で、漁業や輸送、たたかい、レジャーのためにつかうボートやいかだ、カヌーなどの舟をつくった。

舟のなかでもかたちがきわめてそぼくな**漁業用いかだ**は、たいてい太い木の枝を何本かひもでむすんだだけの平らな乗りものだ。ただし**ジャンガダ**はいかだに似ているが、ブラジル沿岸の岩場の海上で2、3日にわたってメルルーサやサバに似た魚を取ることができる。東南アジアでは**サンパン**という、底が平らな舟が漁業や人の移

動につかわれ、サンパンのなかで暮らす人もいた。北極圏ではイヌイットがひとり乗り、またはふたり乗りのカヤックで海のほにゅう類や魚を取り、インドネシアではいさましい猟師が、自分たちのみすぼらしい捕鯨船の2倍か3倍は大きいマッコウクジラをおいかけていた。太平洋上のフィジー諸島では、ふたつのハルをつなぎあわせたデッキが特徴の、大型戦闘用カヌーがつくられていた。そしてイタリアでは、ベネチアの街を縦横に走る運河をほっそりとしたゴンドラが行きかい、水上タクシーの役目をはたしている。

## 豪快なボートレース

メキシコはチャパス州にあるアグア・アズール川、カヤックに乗ったひとりの男が、5段の滝のいちばん上を乗りこえ、猛スピードで滝をくだっている。彼は『ビヨンド・ザ・ドロップ』という探検冒険映画のため、アグア・アズール川とその滝にいどんだ6人のなかのひとりだ。カヤックの乗り手が、ぶじゴールにたどりつくには、滝からおちる水の流れの内側を進み、ふもとで空気と水をクッションにして着地しなければならない。

カヌーやカヤックが最初に海に乗りだした数千年前は、その大半が木でできていただろう。だが、現代のカヌーやカヤックがプラスチックやグラスファイバー、最先端のものならケブラーやカーボンファイバー素材であったとしても、人が自分の舟に乗り、パドルをあやつって進む魅力は今も変わることはない。週末や休みの日になると、たくさんのアマチュアのカヤック乗りが、川や湖、海に行ってはパドリングを楽しんでいる。流れのゆるやかな水上でスピードをきそうレース、高い技術力がもとめられる急流のスラロームコースをくだるレースでしのぎをけずる超一流のカヤック乗りは、ほんのひとにぎりの人たちだ。過酷な環境でカヤックを乗りこなし、川下りのタイムをあらそうのを楽しむ少数の勇敢な人たちが参加するアドベンチャー・スポーツ、ときには巨大な滝だってくだる。

# 帆船のしくみ

水の乗りもの

帆船は帆でうけとめた風の力をたよりに水の上を進む船だ。クルーが帆の数や位置をかえながら、船のスピードや方向をきめていく。ジェームズ・クック船長が率いる**エンデバー号**がイギリスのプリマス港を出港したのは1768年、3年かけて世界をまわる4万8,000キロメートルの冒険航海を成功させた。かつては石炭をはこぶ船だったエンデバー号は、ヨーロッパの船舶ではじめてオーストラリアの東海岸にたどりついた。

**メインマスト**

**ミズンマスト**
3本のマストをもつ帆船で、いちばん後ろにあるマストを指し、ほかのマストより小さいことが多い。3枚のマストを広げて航海するときは、帆桁（スパー）という長いポールからつるす。

**船尾の縄ばしご**

**船長室**
長さ32メートルあるエンデバー号で、クック船長の部屋は嵐の航海中に上下のゆれが少ない船尾にあった。

**舵**
船尾（船の後ろ）にあり、ヒンジで動く大きなたれ板、またはパネルが舵で、水の抵抗にさからって動かせるので、船首の向きがかわる。

**デッキ下にある、司令官たちの船室**

**食べ物はたるに入れて保管する**

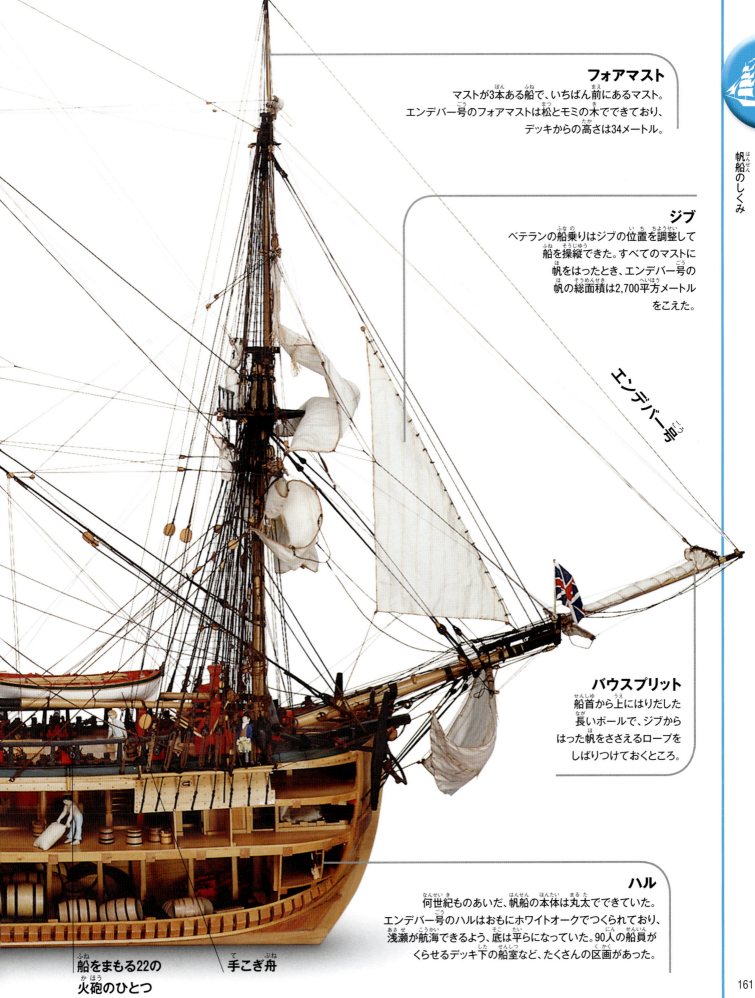

## フォアマスト
マストが3本ある船で、いちばん前にあるマスト。エンデバー号のフォアマストは松とモミの木でできており、デッキからの高さは34メートル。

## ジブ
ベテランの船乗りはジブの位置を調整して船を操縦できた。すべてのマストに帆をはったとき、エンデバー号の帆の総面積は2,700平方メートルをこえた。

## バウスプリット
船首から上にはりだした長いポールで、ジブからはった帆をささえるロープをしばりつけておくところ。

## ハル
何世紀ものあいだ、帆船の本体は丸太でできていた。エンデバー号のハルはおもにホワイトオークでつくられており、浅瀬が航海できるよう、底は平らになっていた。90人の船員がくらせるデッキ下の船室など、たくさんの区画があった。

エンデバー号

帆船のしくみ

船をまもる22の火砲のひとつ

手こぎ舟

# 世界の帆船

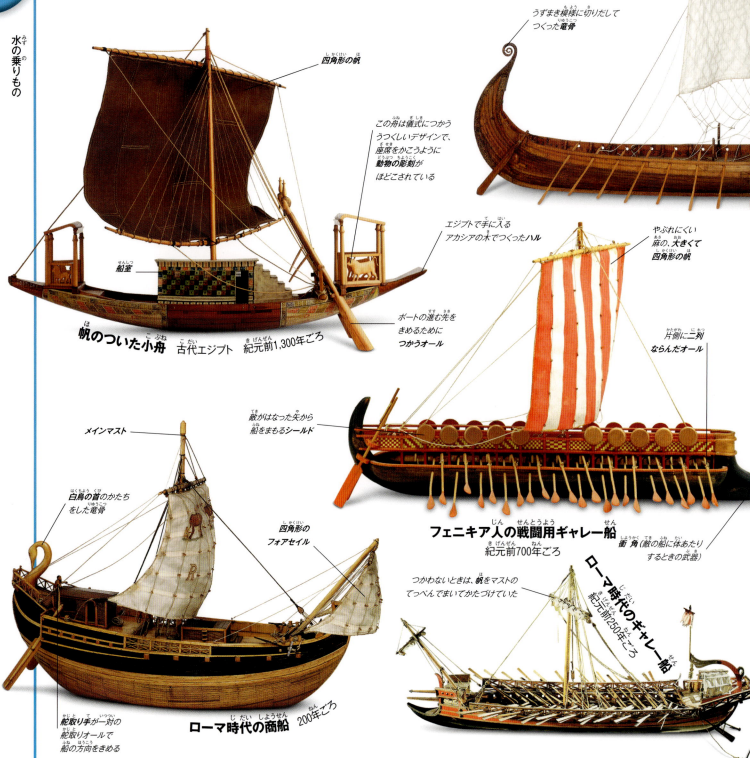

遠いむかし、人びとは風の力をつかって、水にうかぶ乗りものを動かせることをしった。布やヨシ、麻織物でつくられた帆で風をキャッチすることで、人が櫓やパドルでこぐよりも船は速く進んだ。

紀元前5,000年以上むかし、世界ではじめての帆船がエジプトのナイル川をわたった。古代エジプト人は布でつくった大きくて四角い帆をはり、追い風（船の後ろから吹く風）での航海で帆がとても役に立った。四角形の帆は、南アメリカの一部や中国でも知らないうちにつか

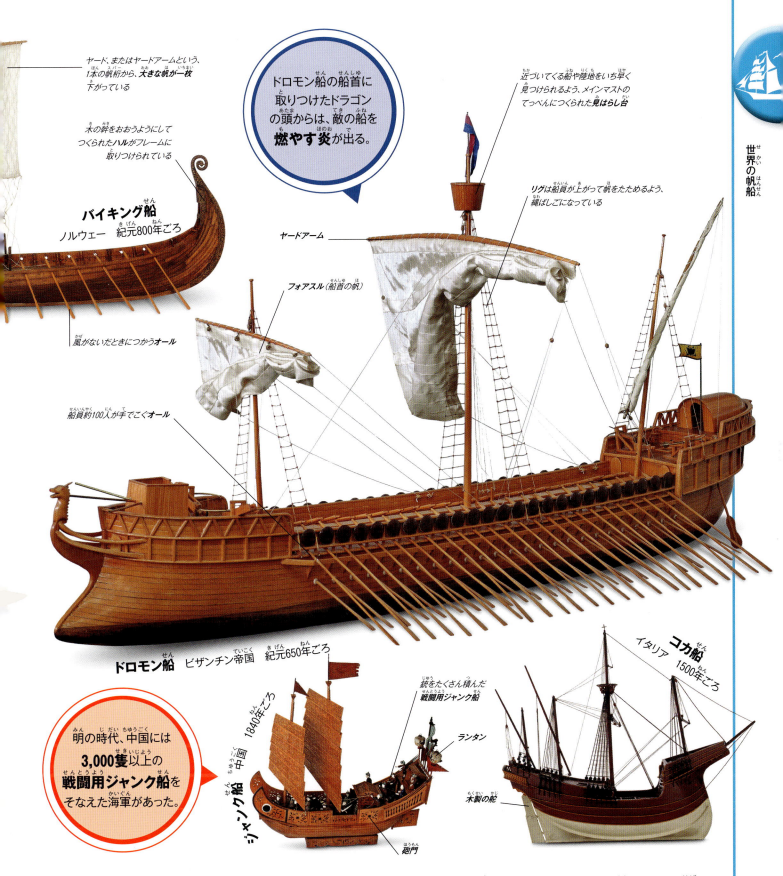

世界の帆船

ヤード、またはヤードアームという、1本の帆桁から、**大きな帆が一枚**下がっている

木の幹をおおうようにしてつくられたハルがフレームに取りつけられている

**バイキング船**
ノルウェー　紀元800年ごろ

ドロモン船の船首に取りつけたドラゴンの頭からは、敵の船を**燃やす炎**が出る。

近づいてくる船や陸地をいち早く見つけられるよう、メインマストのてっぺんにつくられた**見はらし台**

リグは船員が上がって帆をたためるよう、縄ばしごになっている

ヤードアーム

フォアスル（船首の帆）

風がないだとときにつかう**オール**

船員約100人が手でこぐ**オール**

**ドロモン船**　ビザンチン帝国　紀元650年ごろ

**コカ船**
イタリア　1500年ごろ

銃をたくさん積んだ**戦闘用ジャンク船**

ランタン

木製の舵

**ジャンク船**　中国　1840年ごろ

砲門

明の時代、中国には**3,000隻以上**の**戦闘用ジャンク船**をそなえた海軍があった。

われるようになり、中国では多くの**ジャンク船**に帆をはり、太平洋やインド洋を航海した。**フェニキア人の戦闘船**や**ローマ時代のギャレー船、バイキング船**など、古代の船では、風のないときにそなえて櫓やオールをのせていることがほとんどだった。海岸ぞいを航海し、おそってきた定住者を攻撃できるよう、バイキング船のハルは幅がせまくつくられていた。バイキングはヨーロッパのあちこちをまわるだけの航海術のもちぬしで、紀元1000年ごろには大西洋をわたり、カナダのニューファンドランド島にたどりついた。

# 交易船と探検船

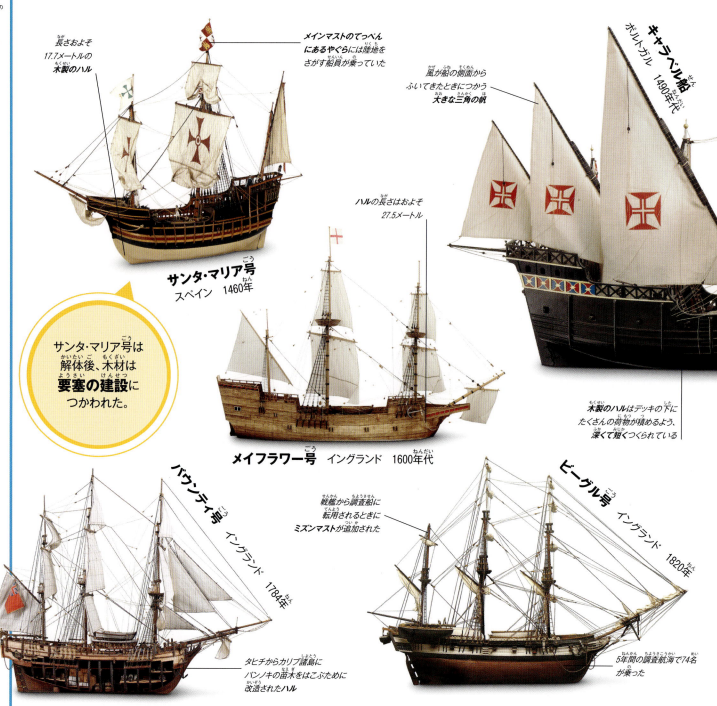

15世紀になるとヨーロッパの帆船が世界中をまわった。その多くがどれいや食物、スパイスなど、さまざまな荷物をはこぶ交易船だった。また、はるか遠くまで、新大陸をめざす航海に出る探検船もあった。

15世紀のポルトガルは海上交易の大きな拠点で、キャラベル船がヨーロッパとアフリカの沿岸を航海した。1492年、クリストファー・コロンブスで有名な大西洋横断航海にも、キャラベル船が2隻同行した。その後、多くのヨーロッパの船舶が貿易のために西をめざして先住民

交易船と探検船

フラム号　ノルウェー　1892年

マストに帆をはる帆船だが、動力としてディーゼルエンジンも積んでいる

船の大きさにおうじてけん引されるので、船体が小さくおさまるよう、ハルは正方形をしている

フライト号　オランダ　1700年代

四角形のトップスル

バウスプリット（先端に帆のロープをむすぶポール）

周囲の水温が下がってできた氷の圧力にたえられるよう、ハルはとくにじょうぶにつくられている

フラム号は照明の電力をおこす風車を積んでいた。

カティーサーク号　イギリス　1869年

いちばん背の高いマストをスカイスルという

64.8メートルの長さがあるハル

鉄板をリベットで留めてつくったハルは、グアノ（動物のふんでつくった肥料）、小麦、石炭をのせた

ベンドー号　スコットランド　1884年

を征服したほか、**メイフラワー号**のように北アメリカに入植する清教徒を乗せた船もあった。ヨーロッパの探検家が新大陸を見つけると、たくさんの交易船が貿易に乗りだした。**フライト号**はデッキがせまい、典型的なオランダ船の設計だった。**カティーサーク号**のようにスピードが出る船はクリッパーとよばれ、アジアとヨーロッパを往復した。**フラム号**は世界ではじめて南極点にたどりついたノルウェー人探検家、ロアルド・アムンゼンを南極におくりだす前にも、北極をめざす10万キロメートルもの大航海に出ている。

# 海のたたかい

水の乗りもの

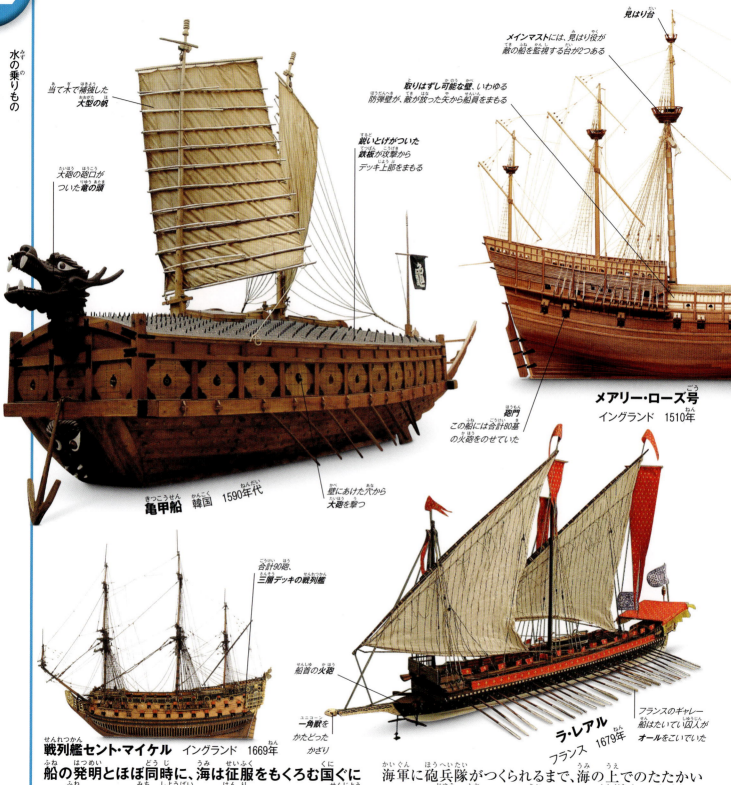

船の発明とほぼ同時に、海は征服をもくろむ国ぐにが、船のとおる道や商売する権利をきそいあう戦場となった。16世紀には戦艦が火砲を積むようになり、海におけるたたかいはさらにはげしさをました。

海軍に砲兵隊がつくられるまで、海の上でのたたかいは、おもに銃や船どうしの体あたりや、船同士が接近し、弓で攻撃するようなたたかいかただった。韓国の亀甲船は、弓矢の攻撃や敵が船に乗りこむ攻撃から船をまもるため、とげのあるがんじょうな装甲をデッキにほどこしていた。巨大な砲台を積んだことで、船は遠くにいる敵と

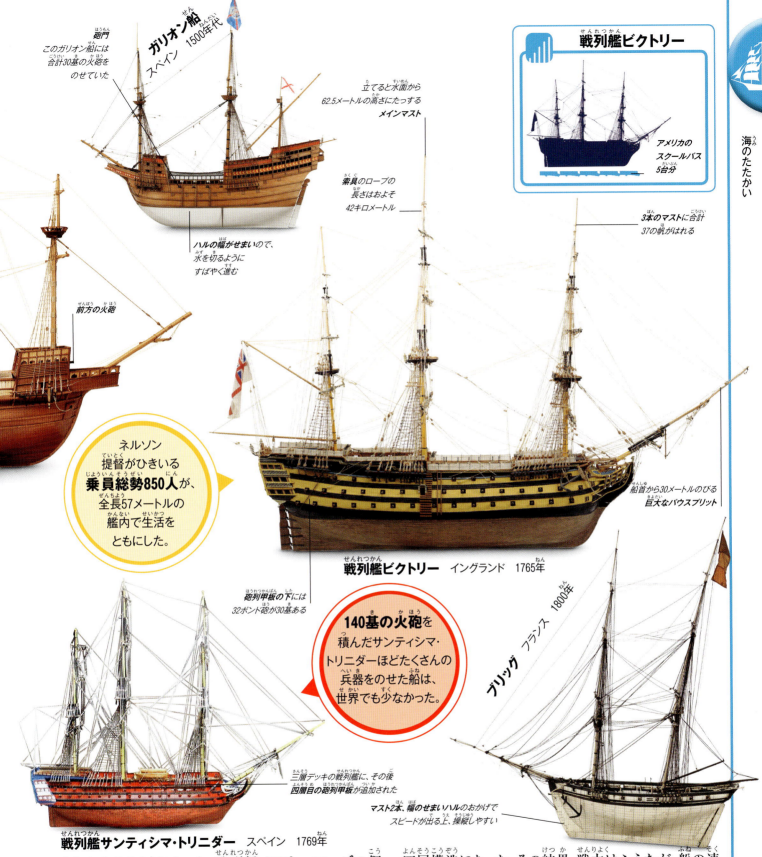

## 海のたたかい

### ガリオン船　スペイン　1500年代

- **砲門**　このガリオン船には合計30基の火砲をのせていた
- **前方の火砲**
- ハルの幅がせまいので、水を切るようにすばやく進む

### 戦列艦ビクトリー

アメリカのスクールバス5台分

- 立てると水面から62.5メートルの高さにたっする**メインマスト**
- 索具のロープの長さはおよそ42キロメートル
- 3本のマストに合計37の帆がはれる
- 船首から30メートルのびる**巨大なバウスプリット**

### 戦列艦ビクトリー　イングランド　1765年

ネルソン提督がひきいる**乗員総勢850人**が、全長57メートルの艦内で生活をともにした。

- 砲列甲板の下には32ポンド砲が30基ある

**140基の火砲**を積んだサンティシマ・トリニダーほどたくさんの兵器をのせた船は、世界でも少なかった。

### 戦列艦サンティシマ・トリニダー　スペイン　1769年

- 三層デッキの戦列艦に、その後四層目の砲列甲板が追加された

### ブリッグ　フランス　1800年

- マスト2本、幅のせまいハルのおかげでスピードが出る上、操縦しやすい

もたたかえるようになった。戦列艦**メアリー・ローズ**の鋼鉄砲は、ハルにつくられた砲門という窓から発砲した。威力を高めるため、火砲をのせる専用のデッキを追加する船もあった。カリブ諸島でたたかった戦列艦**セント・マイケル**には三層の砲列甲板があり、**戦列艦サンティシマ・トリニダー**にはその後砲列甲板をもうひとつ追加し、四層構造になった。その結果、戦力はふえたが、船の速度は落ちた。フランス海軍の**ラ・レアル**などの旗艦は、船団を指揮する役目をつとめた。**戦列艦ビクトリー**はトラファルガーの戦いでイギリスのネルソン提督が指揮をとる旗艦である。104基の火砲を搭載し、戦力にすぐれているのはもちろん、スピードも出せる有能な船だった。

## 風に乗って進め

試験航行のさいに空へと舞い上がる、BMWオラクル・レーシングチーム90（BOR90）のトリマラン。全長34.5メートル、幅27.4メートルのこの大きなヨットはバスケットコートふたつ分とおなじサイズ、世界有数のヨットレースで知られるアメリカズ・カップで勝つことを目的につくられ、その目標は2010年になしとげられた。レースに出るようなヨット乗りはこんなに高いところまで飛びあがることもあるのかと、この写真を見ればよくわかるだろう。

トリマラン BOR90（のちに USA-17 と改名）は、アメリカはワシントン州で9か月以上にわたる手のこんだ組みたて作業をへたあと、試験航行とクルーの訓練、改良をおこなうために海へとはなたれた。ボディの大半がカーボンファイバー製、重さは16トン。メインの帆は布ではなく、防弾チョッキとおなじ素材であるカーボンファイバーとケブラーをつかった、じょうぶなものだ。こうして、長さ58メートルもある、おばけのような帆ができあがった。帆だけでも3,524キログラムとたいへん重く、ふつうのヨットのようにはあつかえず、油圧システムが必要なものだ。それでも、アメリカズ・カップに優勝したレースにおいて、トリマランのスピードは時速50キロメートルもの速さにまでたっした。

# 蒸気船のしくみ

蒸気船は石炭や石油を燃やして水をあたため、エンジンを動かす力となる蒸気をつくる。蒸気は外輪（蒸気の力でまわして船を動かす歯車のかたちをした部品）を動かすか、図の**グレート・ブリテン号**のように、スクリュープロペラをまわす。1843年に進水した蒸気船グレート・ブリテン号はスクリュープロペラで動き、ハルは鉄製、当時では世界ではじめての、もっとも大きい蒸気船となった。2年後、グレート・ブリテン号は大西洋を14日間で横断したはじめてのプロペラ推進蒸気船となる。

**ハル**
全長98メートルのハルはリベット留めした鉄板でおおい、耐水性の高い外形につくられている。

**メインマスト**
船のなかでいちばん高さのあるマスト。蒸気船グレート・ブリテン号でただひとつ、大きくて四角い帆をはる。

**煙突**

**バウスプリット**

蒸気船グレート・ブリテン号

**デッキ**
蒸気船グレート・ブリテン号にはデッキが3つある。いちばん底にあるデッキは荷物や備品置き場、船室としてつかわれた。

**二等船室**
船底には二等船室がある。

## 蒸気船のしくみ

### 索具
蒸気船グレート・ブリテン号の索具はロープではなく鉄でできたケーブルをつかっている。抗力（かかった力にさからおうとする力）を減らすためのくふう。

### マスト
船が蒸気の力だけで進むさい、空気抵抗をへらすため、5本のマストは折りたたんでデッキにしまえる。

### 帆桁（スパー）
帆はマストに取りつけた長いポールからつるす。

### 操舵装置（ヘルム）

### 救命ボート
乗客252名、乗員130名が乗る救命ボートを7艘積んでいる。

### 一等食堂、一等船室

### プロペラスクリュー
6枚の羽根、直径4.9メートルの巨大なプロペラ。このプロペラがまわって水を後ろに押しだし、船を前に進める。

171

# 蒸気船から鋼鉄の船へ

水の乗りもの

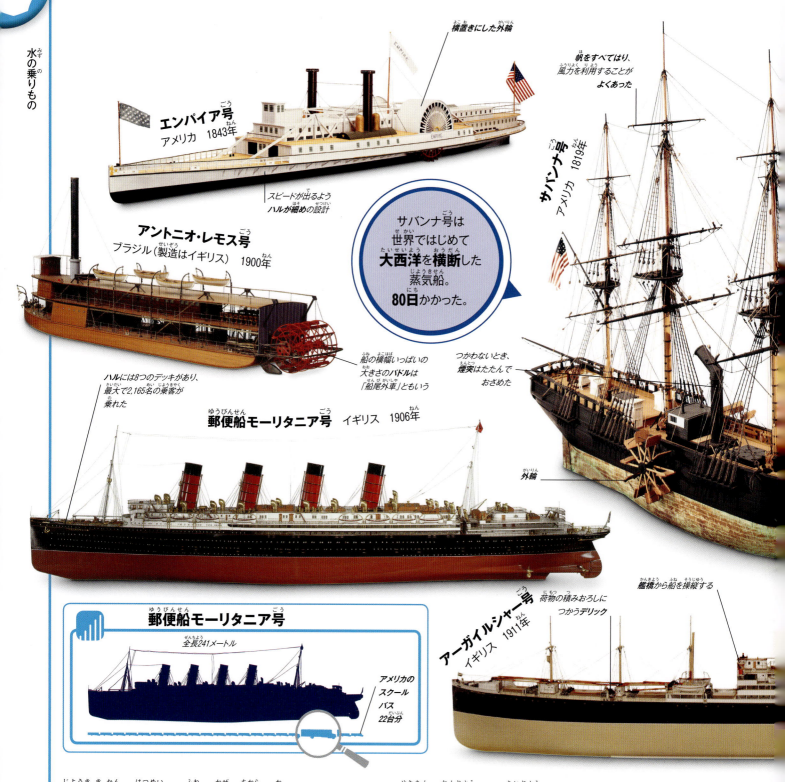

蒸気機関の発明で、船は風の力を借りずにすむようになった。蒸気機関で鋼鉄の船を動かせば、がんじょうで大きな船が、これまでよりも長い距離を短い時間で移動できるからだ。

石炭を燃料として大量にのせなければならないため、さいしょの蒸気船は荷物をたくさん積むことができなかった。しかし蒸気船アガメムノン号は、1日あたりわずか20トンの石炭で進むことができ、ヨーロッパと極東アジア地域とを効率よく往復できた。その後、郵便船モーリタ

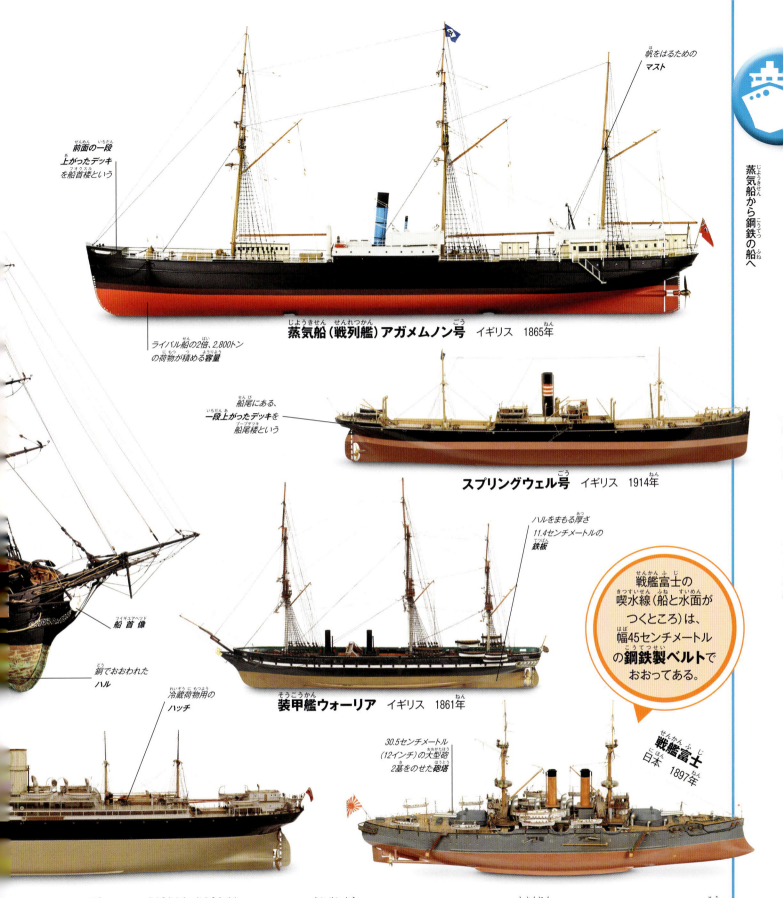

蒸気船から鋼鉄の船へ

蒸気船（戦列艦）アガメムノン号　イギリス　1865年

- 帆をはるためのマスト
- 前面の一段上がったデッキを船首楼（フォクスル）という
- ライバル船の2倍、2,800トンの荷物が積める容量

スプリングウェル号　イギリス　1914年

- 船尾にある、一段上がったデッキ（プープデッキ）を船尾楼という

装甲艦ウォーリア　イギリス　1861年

- 船首像（フィギュアヘッド）
- 銅でおおわれたハル
- 冷蔵荷物用のハッチ
- ハルをまもる厚さ11.4センチメートルの鉄板

戦艦富士　日本　1897年

- 30.5センチメートル（12インチ）の大型砲2基をのせた砲塔

戦艦富士の喫水線（船と水面がつくところ）は、幅45センチメートルの鋼鉄製ベルトでおおってある。

ニア号のように強力な蒸気船があらわれ、大西洋をわずか4、5日でわたった。**エンパイア号**など蒸気船ははじめ、木でつくられていたが、鉄や鋼鉄でできたハルが広まっていく。鋼鉄でハルがつくられるようになると、冷蔵船がうまれ、**アーガイルシャー号**などの船舶は、南アメリカやオーストラリアから食肉をヨーロッパまではこんだ。鋼鉄製の蒸気船は各国の海軍でも採用された。**装甲艦ウォーリア**は、イギリス海軍がはじめて採用した、鉄製のハル、鋼鉄製の装甲をたずさえた艦だ。乗員706名のほか、40基の大型砲をのせていた。

# はたらく船

水の乗りもの

漁網（魚を捕る網）

トロール船が橋の下をわたれるよう、メインマストを下げることができる

トロール漁船 ヴァレリアン　イギリス　1923年　全長24メートル

漁網を引っぱり、獲物を船内におさめる強力な巻きあげ機

船を操縦する、小さな操舵室

トロール漁船（蒸気船）　イギリス　20世紀　全長33メートル

救命ボート

2,000馬力のディーゼルエンジンから出る煙をはきだす煙突

タグボートには座礁した船を引っぱるパワフルな巻きあげ機のほか、船内の水をくみあげるポンプがのっている

救難用タグボート サルボニア　オランダ　1951年　全長48メートル

デッキの下に医療用船室が2部屋ある

グラスファイバー製のハルは26の耐水性区画があり、ボートが転覆しても、もとの体勢にもどることができる

救命艇の乗員は6名

アルン級 救命艇　イギリス　1970年代～1990年代　全長16メートル

天然ガスをフルに積んだときの重さは7万1,469トン

天然ガスを-163℃まで冷やし、液にしてはこぶ、巨大なニッケルスチール製タンク

天然ガスタンカー ノーマン・レディー号　ノルウェー　1973年　全長249メートル

船を管理するブリッジ、その下に乗員室がある

全長294メートル

かぞえきれないほどの船が毎日さまざまな種類の仕事をしている。その多くが、製品、燃料、原材料を積み、世界中をうごきまわっている。人命救助やほかの船をたすける仕事、湖や海で水産物をつかまえる船もある。

タンカーは石油など液体をはこぶ船で、ノーマン・レディー号のように液化天然ガスをはこぶものもある。新愛徳丸は特別な機能をもつ石油タンカーだ。コンピュータでコントロールされた帆がディーゼルエンジンを動かすパワーをつくり、燃料を節約している。エバーロイヤル号は

## はたらく船

**潜水作業支援船スター・アルカトラズ号** イギリス 1975年
- 潜水作業機器を水中に出し入れするための**大型クレーン**
- 航海用機器や通信機器がある**操舵室**
- 全長81メートル

**省エネルギー帆装タンカー 新愛徳丸** 日本 1980年
- 高さ12メートル、幅8メートルの鋼鉄製の枠にはった**カンバス地の帆**
- 大きなディーゼルエンジンから出る排気ガスをはきだす**煙突**
- **小さなブリッジ**——オートマチックのため、操縦はわずか6名ですむ
- 全長72メートル

オッツォのパワフルなエンジンを動かすには**1,500万ワット**の電力が必要だ。

**砕氷船オッツォ** フィンランド 1985年
- 前方がよく見える**高いブリッジ**
- プロペラのスピードはコンピュータでコントロールされ、変わりやすい海上の氷や水の状態に対応できる
- 全長99メートル

**コンテナ船 エバーロイヤル号** 日本 1993年
- デッキの上にならんだ**コンテナ**

**エバーロイヤル号**
アメリカのスクールバス27台分

　長さ6メートルの標準型コンテナを最大4,200台積んで物資や原材料をはこび、コンテナを下ろしてトラックに積みやすいかたちにつくられている。ほかにもいろいろな仕事をする船がある。オッツォなどの砕氷船は、厚さ何メートルもの氷を切りひらき、ほかの船が通れる道筋をつくる。遠洋運航船の**サルボニア号**のようなタグボートは、座礁した船を引っぱって修理できる場所へとはこぶ。沿岸警備隊などの海上のレスキュー隊は、はげしい嵐の海でレスキュー活動がおこなえる、**アルン級救命艇**などの船をつかっている。

# 客船

水の乗りもの

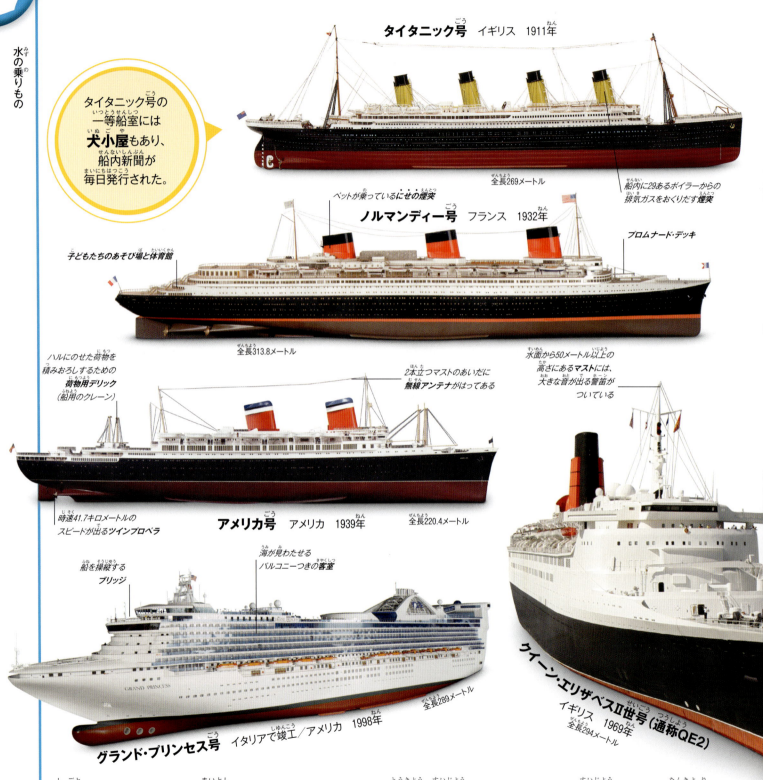

タイタニック号の一等船室には**犬小屋**もあり、船内新聞が毎日発行された。

タイタニック号　イギリス　1911年
全長269メートル
船内に29あるボイラーからの排気ガスをおくりだす煙突

ペットが乗っているにせの煙突
ノルマンディー号　フランス　1932年
プロムナード・デッキ
子どもたちのあそび場と体育館
全長313.8メートル

ハルにのせた荷物を積みおろしするための荷物用デリック（船用のクレーン）
2本立つマストのあいだに無線アンテナがはってある
水面から50メートル以上の高さにあるマストには、大きな音が出る警笛がついている
時速41.7キロメートルのスピードが出るツインプロペラ
アメリカ号　アメリカ　1939年
全長220.4メートル

船を操縦するブリッジ
海が見わたせるバルコニーつきの客室
グランド・プリンセス号　イタリアで竣工／アメリカ　1998年
全長289メートル

クイーン・エリザベスII世号（通称QE2）
イギリス　1969年
全長294メートル

仕事やレジャーのため、毎年かぞえきれないほどの人たちが船に乗っている。その多くが、水ではさまれた場所をつなぐ役目をはたすフェリーをつかう人びとだ。バカンスに巨大な客船に乗る人、世界中の海をクルーズ船で旅する人もいる。

東京の水上バス、ヒミコのような水上タクシーは短距離の移動につかわれている。アークトゥルス号のようなフェリーは人と車を乗せて湖や海をわたる。MDV 1200級フェリーは、車は175台まで、人なら600名以上を乗せるスペースがある。定期船アメリカ号の乗客定員は

下げるとスロープのかわりをつとめ、船から車を出し入れ（ローロー）できる、**がんじょうなドア**

底が平らなハルの幅は最長25メートル、車をはこぶスペースがたっぷりある

船首のなかにあり、ローロー船が入港するときの操縦をサポートする**スラスター**

全長155メートル
**ローロー船アークトゥルス号** フィンランド 1982年

乗員29名、最高速度は時速77キロメートル

70名まで乗れる水上バス、**カーブのついたガラスパネル**で街の景色がよく見える

全長100メートル
**MDV 1200級フェリー** イタリア 1990年代

全長33.3メートル
**ヒミコ（水上バス）** 日本 2010年

**オアシス・オブ・ザ・シーズ**

アメリカのスクールバス33台分

船の中央にある**公園エリア**には、1万2,000を超える草花や木が植えてある

370名が乗れる**救命ボート**が18艘ある

ヘリコプターによる緊急避難が必要なときにつかう**ヘリパッド**

QE2は1969年から2004年までのあいだに**大西洋を806回**わたるという記録をつくった。

全長362メートル
**オアシス・オブ・ザ・シーズ** アメリカ 2008年

1,202名だが、第二次世界大戦では軍隊輸送船につかわれ、7,678名の兵士をはこんだ。その後、もっとたくさん乗れる船が進水した。1912年の処女航海で沈没してしまった**タイタニック号**や、乗客定員1,972名、時速54キロメートルで進む**ノルマンディー号**などがあらわれた。デッキの数は17、最大で3,600名もの乗客が乗れる**グランド・プリンセス号**が世界でもっとも大きな客船であったが、その10年後、重さがタイタニック号の5倍にもなる22万5,282トンと、とてつもなく大きな**オアシス・オブ・ザ・シーズ**が世界最大客船の座につく。

## 海にうかぶ都市

2010年、世界でもっとも大きなクルーズ船、ロイヤル・カリビアン・インターナショナルのアリュール・オブ・ザ・シーズが、母港となるアメリカはフロリダ州・エバーグレーズ港に入港した。デッキ数が16、海にうかぶ巨大なホテルのようなこの船は、アメリカンフットボール場の4倍もの総床面積があり、乗客数は6,318名、接客にあたるクルーが2,384名乗船する。文字どおり、海にうかぶ街が大海原にのりだしたといってもいい。

2008年から2010年にかけ、フィンランドでつくられたこの大きな客船の全長は362メートル。水面からの高さは72メートルもあるが、高さがない橋の下でもとおりぬけできるよう、煙突は折りたたむことができる。25のレストラン、1,380席のシアター、フルサイズのバスケットボールコート、ボルダリング用の壁、21のスイミングプールとジャグジーのほか、毎分22万リットルの水をポンプでおくりだすウェーブマシンのおかげで、クルーズ船にいながらにしてサーフィンまでも楽しむことができる。全長680メートルのジョギングコースや、ほんものの木や草花を植えた公園のスペースだってある。22万5,282トンの客船は、時速42キロメートルのスピードで、カリブ海や地中海を今日ものんびりとまわっている。

# 世界の戦艦

38センチメートル(15インチ)の砲が3門ある砲塔

全長237メートル

**砲術士**はデッキの高い位置から照準をあわせて弾着を観測する

ドレッドノート　イギリス　1906年

蒸気タービン機関で航行した**最初の戦艦**

**巨大な主砲**は**42キロメートル**先の標的に砲弾を撃ちこむことができた。

**後部砲塔**には46センチメートル(18インチ)砲が3門ある

全長163メートル

厚さ27.5センチメートルの装甲で前方を防護した**砲塔**

艦隊内のほかの艦艇に連絡をおくる信号旗をかかげるため、マストには**帆桁**がある

**デッキ部**の装甲は、場所によって25センチメートルの厚さがある

艦の12台のボイラーからのガスを排出する、**3本の煙突**

P34哨戒艇　イギリス　1916年

レーゲンスブルク　ドイツ　1915年

**かなり大型の舵**をつかって、船体の向きをすばやくかえられる

50〜55名の乗組員用**救命ボート**

全長142メートル

**戦車デッキ**には30トン級戦車を9台積めた

38センチメートル(15インチ)の主砲が2門ある**砲塔**

**1本の低い煙突**

標的にねらいをつけるとき、砲を的にあわせるためにつかう**レーダー**

**船首のランプ**が開き、戦車を自分で走らせて上陸させる

**2枚の舵**

ビスマルク　ドイツ　1940年

全長246メートル

艦艇は第一次世界大戦と第二次世界大戦において大きな役割をはたした。海でのたたかいはもちろん、敵の補給船団を破壊したり、自国の船団をまもったり、領地を侵略するため、そして兵士や武器をはこんだりするためにもつかわれた。

イギリス戦艦ドレッドノートはそれまでの戦艦よりもスピードが出て、兵器もたくさん積むことができた。この戦艦があらわれたことで、第一次世界大戦前のおもな海軍強国による軍備競争がはじまった。第一次世界大戦では、より小型の巡洋艦レーゲンスブルクやP34哨戒艇が活躍した。P34は、潜水艦とたたかうことを想定してつく

**ビットリオ・ベネト** イタリア 1940年

**大和** アメリカのスクールバス24台分

後ろにかたむいた煙突で艦橋に煙がまわりこむのをふせぐ

偵察機や戦闘機を射出するカタパルト

副砲には15センチメートル(5.9インチ)砲が3門ある

前部砲塔には重さ147トンの46センチメートル(18インチ)砲が3門ある

**大和** 日本 1941年

前を向いた砲が1門ある

全長263メートル

弾が命中したことを確認するフロート水上機を射出するためのカタパルト

レーダーアンテナ

**ノースカロライナ** アメリカ 1941年

全長74メートル

全長222メートル

喫水線にはった防御帯の装甲は厚さ30センチメートル(12インチ)

**戦車揚陸艦** イギリス 1942〜45年

迷彩塗装の艦体

第二次世界大戦中、ノースカロライナは太平洋でのすべての主要な海軍攻撃に参加した。

全長57メートル　救命フロート

乗員192名

対空機銃

**スターリング** イギリス 1942年

全長91メートル

### 世界の戦艦

られたはじめての戦艦だ。第二次世界大戦でにたような役目をしたのが**スターリング**で、ドイツ軍のUボートを14隻も撃沈している。**ビスマルク**は1941年に撃沈されるまで、ドイツでもっとも大きな戦艦だった。史上最大の戦艦は、重さが7万トンを越える日本の**大和**だ。9つの巨大な主砲と数十ある副砲、162の対空機銃と、武器をたっぷりのせていた。大和は1万3,300キロメートルも進みつづけることができたので、太平洋をくまなくまわった。**戦車揚陸艦**は航続距離が大和の10分の1しかなかったが、ノルマンディー上陸作戦で戦車をはこぶのにかかせない存在だった。

# 航空母艦

水の乗りもの

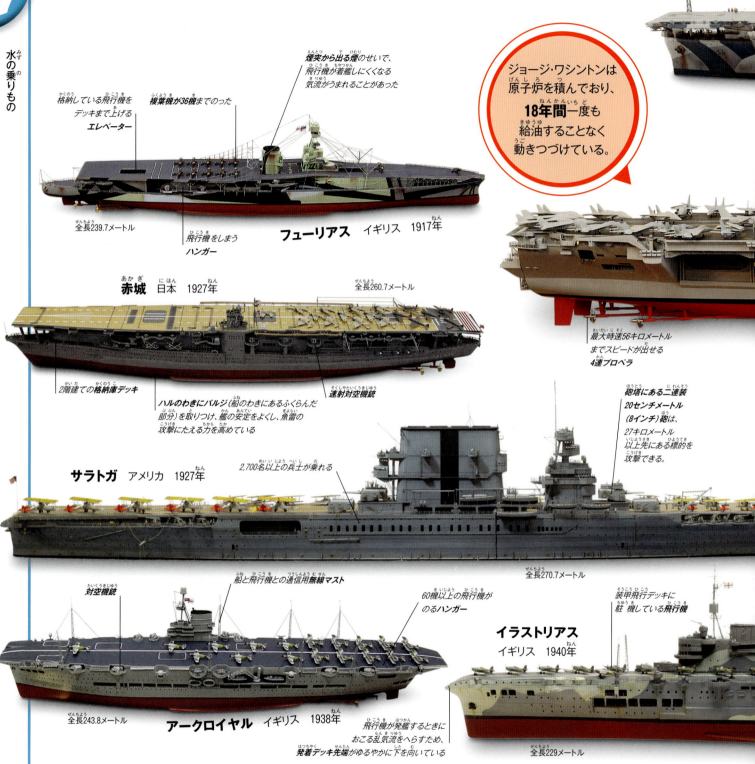

- 格納している飛行機をデッキまで上げる **エレベーター**
- **複葉機が36機までのった**
- 煙突から出る煙のせいで、飛行機が着艦しにくくなる気流がうまれることがあった
- 全長239.7メートル
- 飛行機をしまう **ハンガー**
- **フューリアス** イギリス 1917年

- ジョージ・ワシントンは原子炉を積んでおり、**18年間**一度も給油することなく動きつづけている。

- **赤城** 日本 1927年
- 全長260.7メートル
- 2階建ての格納庫デッキ
- ハルのわきにバルジ（船のわきにあるふくらんだ部分）を取りつけ、艦の安定をよくし、魚雷の攻撃にたえる力を高めている
- **速射対空機銃**

- 最大時速56キロメートルまでスピードが出せる **4連プロペラ**
- 砲塔にある二連装 **20センチメートル（8インチ）砲**は、27キロメートル以上先にある標的を攻撃できる。

- **サラトガ** アメリカ 1927年
- 2,700名以上の兵士が乗れる
- 全長270.7メートル

- **対空機銃**
- 船と飛行機との通信用無線マスト
- 60機以上の飛行機がのるハンガー
- 装甲飛行デッキに駐機している飛行機
- **イラストリアス** イギリス 1940年
- 全長243.8メートル
- **アークロイヤル** イギリス 1938年
- 飛行機が発艦するときにおこる乱気流をへらすため、発着デッキ先端がゆるやかに下を向いている
- 全長229メートル

航空機が軍にとって大切な兵器になると、海にうかぶ航空基地の役割をつとめる艦がつくられるようになった。これら航空母艦（空母）は、広くて平らな飛行デッキのある大きな艦で、ヘリコプターや飛行機がデッキから発着艦できるようになっている。

さいしょの空母の多くは、サラトガやフューリアス、赤城のように、もともとは巡洋戦艦として設計されていた艦をつくりかえたものだ。赤城は飛行機を最大66機のせて3段の飛行デッキから飛びたたせ、サラトガは飛行機を78機までのせることができた。イラストリアスやホーネッ

トははじめから空母としてつくられたものだ。ホーネットには油圧か蒸気で動くカタパルトがあり、飛行機を艦から飛ばすことができるほか、飛行デッキの下には出発をまつ飛行機を収容する格納庫がある。空母にはたくさんのクルーが乗り、アークロイヤルには1,580名もの人が乗っていた。それでもニミッツ級空母ジョージ・ワシントンの、なんと6,000名を超える乗員数にはおよばない。ジョージ・ワシントンの重さは8万8,000トンもあり、偵察機やヘリコプター、戦闘機、爆撃機など、さまざまな飛行機を90機まで甲板にのせることができるのだ。

# 現代の軍艦

水の乗りもの

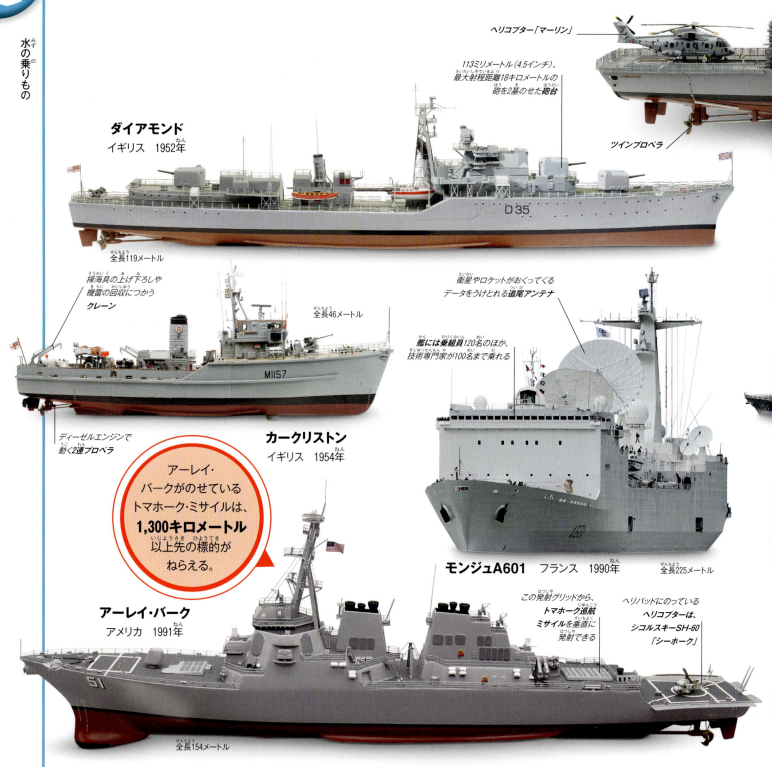

ヘリコプター「マーリン」

113ミリメートル（4.5インチ）、最大射程距離18キロメートルの砲を2基のせた砲台

ツインプロペラ

**ダイアモンド**　イギリス　1952年

全長119メートル

掃海具の上げ下ろしや機雷の回収につかうクレーン

全長46メートル

衛星やロケットがおくってくるデータをうけとれる追尾アンテナ

艦には乗組員120名のほか、技術専門家が100名まで乗れる

ディーゼルエンジンで動く2連プロペラ

**カークリストン**　イギリス　1954年

アーレイ・バークがのせているトマホーク・ミサイルは、**1,300キロメートル**以上先の標的がねらえる。

**モンジュA601**　フランス　1990年　全長225メートル

この発射グリッドから、トマホーク巡航ミサイルを垂直に発射できる

ヘリパッドにのっているヘリコプターは、シコルスキーSH-60「シーホーク」

**アーレイ・バーク**　アメリカ　1991年

全長154メートル

航空母艦と原子力潜水艦が、戦艦にかわって海軍艦隊のなかでもっとも大きくて強い破壊力をもつようになった。それでも小さな艦がこなす役割はたくさんあり、大事な仕事を数多くこなせるようつくられている。

ランカスターやバンクーバーなどのフリゲート艦は、ほかの艦を危険からまもり、沿岸を警備し、あやしい船をつかまえることもあれば、潜水艦とのたたかいにくわわったりもする。駆逐艦アーレイ・バークも潜水艦にたいして攻撃をおこなうほか、誘導ミサイルで水上や陸上の標的も

攻撃する。ほかに、特別な任務だけをおこなうための軍艦もある。カークリストンは浅瀬におかれた機雷を掃海する。モンジュA601は14基のアンテナとその他の電子機器で上空を監視し、ミサイルや宇宙でのミッションを見はる。022型ミサイル艇は敵の警戒システムをかいくぐって船舶を攻撃する。イオー・ジマは約1,900名の海兵隊員と最大30機のヘリコプター、水陸両用の上陸用舟艇をたくさんのせて、上陸作戦をたすける。

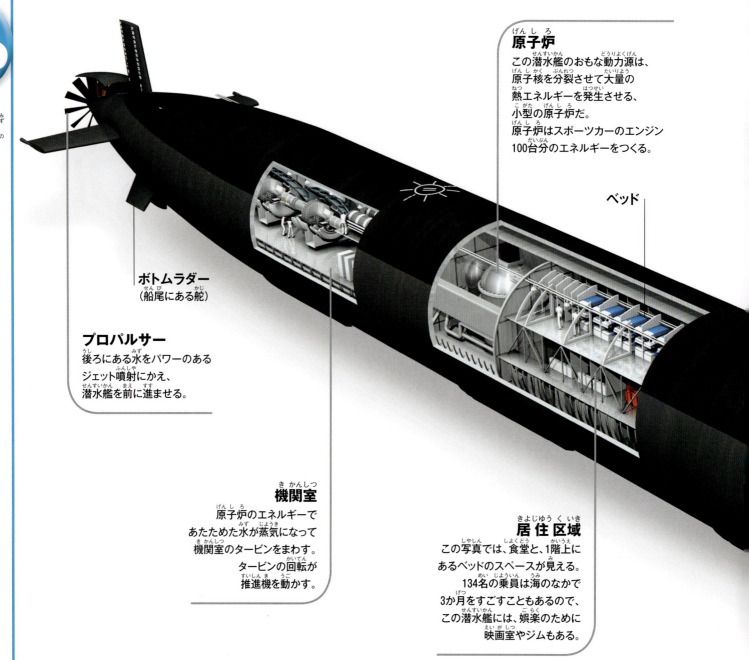

**原子炉**
この潜水艦のおもな動力源は、原子核を分裂させて大量の熱エネルギーを発生させる、小型の原子炉だ。原子炉はスポーツカーのエンジン100台分のエネルギーをつくる。

**ベッド**

**ボトムラダー**
（船尾にある舵）

**プロパルサー**
後ろにある水をパワーのあるジェット噴射にかえ、潜水艦を前に進ませる。

**機関室**
原子炉のエネルギーであたためた水が蒸気になって機関室のタービンをまわす。タービンの回転が推進機を動かす。

**居住区域**
この写真では、食堂と、1階上にあるベッドのスペースが見える。134名の乗員は海のなかで3か月をすごすこともあるので、この潜水艦には、娯楽のために映画室やジムもある。

# 潜水艦のしくみ

潜水艦は、空気や海の水が入る大きなバラストタンクで自分の浮力を調整できる。潜水艦が海の深いところまで潜り、水のなかをひそかに動きまわってから、海面へとうきあがってこられるのは、こうしたタンクのおかげだ。全長115メートルの**バージニア級潜水艦**はアメリカ海軍所属の潜水艦。最新のシステムをたくさんのせてあり、約900万時間ものあいだ仕事がおこなえるように設計されている。

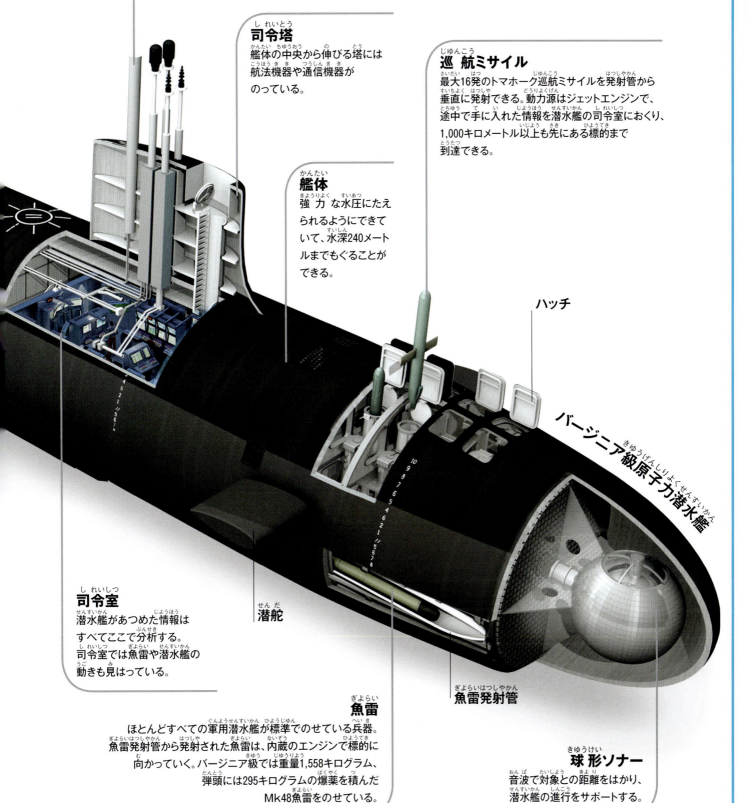

# 潜水艦の歴史

海の底深く、何週間ももぐりつづけることができる潜水艦は、無敵の水中兵器になる力をもっている。潜水艇は潜水艦よりずっと小さく、水中での科学調査や、レスキューとサルベージ（沈没した船をしらべたり回収すること）につかわれる。

実際の戦争にはじめてつかわれた潜水艇の名はタートルといい、アメリカ独立戦争では、敵艦のハルに爆発物を取りつける作戦につかわれた。潜水艦がその威力を発揮したのは第一次世界大戦からのことだ。ドイツのU-9は16隻を撃沈する活やくをし、UボートⅦC型は150メートルの深さまでもぐることができた。ガトー潜水

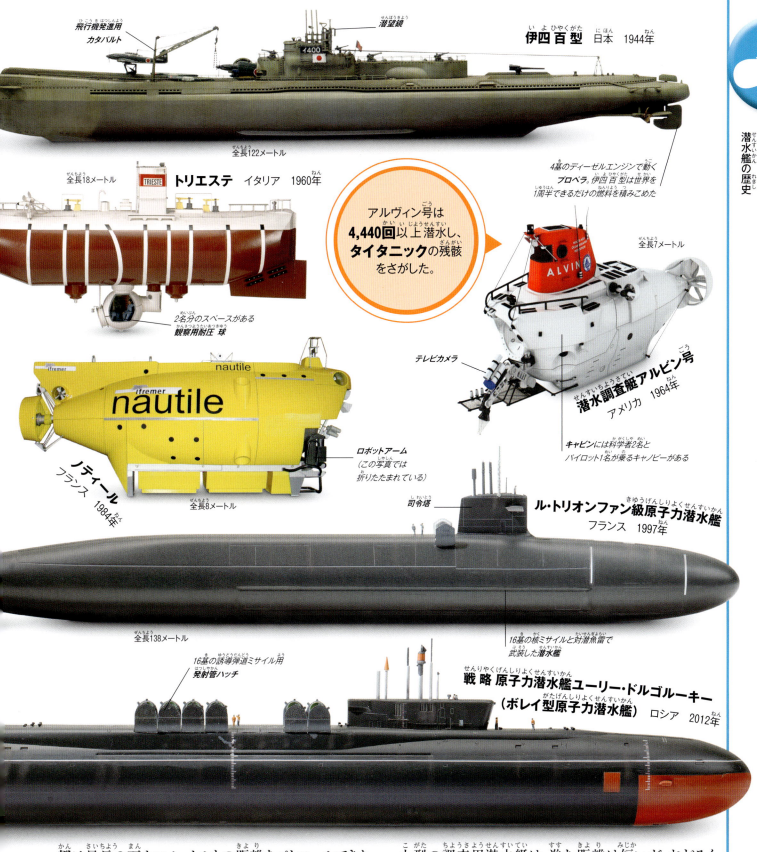

潜水艦の歴史

伊四百型　日本　1944年
全長122メートル
飛行機発進用カタパルト
潜望鏡
4基のディーゼルエンジンで動くプロペラ。伊四百型は世界を1周半できるだけの燃料を積みこめた

トリエステ　イタリア　1960年
全長18メートル
2名分のスペースがある観察用耐圧球

アルヴィン号は**4,440回**以上潜水し、**タイタニック**の残骸をさがした。

潜水調査艇アルビン号　アメリカ　1964年
全長7メートル
テレビカメラ
キャビンには科学者2名とパイロット1名が乗るキャノピーがある

ノティール　フランス　1984年
全長8メートル
ロボットアーム（この写真では折りたたまれている）

ル・トリオンファン級原子力潜水艦　フランス　1997年
司令塔
全長138メートル

戦略原子力潜水艦ユーリー・ドルゴルーキー（ボレイ型原子力潜水艦）　ロシア　2012年
16基の誘導弾道ミサイル用発射管ハッチ
16基の核ミサイルと対潜魚雷で武装した潜水艦

艦は最長2万キロメートルもの距離をパトロールできた。伊四百型は第二次世界大戦においてもっとも大きな潜水艦で、デッキから飛行機を発艦できた。ル・トリオンファンやユーリー・ドルゴルーキーなど、現代の潜水艦は原子力エネルギーのパワーをつかって、一度もぐったら数か月ものあいだパトロールをつづけられるようになった。

小型の調査用潜水艇は、進む距離は短いが、おどろくほど深いところまでもぐれる。潜水調査艇アルビン号は6,400メートルまでもぐれ、トリエステは人を乗せたまま、太平洋の超深海地帯、海面下1万911メートルまでもぐった。

# 高速艇

**BHC AP1-88ホバークラフト**
イギリス　1990年代

- 航法用アンテナと通信用アンテナ
- 190～243名の乗客が乗れる**大型キャビン**
- ホバークラフトの船体下のファンで空気をつくり、**ゴム製のスカート**をふくらませている
- 写真はカナダの**沿岸警備隊**のモデル
- 船尾のランプからのせ、最大30台の自動車を積める

**ヴォスホート352ユーロフォイル**
旧ソヴィエト連邦　1973年

- キャビンに乗る監視者用の**手すり**
- 船が安定するよう、68のエアクッションでできている**スカート**がついている

**サンダース・ロー ホバークラフトマークI**
イギリス　1968年

- 最高時速70キロメートルのスピードが出る、**6枚ブレードのファン**
- 3～4名乗れるコックピットの**ウィンドシールド**

**BHCコースタル・プロ・ホバークラフト**
イギリス　2015年

> **ポモルニク型**エアクッション揚陸艦は世界**最大**のホバークラフトで、**500名もの兵士**を乗せられる。

水をかきわけて進むのではなく、ハルやボディのほぼ全体を水の上に出し、水面ぎりぎりのところを進む船もある。こうした船のスピードはがぜん速くなる。ホバークラフトや水中翼船のように水面を移動する船は、「海のジェット戦闘機」と呼んでいいほどのスピードを出す。

胴体の下にあるリフトファンがつくる空気のクッションに乗って進むホバークラフトは、陸上でも水上でも動くことができる。**サンダース・ロー ホバークラフトマークI**は254名の乗客を乗せ、時速100キロメートルを超えるスピードで航行できた。**BHC AP1-88ホバークラフト**はカナダの沿岸警備隊がレスキュー用につかっている。ヴォス

減速用レバーと
ブレーキレバーがついた
ハンドルバー

Sea-Doo® Spark™　カナダ　2013年

船の管制と操縦を
おこなうブリッジ

パースペックス樹脂製
キャノピーがコックピット
をつつみこんでいる

鋼鉄製フレームを
なめらかなアルミニウム製
ボディでおおっている

ボーイング929ジェットフォイル
アメリカ　1974年

1964年、K7は**時速444キロメートル**の水上速度記録を打ちたてた。

ブルーバードK7　イギリス　1955年

音楽がきける
スピーカーがついて
いるハンドルバー

バックミラー

カワサキ・ウルトラ310LX　日本　2015年

ハルがV字型をしているので、
海が荒れていても
スムーズに航行できる

軽量でがんじょうな
カーボンファイバー製、
かっこいい
流線型の
ボディデザイン

F1パワーボート　アメリカ　2014年

浮きとして機能する
2つのハルがある、
カタマラン（双胴）設計

高速艇

ホート352 ユーロフォイルなどの水中翼船は、ハルの下に翼のようなかたちをした水中翼があり、前進するときは、この水中翼が出す力でハルを水面上にもちあげる。ジェットフォイルはウォータージェットで前に進む水中翼船で、ボーイング929 ジェットフォイルの最高速度は時速80 キロメートルにたっする。Sea-Doo® Spark ™やカワサキ・ウルトラ310LX などの自家用船舶も、前に進む動力源としてウォータージェットをつかい、世界最速のボートであるF1 パワーボートは、パワフルなエンジンでプロペラをまわし、時速200 キロメートルを超えるスピードを出して速さを競いあう。

# レジャーボートと競技用ボート

**モーターボート** アメリカ 1950年代
・ボートの後ろにあり、プロペラをまわしてボートを前に進める船内モーター

**アウトドアスポーツ用ゴムボート** アメリカ
・空気を入れたときの全長は2.2メートル。90秒たらずでふくらむ
・係留用リング

**急流用ディンギー** アメリカ
・ライフジャケットと安全用ヘルメットをかならずつけるよう義務づけられている

2011年、スイスのアール川で**1,200艘**のディンギーゴムボートが川をくだった。

**キャビン・クルーザー** アメリカ
・ハルが2つあるカタマラン（双胴）構造のキャビン・クルーザー
・天気がよい日には天井のカバーが取りはずせる

**ナローボート** イギリス 1960年代
・煙突
・係留するときにボート側面のクッションとなる**古タイヤ**

水の上で遊ぶのはほんとに楽しい！ いろいろなかたちや大きさのボートや舟に乗って、川や湖、海であそんだり、大自然を探検したり、レースや競技に参加したりできるからだ。

アウトドアスポーツ用ゴムボートは急流用ディンギーの仲間で、リュックサックにも入るぐらい軽くて小さく、空気を入れてふくらませる。**急流用ディンギー**はそれよりも大きく、急流や流れの速い海や川をくだるための船だ。
**カヌーやカヤック**ではパドルをつかい、手こぎ舟は、オー

## 水上のF1グランプリ

2009年にひらかれたカタールF1パワーボート・グランプリで、グイード・カッペリーニが乗るF1パワーボートがドーハ湾を飛ぶように横ぎった！　レース用につくられたカタマラン（双胴）構造のボートが、時速200キロメートルを上まわるスピードで、海にうかんだブイでしるしをつけたコースを走りぬける。毎回24隻のF1パワーボートが出場し、多くのポイントを取り、栄光の世界チャンピオンシップのタイトルをめざしてたたかう。

　F1パワーボートは水上でもっとも速いマシンだ。425馬力というばけもののようなエンジンを積み、重さは500キログラムもある。スタンディング・スタートからたったの4秒で時速160キロメートルまで加速し、すぐに最高速度時速225キロメートルをたたきだす。ほっそりとしたカーボンファイバー製のボートに乗ったドライバーは体をしっかりと船内に固定してキャビンのクラッシュにそなえ、パワーボートを限界のスピードまで上げていく。ボートには、ギアもなければブレーキもない。ボートは時速100～150キロメートルでコーナーをまわり、おもわずイスから身を乗りだしてしまうほど迫力にみちたレースだ。2009年のカッペリーニは、このレース以外にも4回優勝し、世界チャンピオンのタイトルを10度も手にするという記録を打ちたてている。

# 空の乗りもの

# 飛行機のしくみ

空の乗りもの

飛行機は空気より重いので、地面に引きもどそうとする重力の力に打ち勝たなければ、空を飛ぶことはできない。そのために飛行機が空を進むには、揚力という上向きの力をうみだす、弓のようなかたちになった翼が必要になる。今の飛行機は単葉機、つまり翼が1対のものがほとんどだ。写真の**デ・ハビランド DH60 ジプシー・モス**は翼が2対ある複葉機で、ふたり乗りのオープンコックピット（開放型操縦席）がある。

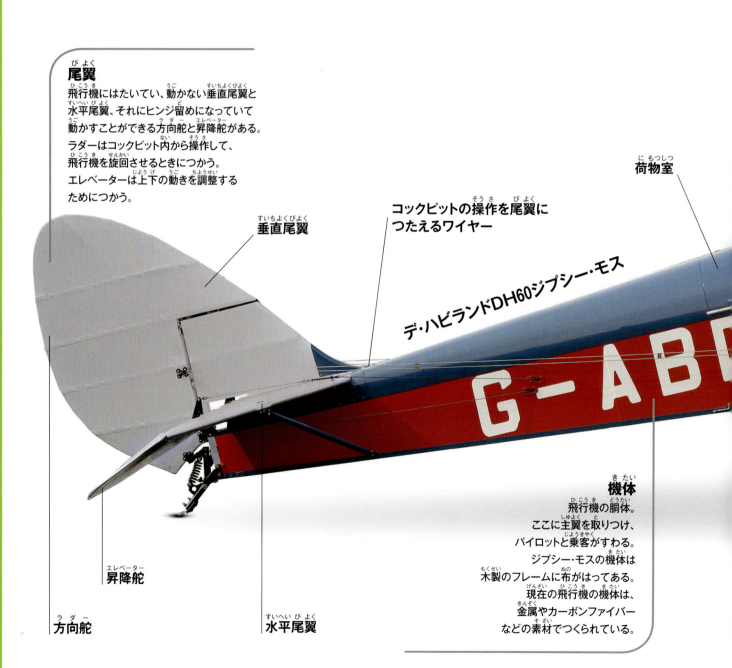

**尾翼**
飛行機にはたいてい、動かない垂直尾翼と水平尾翼、それにヒンジ留めになっていて動かすことができる方向舵と昇降舵がある。ラダーはコックピット内から操作して、飛行機を旋回させるときにつかう。エレベーターは上下の動きを調整するためにつかう。

垂直尾翼

コックピットの操作を尾翼につたえるワイヤー

荷物室

デ・ハビランド DH60 ジプシー・モス

エレベーター
昇降舵

ラダー
方向舵

水平尾翼

**機体**
飛行機の胴体。ここに主翼を取りつけ、パイロットと乗客がすわる。ジプシー・モスの機体は木製のフレームに布がはってある。現在の飛行機の機体は、金属やカーボンファイバーなどの素材でつくられている。

### エンジン
動力をもつ飛行機には、前に進むための力（推力）をつくるエンジンがのっている。現代の旅客機や軍用機はジェットエンジンをつかっているけれども、写真のような軽飛行機の多くはエンジンでプロペラをまわして空を飛ぶ。

**乗客か パイロット訓練生が乗る 前席コックピット**

**上の翼を支える支柱**

**パイロットが乗る 後席のコックピット**

**プロペラ**

**下の翼**

**ワイヤーをはって翼を補強している**

### 補助翼（エルロン）
主翼の後ろにあり、上下に動くようヒンジ留めされており、もうひとつの補助翼（エルロン）といっしょに動かすと、飛行機は横にかたむく。パイロットが補助翼（エルロン）とラダーをあやつると、Ｖの字のように急な角度で飛行機の向きをかえられる。

### ランディングギア（降着装置）
飛行機が滑走路を走るときや離陸するときにつかう部品。離発着装置ともよばれる。飛行機では1組の車輪がついているが、水の上で移動できるよう、テールスキッドやフロートをつけたものもある。

飛行機のしくみ

# 気球とグライダー

空の乗りもの

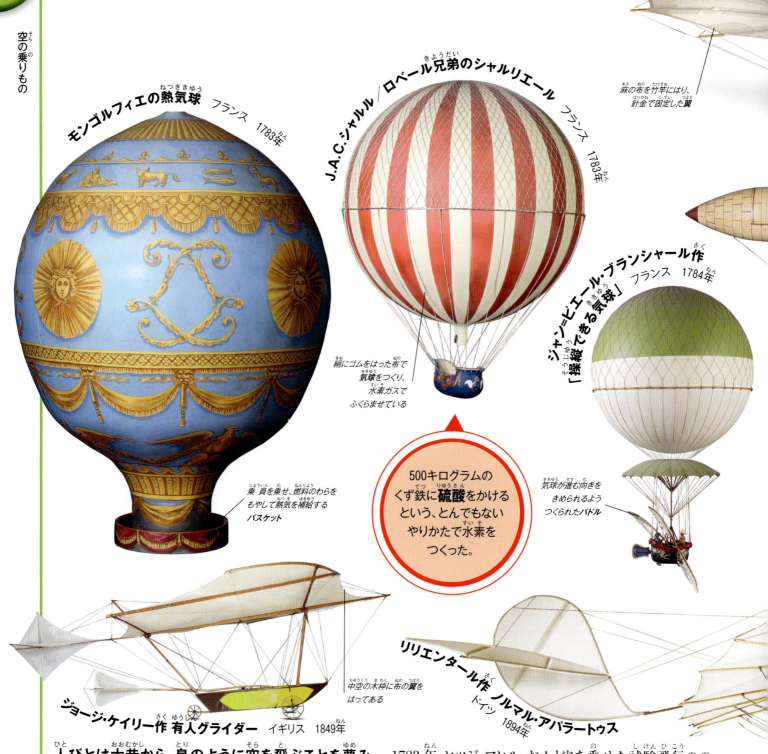

モンゴルフィエの熱気球　フランス　1783年

乗員を乗せ、燃料のわらをもやして熱気を補給するバスケット

J.A.C.シャルル／ロベール兄弟のシャルリエール　フランス　1783年

絹にゴムをはった布で気球をつくり、水素ガスでふくらませている

麻の布を竹竿にはり、針金で固定した翼

ジャン＝ピエール・ブランシャール作「操縦できる気球」　フランス　1784年

気球が進む向きをきめられるようつくられたパドル

500キログラムのくず鉄に硫酸をかけるという、とんでもないやりかたで水素をつくった。

ジョージ・ケイリー作 有人グライダー　イギリス　1849年

中空の木枠に布の翼をはってある

リリエンタール作 ノルマル・アパラートウス　ドイツ　1894年

人びとは大昔から、鳥のように空を飛ぶことを夢みてきた。人間はそのままでは地上をはなれて空を飛ぶことはかなわなかったが、気球や飛行船のように空気より軽い乗りものを発明する知恵をもっていた。そして、グライダーで飛ぶというアイデアの研究が進んでいく。

1783年、ヒツジ、アヒル、おんどりを乗せた試験飛行ののちに、**モンゴルフィエの熱気球**がフランスのパリでふたりの乗組員を乗せて離陸した。それからわずか10日後、はじめての水素気球である**シャルリエール**がパリで打ち上げられ、パリはあらたな気球時代の中心地となった。1898年には飛行船**サントス・デュモン1号**がはじめて

ピルチャー・ホーク　イギリス　1897年

ルボーディ1号機 ル・ジョーヌ　フランス　1902年

サントス・デュモン1号機　ブラジル／フランス　1898年

40馬力のダイムラー製エンジンで2つのプロペラをまわす

ツェッペリンLZ96　ドイツ　1917年

オートバイのエンジンでプロペラをまわし、飛行船を前に進める

飛行船の操縦につかうヒンジ式ラダー

20人までの乗員が乗れるゴンドラ

LZ127「グラーフ・ツェッペリン」（ツェッペリン伯爵号）　ドイツ　1928年

船体の全長は237メートル、アルミニウム合金でできたじょうぶな枠をつくり、その上に木綿をはっている

ツェッペリン伯爵号には、乗客専用のベッドとダイニングルームが用意され、飛行船で料理した食事を食べた。

全長5.3メートルのグライダー

### LZ127 グラーフ・ツェッペリン

アメリカのスクールバス22台分

空を飛んだ。ドイツではツェッペリンLZ96に代表される大型の飛行船がつくられ、第一次世界大戦中には偵察や爆撃をおこなったが、戦後になると、ツェッペリン伯爵号のように、お金もちが遠くまで旅をするための乗りものになった。いっぽう、翼のあるグライダーが飛行船を上まわる乗りものになると考える発明家もいた。1890年代にはドイツのエンジニア、オットー・リリエンタールがノルマル・アパラートゥスなどのグライダーで何度も飛行実験を成功させていた。あらたな設計のグライダーをうみだした彼のしごとは、ライト兄弟が動力化飛行機をつくりあげるきっかけになった。

# 飛行機の歴史

幅12.3メートル、支柱で補強した2枚の翼

ライトフライヤー号
アメリカ　1903年

パイロットは翼のあいだにある台（クレードル）に寝そべるようにして乗った

ヴォワザン複葉機　フランス　1907年

機首を上下に向けるとヒンジ式の昇降舵パネルが動き、上昇や下降ができるようになっている

軽い竹竿でつくったフレーム

尾翼

サントス・デュモン・ドモワゼル20式
フランス　1908年

1912年、ハリエット・クインビーはブレリオXI型に乗り、**女性ではじめて**イギリス海峡を飛んだ。

燃料を積んでいないときの重さは230キログラム

ブレリオXI型　フランス　1909年

フレームが木でできた機体は、ワイヤーを十字にはって補強している

1903年12月17日、アメリカの自転車屋オービル・ライトが動力飛行機で陸をはなれ、空へと飛んだ。この初飛行はわずか12秒で、飛行距離は現代の旅客機の全長にもおよばなかったが、あたらしい時代がここからはじまったのだ。

ライト兄弟がつくった**ライトフライヤー号**は2枚の翼がある複葉機で、後ろでプロペラ2基がまわるしくみだった。**ヴォワザン複葉機**やショーツS.27は、ライト兄弟の後部推進式プロペラのデザインをまねした設計だが、**サントス・デュモン・ドモワゼル**など、エンジンとプロペラを前にのせる飛行機や、翼が1段しかない単葉機もしだいに

飛行機の歴史

方向舵をワイヤーで動かして飛行機の方向をさだめる

ショーツ S.27　イギリス　1910年

100馬力が出せる4気筒エンジン

翼の前は鋼管で補強してある

フォッカー「スピン」　オランダ　1910年

機体の上にワイヤーを張りめぐらせたデザインなので、オランダ語でクモを意味する「スピン」というあだ名がつけられた。

竹でできた翼小骨

コックピットには自動車のようなステアリングホイールがある

ドゥペルデュサンA式　フランス　1910年

シルクにゴムでコーティングした布をトウヒ（松に似た木）の翼小骨にはってつくった翼

カーチス・モデルD　アメリカ　1910年

翼の長さは9.8メートル

フレームを木で組んだ飛行機で、燃料を満タンにしたときの重さは295キログラム

自転車のホイールと空気タイヤでつくった3輪の着陸装置

バネ式のテールスキッド（尾翼についたそり状の部品）

アブロ・トライプレーンIV　イギリス　1910年

つくられるようになった。はじめのころの飛行機は、翼が軽くなるよう、木材のフレームに布をはってつくり、ワイヤーで補強していた。**ブレリオXI型**はフランスの飛行家ルイ・ブレリオを乗せ、フランスからイギリスまで、イギリス海峡をわたる初飛行を1909年になしとげた。**ドゥペルデュサンA式**は1911年に2名を乗せて100キロメートルの距離を時速99キロメートルで飛ぶという記録を打ちたてた。この記録が出たあと、つぎつぎに記録が更新され、飛行機が役にたつ輸送手段であることが人びとにみとめられるようになった。

## 勇気ある飛行機ガール

命知らずのウイングウォーカー(空中曲芸人)リリアン・ボイヤーがカーチス JN-4 ジェニー複葉機の翼のはしをもち、安全ベルトもなしにぶらさがっている。空を飛ぶことがふつうの人びとにとってめずらしかった1920年代、シートベルトで安全に座席にすわっているとしても、複葉機に乗りたがらない人は多かった。だからこそ、空で大胆なわざをきめる曲芸飛行に、多くの人びとはスリルをおぼえた。

1921年、レストランのウェイトレスをしていた20歳のボイヤーは、人生で2度目に飛行機に乗ったとき、シートから立ちあがって主翼にのぼり、こわいもの知らずなところを見せつけた。その年の末、ボイヤーは、もと第一次世界大戦パイロットのビリー・ブロックとチームを組むことになった。このペアは1920年代に北アメリカで352回の曲芸飛行をおこない、ボイヤーの勇ましい姿は人びとのどぎもをぬいた。彼女は宙がえりをする飛行機の翼の上に立つこともあれば、片手で翼をつかみ、さらには翼につけたロープをくわえてぶらさがるという大技を見せたりもした。スピードを上げて走る自動車から飛行機に飛び乗るというスタントまで身につけた。彼女は1929年に超低空飛行が禁止されるまで、この技を143回も披露している。ボイヤーは事故で亡くなることなく、88歳まで長生きした。

# さまざまな戦闘機

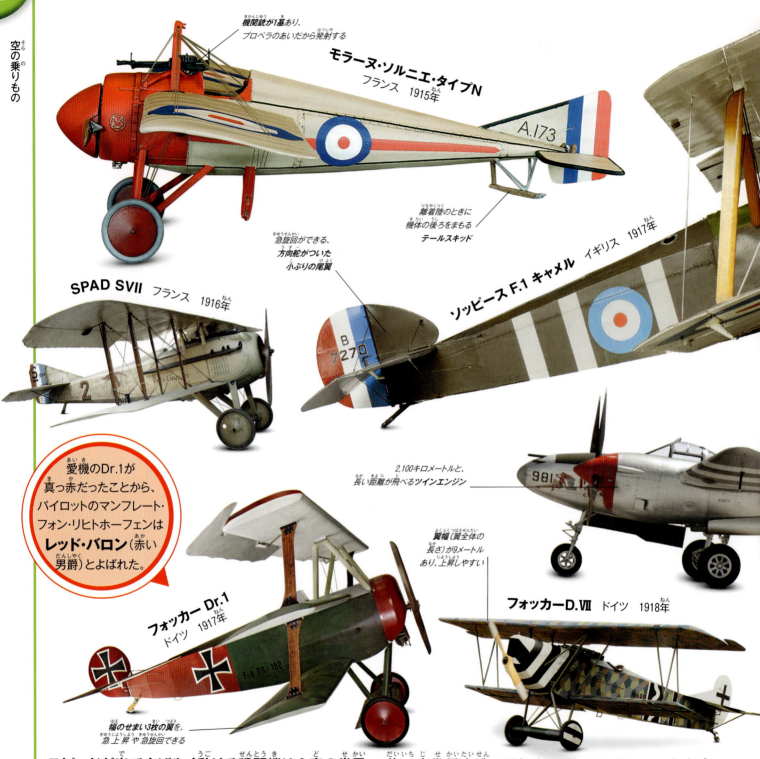

機関銃が1基あり、プロペラのあいだから発射する

**モラーヌ・ソルニエ・タイプN** フランス 1915年

離着陸のときに機体の後ろをまもる**テールスキッド**

**SPAD SVII** フランス 1916年

急旋回ができる、方向舵がついた**小ぶりの尾翼**

**ソッピース F.1 キャメル** イギリス 1917年

愛機のDr.1が真っ赤だったことから、パイロットのマンフレート・フォン・リヒトホーフェンは**レッド・バロン**（赤い男爵）とよばれた。

2,100キロメートルと、長い距離が飛べる**ツインエンジン**

翼幅（翼全体の長さ）が9メートルあり、上昇しやすい

**フォッカー Dr.1** ドイツ 1917年

幅のせまい3枚の翼を、急上昇や急旋回できる

**フォッカー D.VII** ドイツ 1918年

スピードが出てすばやく動ける戦闘機は2度の世界大戦にわたり、空軍で潜水艦を攻撃する飛行機としてつかわれた。機関砲や機関銃など、前方の敵を撃つ兵器は機首か主翼にのせ、敵機を撃ちおとすためにつかわれた。

第一次世界大戦のはじめ、**モラーヌ・ソルニエ・タイプN**のような戦闘機の相手は、スピードが遅く、機関銃などの攻撃手段をひとつも積んでいないこともめずらしくはない爆撃機や偵察機だった。だが、すぐに**ソッピース・キャメル**や**フォッカーD.VII**のようにスピードが出る戦闘機があらわれ、すさまじい格闘戦（ドッグファイト）をくり

**ホーカー・ハリケーン Mk 1** イギリス 1936年

主翼にブローニング機関銃が8基ついている

**メッサーシュミット Bf109E** ドイツ 1938年

ダイムラー製エンジンの強力なパワーで、最高速度は時速570キロメートルにたっする

Bf109は戦闘機としてもっとも量産されたモデルで、1936年から1945年までに3万3,984機がつくられた。

ビッカーズ社製機関銃2基

**フィアットCR.42「ファルコ」** イタリア 1940年

複葉機の上の翼幅は9.7メートル

複葉機の下の翼幅は6.5メートル

機体から出たまま格納されない車輪

**三菱A6M5零式艦上戦闘機 通称「零戦」** 日本 1943年

主翼に積んだ大口径機関銃

胴体から尾翼にかけて伸び、2枚の尾翼をささえるツインブーム

**ロッキード P-38 ライトニング** アメリカ 1941年

防弾ガラス製のフロントウィンドスクリーン

ロールス・ロイス・マーリン77エンジンを積み、最高時速は671キロメートルにたっする

**スーパーマリン・スピットファイア PR Mk X** イギリス 1944年

飛行中、車輪は翼のなかに入れる

## さまざまな戦闘機

ひろげるようになる。有名なドイツ人の戦闘機エースパイロット、マンフレート・フォン・リヒトホーフェン男爵は、80機の「キル（撃墜）」のうちの19機をフォッカー Dr.1 三葉機（翼が3枚ある飛行機）でなしとげている。第一次世界大戦が終わると戦闘機は複葉機から単葉機の時代へとうつり、ホーカー・ハリケーン Mk1 とメッサーシュミット Bf 109E が空中戦をくりひろげるようになる。三菱の A6M5 零戦は爆撃機としてもつかわれ、スーパーマリン・スピットファイア PR MkX はその速度をいかし、敵の戦闘機が偵察の写真撮影に来るのをふせいだ。

# 爆撃の名手たち

アブロ504　イギリス　1913年
- カンバスをはった木製の主翼フレーム
- テールスキッドは着陸時に飛行機の速度をおとすのに役だつ

ユンカースJu87 スツーカ　ドイツ　1935年
- 3枚のプロペラ
- 方向舵のついた垂直尾翼

ボーイングB-17G フライングフォートレス（空飛ぶ要塞）　アメリカ　1935年
- 機首の真下にある銃座には爆撃手が乗り、爆撃の照準もこの兵士があわせる
- 尾翼に載せた電子機器で敵のレーダーをかく乱させ、また、飛んでくるミサイルがないか見はる

ハインケルHe111　ドイツ　1940年
- 最高時速434キロメートル

デ・ハビランドDH98 モスキート　イギリス　1940年
- ロールス・ロイス・マーリン・エンジンから出たガスの排出口
- 両翼と胴体に燃料タンク

B-2スピリットは飛行機では世界一値段が高く、なんと1機あたり2400億円！

攻撃機は爆弾やミサイルで地上にある目標を攻撃する。はじめのころは、通常型の飛行機から小さな爆弾を手で投げて、爆撃機のかわりをつとめていた。爆撃のための飛行機が開発されたのは第一次世界大戦の終わりごろ。そして第二次世界大戦では、爆撃機はとても重要な役割につくことになった。

第二次世界大戦の爆撃機では、ユンカースJu87 スツーカなど、急降下して地上の敵軍を爆撃できるものがあった。高いところまで上がってから爆弾を発射する爆撃機もあり、ボーイングB-17G フライングフォートレスは、9,000メートルの高さまで飛ぶことができた。アブロ・ランカスターにはB-17Gの倍以上の爆弾をのせるスペース

乗組員7名のうちコックピットに4名乗り、5人目は機首に乗る

中央の銃座には2連装の機関銃をのせている

アブロ・ランカスター　イギリス　1941年

ロールス・ロイス・マーリン・エンジンを積み、最高時速は454キロメートル

ボーイングB-29A　スーパーフォートレス（超空の要塞）　アメリカ　1944年

ボーイングB-52H　ストラトフォートレス（成層圏の要塞）　アメリカ　1961年

ターボファンエンジンを2基積み、最高時速は2,300キロメートル

ツポレフTu-22M3　旧ソヴィエト連邦〜ロシア　1978年

最大3万1,500キログラムの兵器が積める

ミサイル10本、または1万5,000キログラム分の爆弾が積める

最長100キロメートル先の敵を探知できる、機首のレーダーシステム

ミコヤン・グレヴィッチMiG-29　旧ソヴィエト連邦〜ロシア　1982年

ロケット弾を積むポッドをつけると、いくつもの任務がこなせる

ノースロップ・グラマンB-2　スピリット　アメリカ　1990年

飛行機の旋回や上昇・下降につかうエレボン（補助翼と昇降舵をかねたもの）

**ボーイングB-52H　ストラトフォートレス**

全長48.5メートル　アメリカのスクールバス4台分

があり、7,000機以上もつくられた。どちらも重武装で、銃座を操作する機関銃手が乗った。**デ・ハビランドDH98モスキート**は木でできていて防御力がないため、スピードを出し、すばやい動きで敵機から逃げるしかなかった。それから50年後に誕生した**ノースロップ・グラマン B-2 スピリット**は、ステルス技術で、敵から気づかれることなく目標を攻撃できるようになった。ジェットエンジンを積み、長距離を飛べる爆撃機もある。**ツポレフ Tu-22M3**は6,800キロメートルもの距離を飛びつづけ、エンジンを8基積んだ**ボーイング B-52H ストラトフォートレス**は1万6,000キロメートル以上の距離を飛べる。

# 記録に挑戦した飛行機

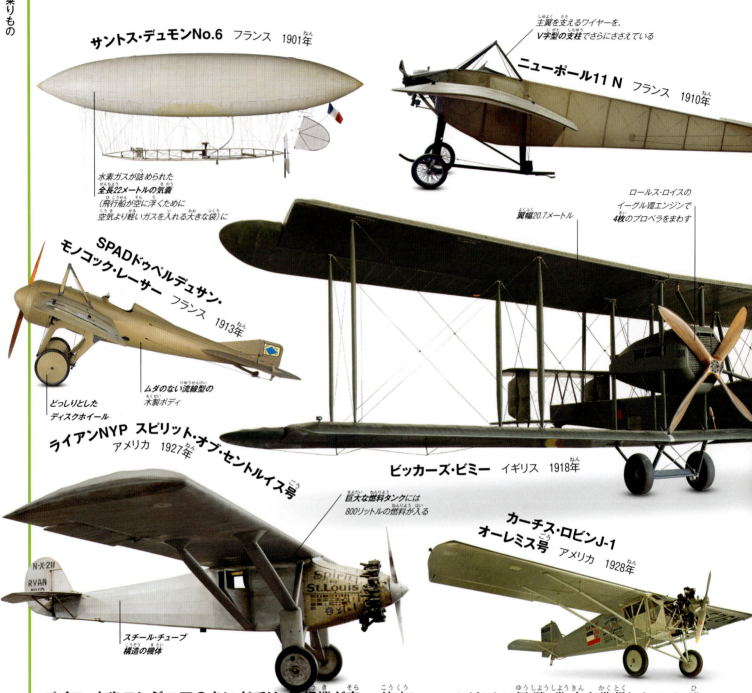

**サントス・デュモンNo.6** フランス 1901年
- 主翼を支えるワイヤーを、V字型の支柱でさらにささえている
- 水素ガスが詰められた全長22メートルの気嚢（飛行船が空に浮くために空気より軽いガスを入れる大きな袋）に

**ニューポール11 N** フランス 1910年

**SPADドゥペルデュサン・モノコック・レーサー** フランス 1913年
- ムダのない流線型の木製ボディ
- どっしりとしたディスクホイール

**ビッカーズ・ビミー** イギリス 1918年
- 翼幅20.7メートル
- ロールス・ロイスのイーグルⅧエンジンで4枚のプロペラをまわす

**ライアンNYP スピリット・オブ・セントルイス号** アメリカ 1927年
- 巨大な燃料タンクには800リットルの燃料が入る
- スチール・チューブ構造の機体

**カーチス・ロビンJ-1 オーレミス号** アメリカ 1928年

パイロットやエンジニアのあいだでは、飛行機が空を飛ぶだけではものたりないと感じる人びとがいた。自分の飛行機をもっと高く、速く、長く飛ばしたいと考えた。レースがひらかれ、記録が打ちたてられてはやぶられ、飛行機はよりじょうぶでパワフルになり、信頼性も高くなっていったのだ。

航空レースではじめて優勝賞金を獲得したのは、飛行船のサントス・デュモンNo.6であるようだ。1901年、この機はエッフェル塔一周レースで10万フランスフランを手にしたのだ。1919年、ビッカース・ビミーがはじめての無着陸・無着水での大西洋横断航空を成功させた。1927年にはアメリカ人飛行士チャールズ・リンドバークが

## 記録に挑戦した飛行機

**スーパーマリンS6B** イギリス 1930年

**マッキM.C.72** イタリア 1931年

エンジン冷却液の熱を水に浮くフロート部分からのがすよう設計されている

**ジービー・モデルZ スーパー・スポーツスター** アメリカ 1931年

プロペラ水上機で最速のM.C.72は、**時速709キロメートル**のスピードを出した。

流線型の車輪カバー

旋回機能を高めるため、尾翼にヒンジ式の方向舵がある

**パーシヴァルP10ヴェガ ガル（カモメ）** イギリス 1935年

なめらかな幅12メートルの主翼で空気を切りさいて飛ぶ

スライド式のグラスキャノピーからパイロット用と乗員3名分のシートが見える

最高時速220キロメートルを出すエンジン

ロケットエンジンの力は7.5分しかつかわず、あとはグライダー飛行をした

**ビュッカーBü133C ユングマイスター** ドイツ 1936年

離陸後に車輪をすてるため、着陸用のスキッドがある

**メッサーシュミットMe163 コメート** ドイツ 1944年

スピリット・オブ・セントルイス号で、ニューヨークからパリまでを33時間半で飛ぶ、単独無着陸飛行をなしとげる。1935年にはカーチス・ロビンJ-1 オーレミス号が、空中給油を受けながら27日間の滞空時間を記録した。飛行機の設計が進歩するにつれ、速度記録はどんどんあらためられてゆく。SPADドゥペルデュサン・モノコック・レーサーが時速210キロメートルの記録を打ちたて、スーパーマリンS6Bやマッキ M.C.72は時速600キロメートルや時速700キロメートルの壁を突破した。それよりも速かったのがロケット推進のメッサーシュミットMe163 コメートで、1941年に時速1,005キロメートルもの記録を出している。

# ジェット戦闘機

メッサーシュミットMe262 シュヴァルベ　ドイツ　1942年
主翼に積んだターボジェットエンジンで、最高時速は900キロメートルにたっする

グロスター・ミーティア　イギリス　1943年
エンジンの排気をさけるため、水平尾翼は尾翼の上にある

飛行中、車輪は機体中にしまわれる

リパブリックF-84C サンダージェット　アメリカ　1946年
機首に4基の機関銃をのせている

ターボジェットエンジンからの排気を外に送りだす排気口

ミコヤン・グレビッチMiG-15　旧ソヴィエト連邦　1949年
後退尾翼と後退翼の両方が取りいれられたデザイン

偵察任務のため、機首に7台のカメラをのせている

MiG-15は海面から5,000メートルの高さまで2分間であがることができた。

ノースアメリカンF-86A セイバー　アメリカ　1949年

サーブJ35E ドラケン　スウェーデン　1955年

第二次世界大戦のときに開発されたジェット戦闘機は、スピードが出てすばしっこく動けるひとり乗りの機体に、機関銃からミサイルまで、いろいろな兵器をのせている。敵機を攻撃して撃退し、空の領域で敵より優位に立つことが、その任務だ。

1950年の朝鮮戦争ではノースアメリカンF-86A セイバーとミコヤン・グレビッチ、通称 MiG-15 がたたかった。この戦争ではリパブリック F-84C サンダージェットが 8万 6,408 回の飛行任務をおこない、量産機ではじめて飛行中の空中給油機からの給油を成功させた。ミコヤ

ン・グレビッチ、通称 MiG-23 とダッソー・ミラージュⅢは、機体と翼に地上攻撃用の兵器をのせられる戦闘爆撃機だ。作戦をすばやくおこなえるようつくられたサーブ J35E ドラケンは、わずか10分でたたかう準備ができる。この機は滑走路だけではなく、ふつうの道からも離陸できる。ロッキード・マーティン F-22 ラプターやユーロファイター・タイフーン FGR4 など最新の軍用機は、さまざまな機能をもっている。空中と地上の標的を攻撃できるうえ、偵察任務もおこなえるのだ。

## 音よりも速い世界

太平洋の上、アメリカ海軍のグラマンF-14トムキャットが水面からわずか150メートルの高さで加速すると、おどろくような光景が出むかえてくれる。水蒸気がよりあつまって雲になり、機体を取りかこむ。ショックカラーやヴェイパーコーンという名前で知られている現象だ。飛行機はこのあとすぐに超音速にたっし、音よりも速く飛んでゆく。そのとき、かならずといっていいほど、衝撃波音という大きな音が出るのだ。

飛行機が高速で飛ぶとき、空気のなかに圧力波がうまれる。この波は音速で動き、海面では時速1,225キロメートルにたっするが、高度が上がると少しだけスピードがおちる。飛行機の速度が上がると、この波が速度の力を受けてまとまり、ひとつの衝撃波となり、そのときに雷がおちたような大きな音を出す。衝撃波はだいたい0.1秒から0.5秒のあいだつづく。超音速飛行がはじめて成功したのは1947年のことだった。現在では多くのジェット軍用機があたりまえのように超音速で飛んでいる。F-14が地上から1万メートル近くにたっしたときの最高速度は時速2,400キロメートルを超える。超音速が出る旅客機はこれまで2機種しかあらわれていない。旧ソヴィエト連邦のツポレフ Tu-144、そしてイギリスとフランスが開発したコンコルドだ。

# 水上機

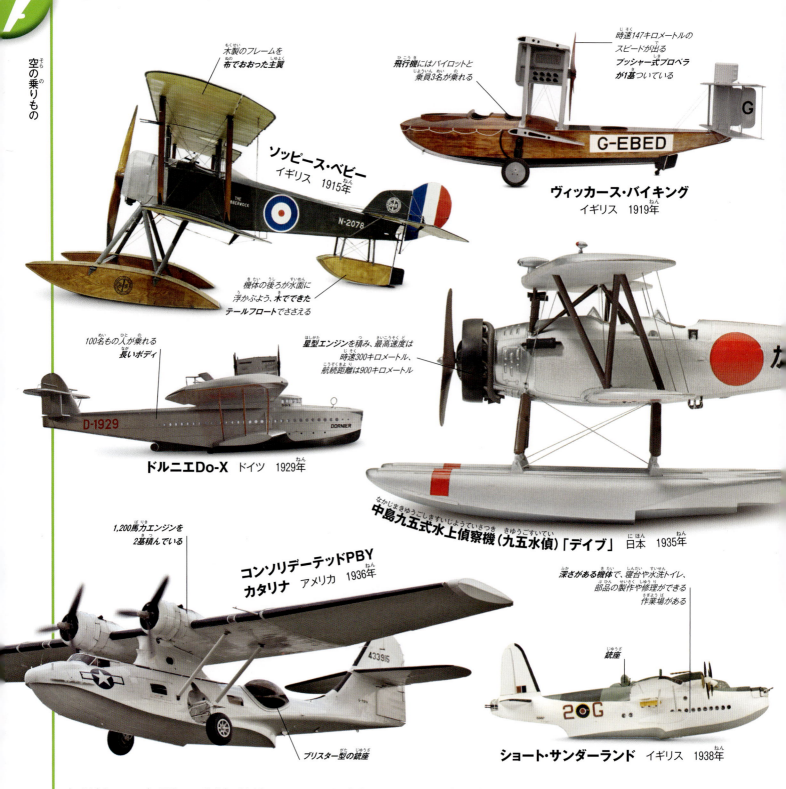

木製のフレームを布でおおった主翼

**ソッピース・ベビー** イギリス 1915年

機体の後ろが水面に浮かぶよう、木でできたテールフロートでささえる

時速147キロメートルのスピードが出るプッシャー式プロペラが1基ついている

飛行機にはパイロットと乗員3名が乗れる

**ヴィッカース・バイキング** イギリス 1919年

100名もの人が乗れる長いボディ

**ドルニエDo-X** ドイツ 1929年

星型エンジンを積み、最高速度は時速300キロメートル、航続距離は900キロメートル

**中島九五式水上偵察機（九五水偵）「デイブ」** 日本 1935年

1,200馬力エンジンを2基積んでいる

**コンソリデーテッドPBY カタリナ** アメリカ 1936年

ブリスター型の銃座

深さがある機体で、寝台や水洗トイレ、部品の製作や修理ができる作業場がある

銃座

**ショート・サンダーランド** イギリス 1938年

水上機とは、水上から離陸や着水ができる飛行機のこと。水上機には浮力のあるフロートで水の上に浮くフロート水上機と、ボートとおなじ水密ボディでつくられた飛行艇の2種類があり、さまざまなつかわれかたがある。

フロート水上機は2つの世界大戦でたたかった。ソッピース・ベビーは第一次世界大戦中に沿岸をパトロールし、飛行船を見つける仕事についていた。中島九五式水偵「デイブ」は第二次世界大戦で偵察機として飛び、ショート・サンダーランドやコンソリデーテッドPBY カタリ

ナなど軍用飛行艇は潜水艦とたたかい、船舶をまもる仕事についていた。12発のエンジンを積んだドルニエDo-Xは、乗客を乗せて長距離を飛ぶこともあった。陸と水の両方で動く、水陸両用の水上機もある。スーパーマリン・ウォーラスは軍艦から飛びたち、水上に着水後、クレーンで艦上に引きもどされる。カナダでは、デ・ハビランドDHC-3 オッターやカナディアCL-215などの水上機もつかわれている。カナディアCL-215は湖や川を滑走しながら大量の水をくみあげ、山火事があれば放水するように設計されている。

# 軽飛行機

空の乗りもの

ボーイング・ステアマン PT-17 / N2S ケイデット　アメリカ　1940年
- 木製で布でおおった主翼

セスナ172　アメリカ　1964年
- 主翼に147リットルの燃料をのせている

ビーグル・パップ・シリーズ2　イギリス　1969年
- 150馬力のエンジンで動く2枚の金属製プロペラ

セスナ421B　アメリカ　1973年
- キャビンの乗客数は8名、ドアは1枚

ピッツ・スペシャルS-2A　アメリカ　1973年
- 全長6.1メートルの主翼
- 上下の翼にある補助翼をつかい、360度の横回転を2秒でこなせる

2014年、S-2Aは81回連続のきりもみ降下飛行という世界記録を打ちたてた。

小型の民間機でエンジンがひとつまたはふたつあり、離陸するときの重さが5,670キログラムにみたないものを軽飛行機という。ツーリングや操縦の練習のため、あるいは曲芸飛行やレースといったホビーにつかわれるほか、航空郵便輸送機、患者輸送機、農薬散布機などのつかいみちもある。

軽飛行機は重さが軽いと決まっている。なかでもビード BD-5J は、燃料などがまったく入っていないときの重さが162.7キログラムと、ジェット飛行機のなかで世界一軽い。フライトデザイン CTSW は、緊急時に飛行機全体を安全に着地させるパラシュートシステムをのせても、燃料などをのせていないときの重さはたったの

318.4キログラムしかない。**ビーグル・パップ・シリーズ2**はツーリングにも曲芸飛行にもつかわれた。ふたり乗りの**ピッツ・スペシャルS-2A**はスピン（きりもみ）やロール（急回転）、それに急上昇をみごとにこなせる曲芸の専用機だ。ピッツができたばかりのころはキットで売られていて、なんと家でも組み立てることができた。総アルミニウム製の**ヴァンズRV-6**もキットで売られていた。**ビーチクラフトA36ボナンザ**は工場で1万7,000機以上もつくられてきた量産機だ。軽飛行機でもっともつくられたのは4人乗りの**セスナ172**で、4万3,000機を上まわる数にのぼる。

# 旅客機

空の乗りもの

フォッカーF.II　オランダ　1920年
- パイロット用のオープンコックピット
- 乗客用のクローズドキャビン
- ボディを合板でつくり、燃料などをのせていないときの重さを1,460キログラムまでおさえている

F.IIは最初につけられた名前のまま現在まで残っている世界最古の航空会社、KLMと提携していた。

フォード5-ATトライモーター　アメリカ　1928年
- ボディパネルは波形をしたアルミニウム製の板をつかっている

ダグラスDC-2　アメリカ　1934年
- 飛行中の抵抗をへらすため、降着装置が機内にしまえるようになっている

デ・ハビランドDH89ドラゴン・ラピード　イギリス　1934年

- 長さが80メートルある、大きな翼

シュド・アヴィアシオン・カラベル　フランス　1955年
- 後部にあるターボジェットエンジンで時速805キロメートルの最高速度が出る

デ・ハビランドDH106コメット4C　イギリス　1960年
- 飛行機の上昇・下降をサポートする、尾翼の昇降舵パネル

旅客機ははじめのころ、爆撃機などの軍用機をつくりかえていた。1920年代から1930年代にかけて、空の旅のためだけにつくられた飛行機があらわれた。現在の旅客機は速くて便利な、ごくふつうの移動手段になっている。

フォッカーF.IIの乗員数はわずか4名だったが、フォード5-ATトライモーターは、13名の乗客と2人の乗務員が乗れた。ダグラスDC-2の乗員数はトライモーターよりもひとり多い16名で、世界で30社もの航空会社に採用された。シンプルなつくりでがんじょうなデ・ハビランドDH89ドラゴン・ラピードも旅客機として人気の機体

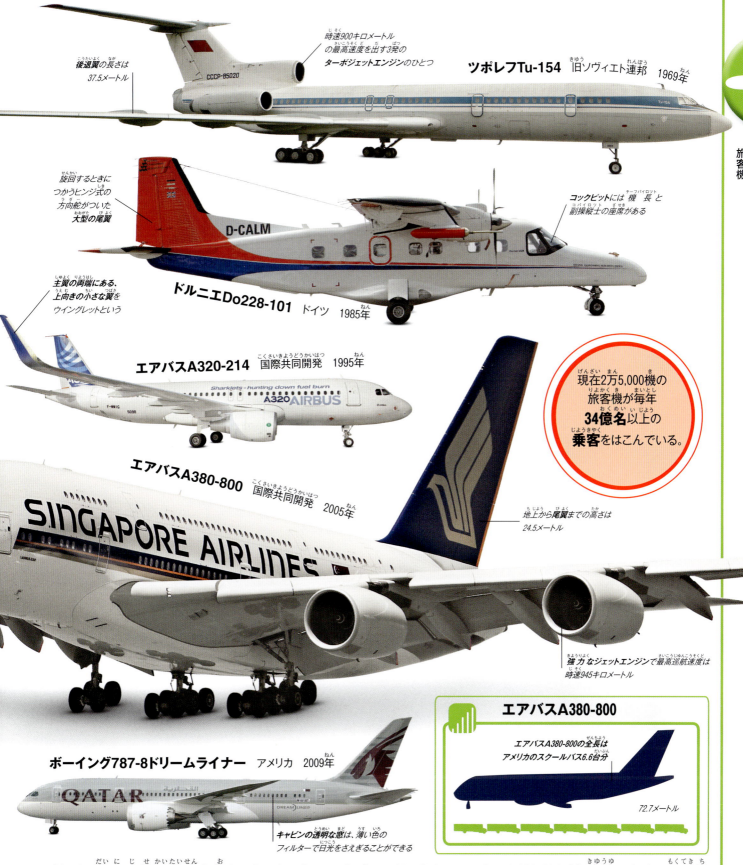

後退翼の長さは37.5メートル

時速900キロメートルの最高速度を出す3発のターボジェットエンジンのひとつ

ツポレフTu-154　旧ソヴィエト連邦　1969年

旋回するときにつかうヒンジ式の方向舵がついた大型の尾翼

コックピットには機長と副操縦士の座席がある

ドルニエDo228-101　ドイツ　1985年

主翼の両端にある、上向きの小さな翼をウイングレットという

エアバスA320-214　国際共同開発　1995年

エアバスA380-800　国際共同開発　2005年

現在2万5,000機の旅客機が毎年34億名以上の乗客をはこんでいる。

地上から尾翼までの高さは24.5メートル

強力なジェットエンジンで最高巡航速度は時速945キロメートル

ボーイング787-8ドリームライナー　アメリカ　2009年

キャビンの透明な窓は、薄い色のフィルターで日光をさえぎることができる

### エアバスA380-800

エアバスA380-800の全長はアメリカのスクールバス6.6台分

72.7メートル

旅客機

だった。第二次世界大戦が終わると、ジェットエンジンを積んだ大型の旅客機があらわれる。近距離用ジェット旅客機としてはじめてつくられた**シュド・アヴィアシオン・カラベル**の乗客数は80名だったが、**ツポレフTu-154**は180名まで乗れた。現在もっとも大きな旅客機は、2階建ての旅客デッキで853名もの人びとを乗せることができる、**エアバスA380-800**だ。給油のために目的地までの途中で着陸したりせず、長距離を飛ぶことができる旅客機もある。**ボーイング787-8ドリームライナー**は最長で1万3,000キロメートルをノンストップで飛ぶことができる。アメリカから中国まですいすい行ける距離だ。

221

## ずいぶん低く飛ぶんだね

プリンセス・ジュリアナ国際空港に着陸するため下りてきたエア・カライベスのエアバスA330旅客機に、カリブ海のセント・マーチン島で日光浴を楽しむ人びとがカメラを向けている。カリブ海に浮かぶこの島の空港では、飛行機の離着陸が毎年5万8,000回以上もあるため、マホ・ビーチの砂浜では、こんなびっくりするような光景を一日に何度も見ることができるのだ。

この空港には全長2,300メートルと、ふつうより少し短い滑走路があり、ビーチとのさかいめギリギリのところまで伸びている。200名以上の乗客をはこべる大きさであるエアバスA330がぶじに着地して止まるには、少なくとも1,000メートルか、できればそれ以上の距離がほしいところだ。そうなると、パイロットができるだけ短時間で滑走路に着地するには、カリブ海のきらめく海面をできるかぎり低く飛んで進入しなければならない。この島にあるビーチのなかでも、マホ・ビーチは砂浜をたのしむにはベストではないかもしれない。それでも巨大な旅客機がすぐそばを飛ぶのを見たくてたまらない航空ファンが、世界中から群れをなして集まってくる。

# 垂直離陸機と超音速機

ベルX-1　アメリカ　1946年
- 弾丸のようなかたちをした機首
- 飛行機が横に動いた距離をはかるプローブ

ベルX-1はパイロットの妻にちなんで「グラマラス・グレニス」というニックネームがついた。

フェアリー・デルタ2　イギリス　1954年
- 2座席バージョンは練習機としてつかわれた

マクダネルF-101 ヴードゥー　アメリカ　1957年
- 内部燃料タンクの最大容量は7,771リットル

ロッキードF-104G スターファイター　アメリカ　1958年
- 翼の両端にある燃料タンク
- 細い円筒状のボディと短い主翼で空気を切りさく
- なかに無線アンテナが入った尾翼

スピードを追いもとめた結果、海面で時速1,235キロメートルという、音の速度よりも速く飛ぶことのできる超音速機が生まれた。エンジニアは、ヘリコプターのように垂直に離着陸できる垂直離着陸機（VTOL）も開発した。

超音速機の第一号はロケットエンジンを積んだベルX-1、パイロットはアメリカ人のチャールズ・"チャック"・イェーガーだ。ジェットエンジンは改良がくわえられ、速度はおどろくほど上がっていった。まず、フェアリー・デルタ2の時速が1,609キロメートルを突破し、つぎにロッキードF-104G スターファイターが時速2,000キロメートルに

たっする。その後 MiG-21 が時速 2,380 キロメートルもの速さを出してトップに立った。そして1976年、ジェット偵察機の**ロッキード SR71 ブラックバード**が時速 3,529 キロメートルという記録を打ち立ててから、この記録は今でも破られていない。VTOL 機は長い滑走路がない場所でつかう。**ホーカーシドレー ハリアー GR 3** やヤコブレフ Yak-38 のように、エンジンの噴射を下向きか後ろ向きに変えられるノズルがついたモデルもある。**ベル XV-15** などティルトローター機は、離陸時にプロペラをまわすエンジンそのものを上向きにし、離陸してからは前向きにする。

# 偵察機

偵察機は空の上から陸や海を見はる飛行機だ。望遠撮影レンズなどをつかって敵軍の位置を監視したり、敵の兵器や設備といった地上での活動をしらべる、空中のスパイとしての任務をはたす、とても役に立つ偵察機もある。

偵察機のはじまり、たとえばコードロンG.3やLVG C.VIなどは、敵軍の火砲を見つけ、軍隊に動きがあったことを確認するのにつかわれていた。OV-10ブロンコなど、敵の領土を見はるだけでなく、兵器も積んだ偵察機もあった。こういった機体はふつうの道路や仮につくった滑走路からも離陸することができた上、2,200キロメー

ロッキードSR71 ブラックバード　アメリカ 1964年

後部胴体の
ツインブームで
つながった
**水平安定板**

**ピトー管**
対気速度をはかる

音速の3倍以上の速さで
**飛べるよう設計されている**

**回転する円盤型アンテナ**

OV-10 ブロンコ
アメリカ 1965年

ボーイングE-3　セントリー　アメリカ 1975年

ボーイング707旅客機を
早期警戒管制機(AWACS)に
**改装したもの**

ドローン機のスピードを
はかるため、
**尾翼に取りつけたピトー管**

最高速度が時速575キロメートルに
達する**ターボファンエンジン**

2001年、RQ-4は
無人ドローン機として
**はじめて**太平洋を
**ノンストップ**で
飛んだ。

ノースロップ・グラマンRQ-4
グローバルホーク　アメリカ 2000年

**機首**のカメラと
赤外線センサーで
暗い夜の視界をまもる

真下にある
地表の3D画像を作成する、
**高性能レーダーシステム**

垂直尾翼上部に
取りつけた**水平尾翼**

**後ろ向きの
プロペラ**

プログラムにしたがう
自動運転も、地上からの
リモートコントロールも
できる**ドローン機**

主翼には兵器を取りつける
ハードポイントが左右に各3基ある

BAEシステムズ マンティス　イギリス 2009年

偵察機

トル以上をノンストップで飛べた。SR-71 ブラックバードは高いところまで上がってから高速で飛ぶスパイ専用機で、敵の地対空ミサイルがとどかないところからでも活動できた。ブラックバードが敵から撃ちおとされたことは、これまで一度もない。最新の戦闘機は、敵のレーダーや他のセンサーをかく乱するステルス技術を備えており、敵に見つからずにスパイ活動ができる。BAE システムズ マンティスのような無人機(UAV)はドローン機とよばれ、パイロットの命を危険にさらすことなく、長時間の任務飛行をこなして情報をあつめることができる。マンティスは最長30時間も飛行できる。

# ヘリコプターのしくみ

ヘリコプターのローターブレードは、飛行機の主翼とおなじように曲線をえがいている。このブレードがエンジンの力で高速回転し、飛行機の主翼とおなじしくみで揚力をうみだし、空中を飛ぶ。ヘリコプターは垂直に離着陸し、空中で止まることもできる（ホバリング）ため、軍や警察にとってはとても役に立つ。また写真のシーキングのように、レスキュー活動にも理想的な乗りものだ。

ローターヘッド

ウェストランド シーキングHAR.3

テールローターのブレード

ヒンジ留めで折りたたみができるテールブーム

レーダードーム

ウインチ

水平尾翼

**テールローター**
メインローターのブレードとのバランスを取るため、後部に6枚のテールローターがある。パイロットはテールローターのスピードを調整し、ヘリコプターの向きを変える舵としてつかうことができる。

**スポンソン**
水の上に着陸したときに浮く力が増すように、空気でふくらむ袋が入っている。

## タービンエンジン

2発のロールス・ロイス・ノーム・ターボシャフトエンジンがローターヘッドをまわし、ローターヘッドをかたむければヘリコプターの方向が変えられる。シーキングの巡航速度は時速208キロメートル、1回の離陸で飛べる最大の距離は1,230キロメートル。

## ローターブレード

エンジンの力で揚力をつくるローターヘッドに取りつけられているのがローターブレード。毎秒10メートル上昇できる。ヘリコプターを艦内やハンガー（格納庫）にしまうとき、このブレードは折りたたむことができる。

## 機内

パイロットと副操縦士がコックピットでヘリコプターを操縦するあいだ、2名の乗務員が無線をつかったり、遭難者を水面から引き上げて、ヘリコプターまではこぶウインチを操作する。シーキングは最大18名をたすけることができ、担架なら6台が乗る。

**前方を照らす強力なライト**

## ハルとアビオニクス

シーキングの胴体は船のハルとおなじ構造なので水に浮く。機首の内側には無線機と航法用の電子機器をのせてあり、海で難破した船や遭難者を見つけることができる。

**降着装置の車輪**

ヘリコプターのしくみ

# ヘリコプターの歴史

フォッケウルフ Fa61　ドイツ　1936年

デ・ハビランド シェルバ C24オートジャイロ　イギリス　1931年

機体の長さは6.1メートル

離陸できるヘリコプターすらほとんどなかった1939年、Fa61は **3,426メートル**まで上昇した。

シュド・エスト（SNCASE）／リオレ・エ・オリヴィエ LeO C302　フランス　1939年

星形エンジンがプロペラをまわしてオートジャイロを前進させる

2つある燃料タンクの1つ。それぞれ81リットルの容量がある

エンジンとテールローターをむすぶドライブシャフト

ブレードが地面にふれてきずつくのをふせぐ、テールローターガード

3枚のメインローターの総直径は11.5メートル

シコルスキー R-4　アメリカ　1942年

テールローター

着陸用のスキッドは着水用のフロートに交換できる

長くて薄い、翼のようなかたちをしたブレードが回転するすがたを見れば、初期のオートジャイロやヘリコプターに「うずまき鳥」というあだ名がついたのも不思議ではないだろう。このように、さまざまな使い道があるヘリコプターがうまれたのは、1930年代から1940年代にかけてのことだ。

シェルバC24などオートジャイロは、メインローターをまわして空に上がり、機首にあるプロペラの力で前にすすんだ。C24は時速177キロメートルの最高速度が出せる。フォッケウルフ Fa61は2組のローターで空を飛ぶ実験機だったが、2機しかつくられなかった。いっぽう、ベル47ヘリコプターは1946年から1974年までに5,600機

以上つくられた量産機だ。このなかで医療レスキューで有名なのがベル47Gである。ウェストランドHR3ドラゴンフライも医療レスキュー用ヘリコプターであり、また1950年以降、世界ではじめての定期便ヘリコプターとしてもつかわれた。シコルスキーR-4はアメリカ軍とイギリス軍が採用したはじめての軍用ヘリコプターで、1944年ごろからアジアの墜落事故負傷者を救助している。旧ソヴィエト連邦はじめてとなる量産ヘリコプターミル設計局Mi-1Mの製造台数は2,500機を上まわった。

# はたらくヘリコプター

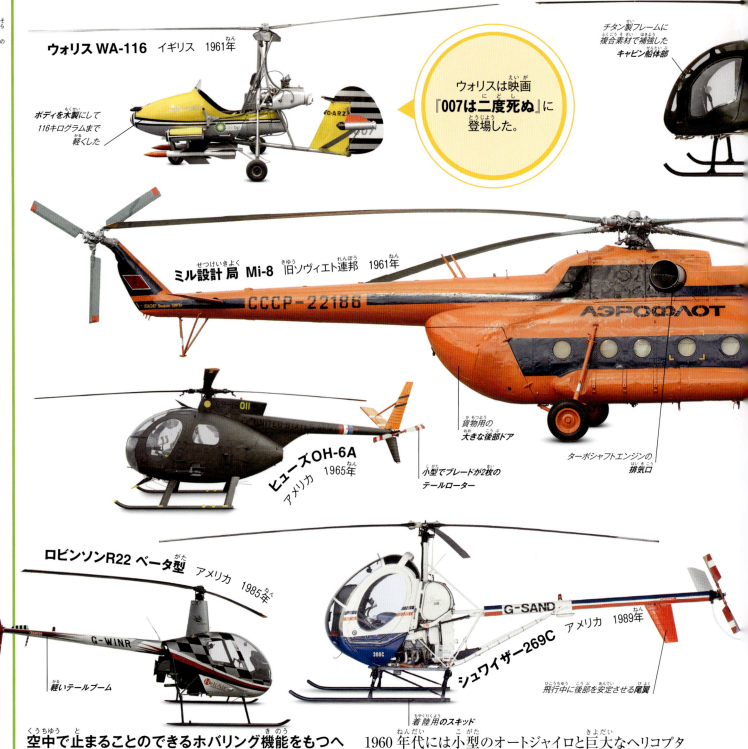

ウォリス WA-116　イギリス　1961年
ボディを木製にして116キログラムまで軽くした

ウォリスは映画『007は二度死ぬ』に登場した。

チタン製フレームに複合素材で補強したキャビン船体部

ミル設計局 Mi-8　旧ソヴィエト連邦　1961年
貨物用の大きな後部ドア
ターボシャフトエンジンの排気口

ヒューズOH-6A　アメリカ　1965年
小型でブレードが2枚のテールローター

ロビンソンR22 ベータ型　アメリカ　1985年
軽いテールブーム

シュワイザー269C　アメリカ　1989年
着陸用のスキッド
飛行中に後部を安定させる尾翼

空中で止まることのできるホバリング機能をもつヘリコプターは、空中写真やレスキュー活動、偵察などの任務にもっとも適した乗りものだ。孤立した地域や大都市のなかにあるヘリパッドからも離着陸ができ、人や貨物をはこんでいる。

1960年代には小型のオートジャイロと巨大なヘリコプター、どちらもつくられていた。ひとり乗りのウォリスWA-116は全長わずか3.4メートルだが200キロメートル以上の距離が飛べた。ミル設計局 Mi-8は全長が18.2メートルあり、乗員27名か、3,000キログラムの荷物のいずれかがはこべた。ヘリコプターのなかでもっとも大きな

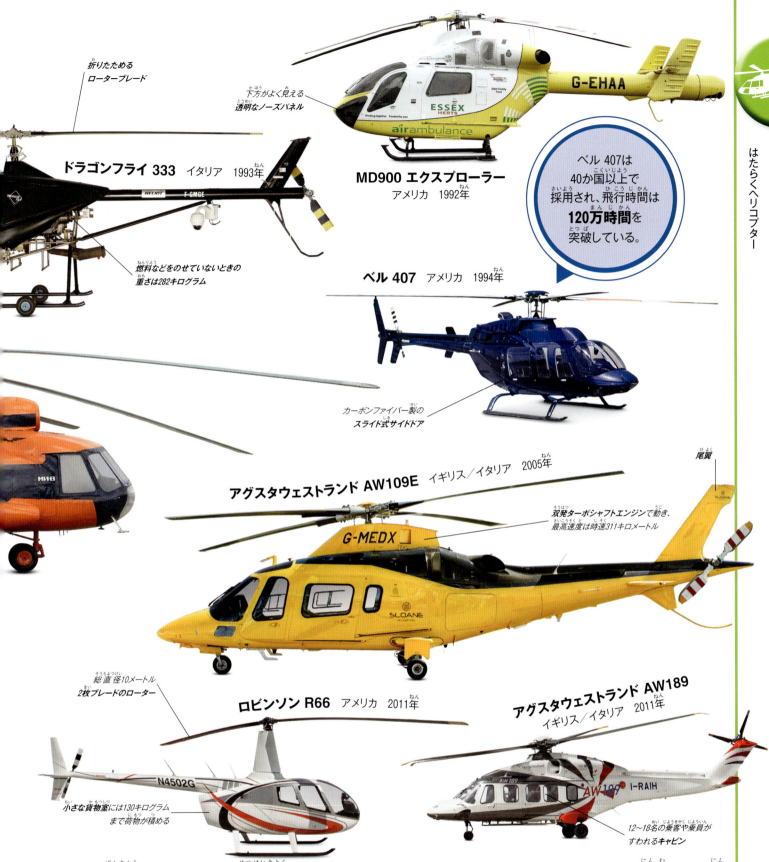

**折りたためる ローターブレード**

**ドラゴンフライ 333** イタリア 1993年

**下方がよく見える 透明なノーズパネル**

**MD900 エクスプローラー** アメリカ 1992年

ベル 407は40か国以上で採用され、飛行時間は**120万時間**を突破している。

**燃料などをのせていないときの 重さは282キログラム**

**ベル 407** アメリカ 1994年

**カーボンファイバー製の スライド式サイドドア**

**尾翼**

**アグスタウェストランド AW109E** イギリス／イタリア 2005年

**双発ターボシャフトエンジンで動き、 最高速度は時速311キロメートル**

**総直径10メートル 2枚ブレードのローター**

**ロビンソン R66** アメリカ 2011年

**アグスタウェストランド AW189** イギリス／イタリア 2011年

**小さな貨物室には130キログラム まで荷物が積める**

**12～18名の乗客や乗員が すわれるキャビン**

ものは全長40メートルの**ミル設計局 Mi-26**だ。**ドラゴンフライ 333**は空からの調査飛行が必要な映画製作者と考古学者が空から測量をおこなうために開発され、**ロビンソン R22 ベータ型**は石油パイプラインや広大な農場、牧場をめぐるためにつかわれた。**MD900 エクスプローラー**は沿岸警備隊や警察などが採用し、病人をはこぶためにもつかわれていた。この任務には7人乗りの**ベル 407**もつかわれている。ベル 407には海底油田の掘削所に作業員をおくるモデルもある。**シュワイザー 269C**は、6万人を超える陸軍ヘリコプターパイロットの訓練機としてつかわれてきた。

# 軍用ヘリコプター

ベルAH-1 コブラ　アメリカ　1965年
- 2枚ブレードのテールローター
- 2連装機関銃かグレネードランチャー（手りゅう弾などを発射する武器）を装備できる、可動式銃座

カモフKa-25PL　旧ソヴィエト連邦　1965年

ミル設計局Mi-24A ハインドA　旧ソヴィエト連邦　1971年
- じょうぶなチタン製ローターブレード
- 砲などの武器を積む場所としてつくられた小さな翼（スタブウイング）
- パイロットと副操縦士がすわるコックピット

SA 342 ガゼル　フランス　1973年
- フェネストロン（尾翼にうめこまれたテールローター）

ミル設計局 Mi-14 BT　旧ソヴィエト連邦　1973年
- スポンソン（胴体側面にはり出した収納部）
- 後輪をスポンソンのなかにしまえばヘリコプターを着水できる
- 機体側面のフェアリングのなかにあるレーダー機器
- ローターブレードの総直径は21.3メートル

軍用ヘリコプターは世界中の陸軍、海軍、空軍で任務についている。せまいスペースで離着陸ができ、空中に止まったまま物資を正確に投げおろせる能力は、戦場でも後方支援でも、かかせないものだ。

シコルスキー S-70i ブラックホークなど、軍用ヘリコプターの多くはさまざまな目的でつかわれていて、兵士や装備をおくることも、陸上や水上の敵を偵察することもできる。ベル AH-1 コブラやカモフ Ka-52 アリゲーターは、地上にある目標を機関砲やロケット、小型の誘導ミサイルで攻撃するために設計された。また、大型ヘリは兵士

# ボーイングCH-47Dチヌーク

ローターをふくめた機体の全長は30.2メートル

ウェストランド シーキング HC4　イギリス　1979年

ボーイングCH-47D チヌーク　アメリカ　1982年

大きな荷物も積める　幅広のリアカーゴランプ

カモフ Ka-52 アリゲーター　ロシア　1996年

上下2段のローターブレードで、上の部分と下の部分は逆方向に回転する

ローターのない尾部

敵からの砲撃に耐えられる装甲がほどこされた機体

ユーロコプター UH-72 ラコタ　フランス　2004年

1976年に製造をはじめてから、**2,100機**を超えるさまざまなバージョンのブラックホークがつくられている。

3枚セットの尾翼

最大18名まで乗れるキャビン

着陸用のスキッド

飛行中の安定性を高める4枚ブレードのテールローター

コックピットのドアは緊急時には投げだせる

衝撃を吸収する降着装置

シコルスキー S-70i ブラックホーク　ポーランド　2011年

や物資、装備をはこぶほか、きずついた兵士や民間人を紛争地帯からのがれさせるためにもつかわれている。**ウェストランド シーキング HC4**は、キャビンに28名の特殊部隊員を乗せることができるし、**ボーイング CH-47D チヌーク**は55人もの兵士、または1万2,000キログラムの荷物を積むことができる。**カモフ Ka-25PL**は上下二重同軸反転式のローターをそなえていて、敵の潜水艦をさがして攻撃できるように設計されている。**ミル設計局 Mi-14 BT**もおなじ任務をおこない、魚雷1本か爆雷8発をのせることができる。

# 宇宙船のしくみ

ロケットエンジンで打ち上げられ、宇宙まで行く乗りものを宇宙船という。その多くは人の乗っていない探査船で、大気圏外に出て太陽系の星をしらべる。人を乗せた宇宙船の数は少ないが、これまでに500名以上の飛行士を宇宙に連れていった。1969年、アメリカの宇宙船アポロ11号がサターンVロケットで打ち上げられ、3人の宇宙飛行士が月の軌道に到達した。そして、そのうちふたりが月着陸船で月面に降りたった。

**宇宙船アポロ11号**

**エンジンノズル**

**サービスモジュール**
飛行士の生命維持システムや電源のほか、宇宙船のメインエンジンがある。

**燃料タンク**
サービスモジュール内のメインエンジン用タンクに燃料をおくる。

**スラスター**
小型のスラスターが宇宙船の動きを正確に調整する。

**コマンドモジュール**
この高さ3.2メートルのコマンドモジュールだけが、アポロ宇宙船で地球に帰ってくる。コマンドモジュールが月面軌道をまわっているあいだ、宇宙飛行士は月着陸船で月の表面に降りたつ。作業が終わるとコマンドモジュールにもどり、サービスモジュールを切りはなしてから地球にもどる旅に出る。

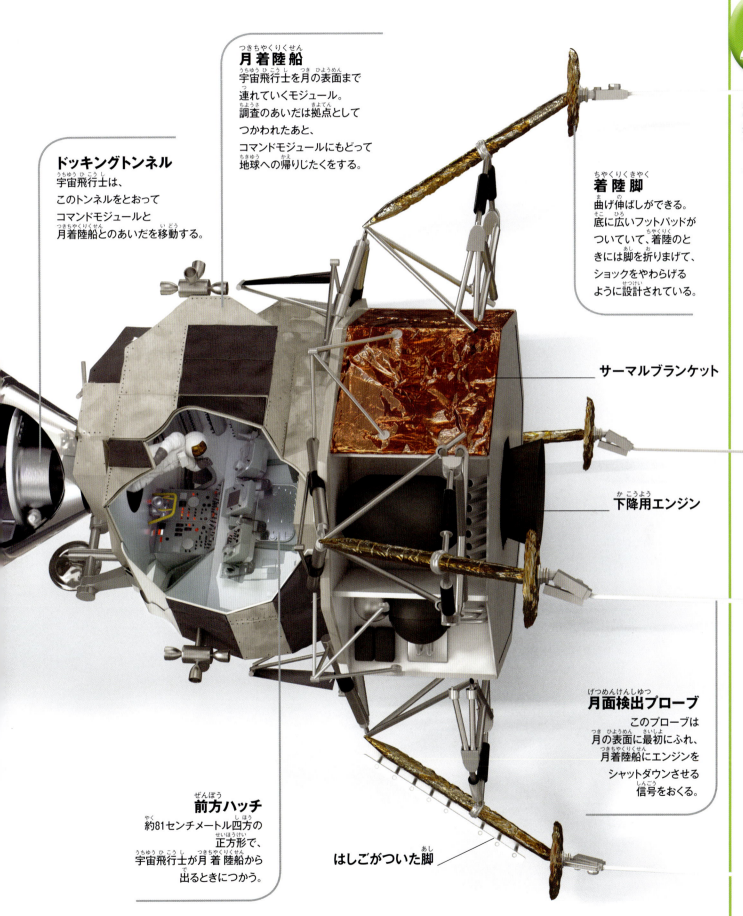

### 月着陸船
宇宙飛行士を月の表面まで連れていくモジュール。調査のあいだは拠点としてつかわれたあと、コマンドモジュールにもどって地球への帰りじたくをする。

### ドッキングトンネル
宇宙飛行士は、このトンネルをとおってコマンドモジュールと月着陸船とのあいだを移動する。

### 着陸脚
曲げ伸ばしができる。底に広いフットパッドがついていて、着陸のときには脚を折りまげて、ショックをやわらげるように設計されている。

**サーマルブランケット**

**下降用エンジン**

### 月面検出プローブ
このプローブは月の表面に最初にふれ、月着陸船にエンジンをシャットダウンさせる信号をおくる。

### 前方ハッチ
約81センチメートル四方の正方形で、宇宙飛行士が月着陸船から出るときにつかう。

**はしごがついた脚**

宇宙船のしくみ

# 打ち上げロケット

ボスホートⅡA57　旧ソヴィエト連邦　1963年
- ノーズコーン
- 第2ステージ
- ロケットエンジン1基に点火して、第1ステージから第2ステージを切りはなす
- 第1ステージ

サターンⅤ　アメリカ　1966年
- アポロ宇宙船の月着陸船
- 打ち上げから9分後、第2ステージから第3ステージが切りはなされる
- 打ち上げロケットの重さは280万キログラム

スペースシャトル・ディスカバリー号　アメリカ　1990年
- 5名から7名の宇宙飛行士が乗れるキャビン
- シャトルに3つあるロケットエンジンは時速2万7,000キロメートルを上まわるスピードでシャトルを飛ばす

長征2号F　中国　1999年
- 最大8.5トンの貨物と乗組員を積める

サターンⅤに5つあるロケットエンジンは、1秒で**1万2,710リットル**の燃料を燃やす。

- 双胴機(機体が2つある飛行機)ホワイトナイトがスペースシップ2を成層圏まではこぶ
- スペースシップ2は高度1万5,000メートルで切りはなされる

### 全長　短いものから長いものまで
- ソユーズFG　49.5メートル
- アリアン5　46～52メートル
- サターンⅤ　110.6メートル

重力にあらがって宇宙に飛び出すには、とてつもないパワーが必要だ。だから人工衛星や宇宙船を飛ばすには、ロケットエンジンと自身の燃料タンクをもつ打ち上げロケットの力を借りる。ロケットは一度しかつかえないが、スペースシャトルは再利用できる。

重い貨物と乗組員を宇宙に飛ばすためには、数段式の打ち上げロケットがつかわれる。2段式ロケットの長征2号Fは2003年に宇宙船神舟を、アリアン5は75回を超える打ち上げを成功させている。打ち上げロケットはステージごとにロケットエンジンを積んでいて、燃料が

打ち上げロケット

**ソユーズFG** ロシア 2001年
- 宇宙船ソユーズやプログレスを積んではこぶノーズ
- 高さ19.6メートル、**4本のロケットブースターに点火**して打ち上げる

**アトラスV** アメリカ 2002年
- 打ち上げのときにはペイロードをまもり、軌道に乗ったところでひらいて宇宙船や衛星を出す**フェアリング**
- 打ち上げから4分で切りはなされる**パワフルなブースター**
- 打ち上げから90秒以内に**ロケットブースターに点火する**

**デルタIVヘビー** アメリカ 2004年
- 宇宙船乗組員の**緊急時脱出システム**
- デルタIVヘビーの重さはメスの**ゾウ200頭分！**
- 燃料を満タンに入れたときの**ロケットブースターの重さは1本あたり277トン**

**アリアン5** 国際共同開発 2005年

**ヴァージン・ギャラクティック・スペースシップ2** アメリカ 2010年

**ドリームチェイサー** アメリカ 開発中
- 滑空して地上にもどれるよう、**翼は上を向いている**

なくなったところで切りはなされ、のこった小型軽量のロケットが飛びつづける。現役でもっとも大きい打ち上げロケットは**デルタIVヘビー**で、28トンの貨物を、地球のまわりを飛ぶ軌道に乗せる。しかし、アポロ月着陸船の打ち上げにつかわれた3段式の**サターンV**がはこんだ貨物の重さは、なんとその4倍だ。**スペースシャトル・ディスカバリー号**や**スペースシップ2**のような宇宙飛行機はロケットエンジンで動くが、ミッションが終わると、翼をつかって滑空して地上にもどる。

# 宇宙探査機

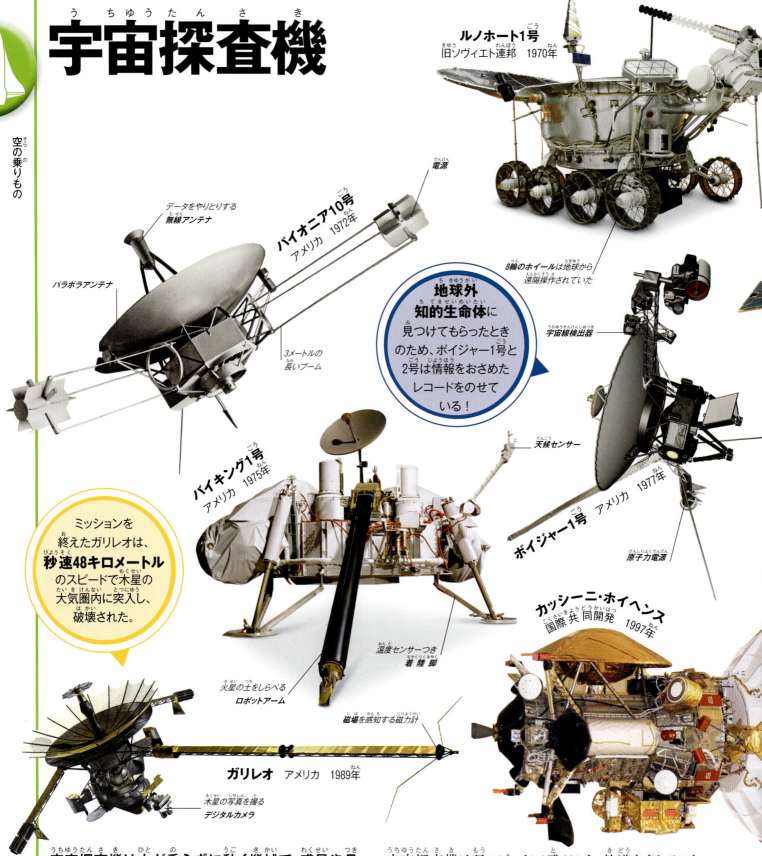

**ルノホート1号** 旧ソヴィエト連邦 1970年
- 電源
- 8輪のホイールは地球から遠隔操作されていた
- 宇宙線検出器

**パイオニア10号** アメリカ 1972年
- データをやりとりする 無線アンテナ
- パラボラアンテナ
- 3メートルの長いブーム

地球外知的生命体に見つけてもらったときのため、ボイジャー1号と2号は情報をおさめたレコードをのせている！

**バイキング1号** アメリカ 1975年
- 天候センサー
- 温度センサーつき 着陸脚
- 火星の土をしらべる ロボットアーム

**ボイジャー1号** アメリカ 1977年
- 原子力電源

ミッションを終えたガリレオは、**秒速48キロメートル**のスピードで木星の大気圏内に突入し、破壊された。

**ガリレオ** アメリカ 1989年
- 磁場を感知する磁力計
- 木星の写真を撮る デジタルカメラ

**カッシーニ・ホイヘンス** 国際共同開発 1997年

宇宙探査機は人が乗らずに動く機械で、惑星や月、小惑星、彗星に降りたってしらべ、データや画像を無線で地球におくる。宇宙探査機は、わたしたちが住む太陽系のひみつを知るためにはたらいている。

宇宙探査機は猛スピードで飛ぶこと、軌道をまわること、目標地点の地上をすすむことができる。火星に着陸し、長期間の調査をおこなったはじめての宇宙探査機、バイキング1号は1982年までデータをおくりつづけた。ローバー型探査機ではじめてミッションを成功させたルノホート1号は、月の上を10.5キロメートルにわたってしら

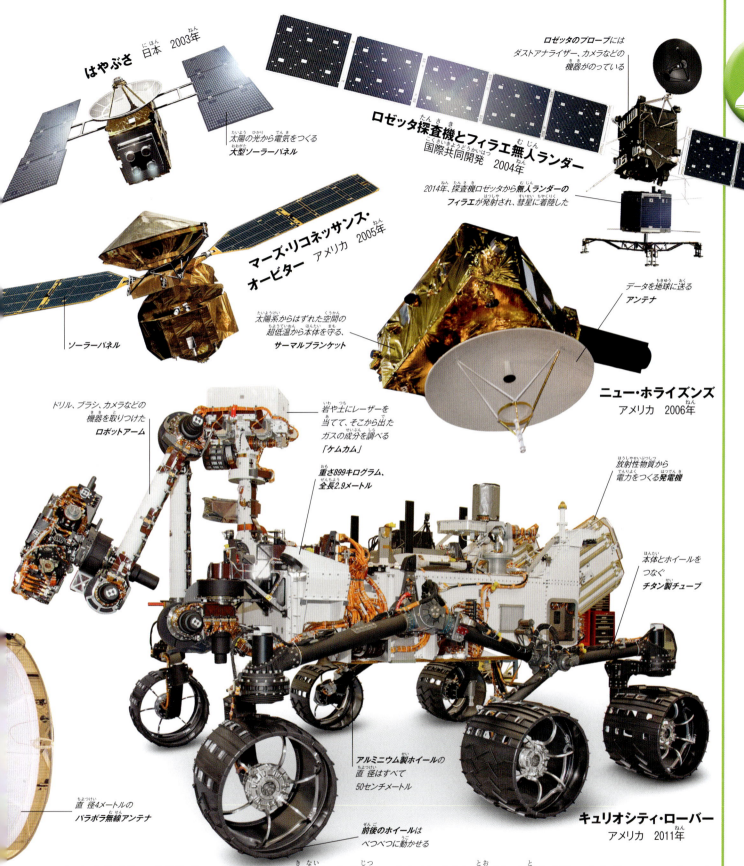

べ、おなじくキュリオシティ・ローバーは、機内にある実験機器で火星の岩や土が何からできているかを今もしらべつづけている。パイオニア10号は、歴史上はじめて小惑星帯の先まで飛び、木星に向かった。その後、探査機ガリレオは木星を34周し、14年間のミッションでたくさんの画像や測定結果を地球におくった。探査機のなかには、さらに遠くまで飛んだものもある。ニュー・ホライズンズは9年半も飛びつづけて2015年に冥王星に着陸、1977年に打ち上げられたボイジャー1号は今、地球から190億キロメートルはなれたところを飛んでいる。ボイジャー2号、パイオニア10号と11号は今、太陽系の外にいる。

# 有人宇宙船

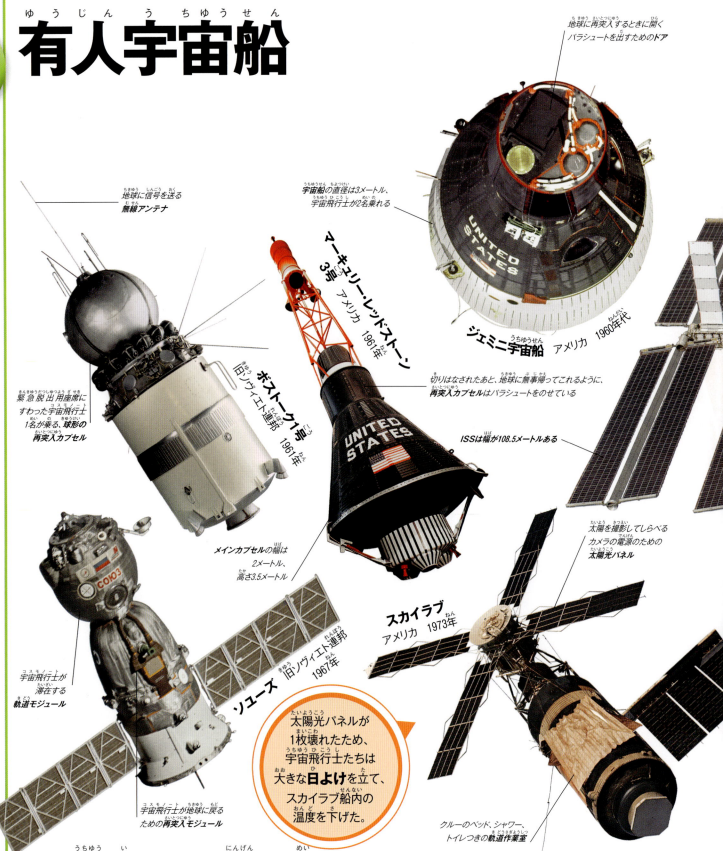

- 地球に再突入するときに開くパラシュートを出すためのドア
- 地球に信号を送る無線アンテナ
- 宇宙船の直径は3メートル、宇宙飛行士が2名乗れる
- ジェミニ宇宙船　アメリカ　1960年代
- 緊急脱出用座席にすわった宇宙飛行士（コスモノート）1名が乗る、球形の再突入カプセル
- ボストーク1号　旧ソヴィエト連邦　1961年
- マーキュリー・レッドストーン3号　アメリカ　1961年
- 切りはなされたあと、地球に無事帰ってこれるように、再突入カプセルはパラシュートをのせている
- ISSは幅が108.5メートルある
- メインカプセルの幅は2メートル、高さ3.5メートル
- 太陽を撮影してしらべるカメラの電源のための太陽光パネル
- スカイラブ　アメリカ　1973年
- 宇宙飛行士（コスモノート）が滞在する軌道モジュール
- ソユーズ　旧ソヴィエト連邦　1967年
- 宇宙飛行士（コスモノート）が地球に戻るための再突入モジュール
- 太陽光パネルが1枚壊れたため、宇宙飛行士たちは大きな日よけを立て、スカイラブ船内の温度を下げた。
- クルーのベッド、シャワー、トイレつきの軌道作業室

これまで宇宙に行ったことのある人間は600名たらず。史上はじめての宇宙飛行士は、ひとり乗りの小さな宇宙カプセルで地球をまわる軌道に乗った。宇宙飛行士はその後、月に行き、宇宙ステーションにたどりついた。宇宙ステーションは、軌道をまわりながら人が長いあいだ滞在できる施設だ。

1961年、ユーリ・ガガーリンは、高さが2.3メートルしかない宇宙船ボストーク1号のせまいカプセルで108分間飛び、世界ではじめての宇宙飛行士となった。1か月後、アメリカはアラン・シェパードを宇宙船マーキュリー・レッドストーン3号に乗せ、宇宙へとおくりだした。宇宙ステー

宇宙ステーション・ミール　旧ソヴィエト連邦　1986年

- 宇宙船ソユーズが宇宙ステーションとドッキングし、クルーや物をおくりこむ
- 居住空間と作業スペースがある　コアモジュール
- 物をはこび、ミールから出た廃棄物を除去できる補給機

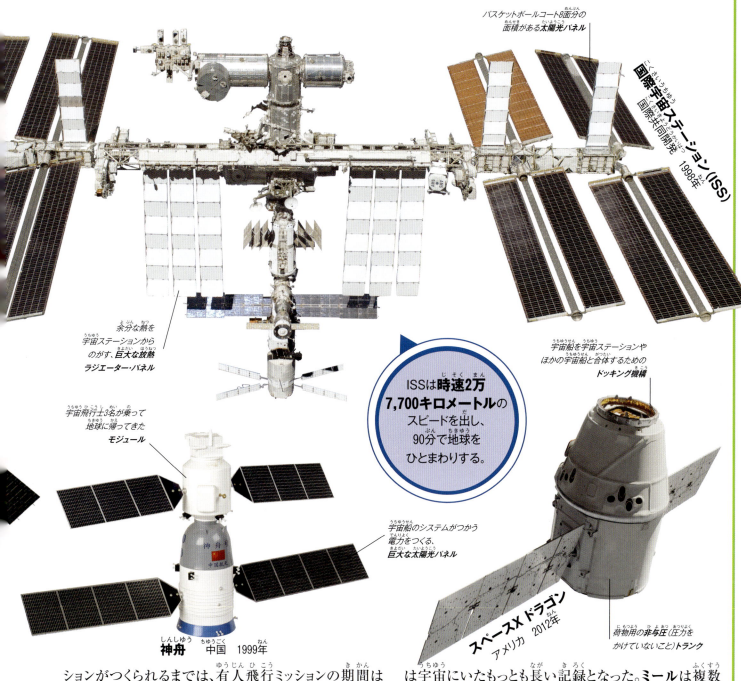

国際宇宙ステーション（ISS）　国際共同開発　1998年

- バスケットボールコート8面分の面積がある太陽光パネル
- 余分な熱を宇宙ステーションからのがす、巨大な放熱ラジエーター・パネル
- 宇宙船を宇宙ステーションやほかの宇宙船と合体するためのドッキング機構

ISSは**時速2万7,700キロメートル**のスピードを出し、90分で地球をひとまわりする。

神舟　中国　1999年

- 宇宙飛行士3名が乗って地球に帰ってきたモジュール
- 宇宙船のシステムがつかう電力をつくる、巨大な太陽光パネル

スペースXドラゴン　アメリカ　2012年

- 荷物用の非与圧（圧力をかけていないこと）トランク

ションがつくられるまでは、有人飛行ミッションの期間は短かった。**スカイラブ計画**では毎回クルー3名を宇宙ステーション・スカイラブにおくりだし、通算171.5日間で300種類の実験をおこなった。宇宙ステーション・ミールは12年半にわたってかずかずの宇宙飛行士が滞在してきたが、ワレリー・ポリャコフは437日18時間も滞在し、これは宇宙にいたもっとも長い記録となった。ミールは複数のモジュールを宇宙で組みあわせてつくった最初の**宇宙ステーション**。これまでで最大の宇宙ステーションは**国際宇宙ステーション**（ISS）で、組み立てには100回の宇宙飛行士と1,000時間の宇宙遊泳が必要だった。2000年からクルーがISSに滞在している。

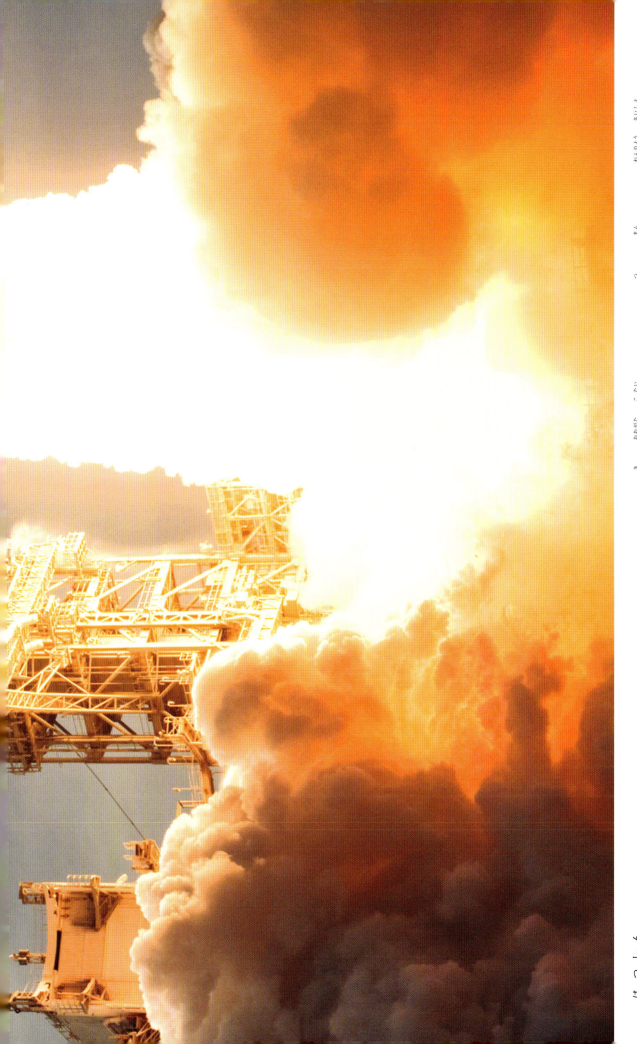

## 発進！

2009年、フロリダ州にあるケネディ宇宙センターの発射台から、スペースシャトルエンデバーがうなりをあげて飛び、燃料を積んだ重さ2,000トンの宇宙船が宇宙に向かった。1982年から2011年まで、スペースシャトルは130回を超える宇宙飛行をなしとげた。

シャトルに2基ある大型の固体ロケットブースターに積んだ45万キログラムの燃料は、最初のたった2分間でつかいはたしてしまう。シャトルのメインエンジンは、長さが48メートルあるオレンジの外部燃料タンクに入った200万リットルの燃料で、打ち上げから8分後までの段階でシャトルを飛ばす。シャトルの燃料でつかう。シャトルは時速2万7,000キロメートルにたっすると、このときのミッションでは、宇宙飛行士7名が国際宇宙ステーションにおくられ、17日後に地球にもどってきた。

# 用語集

**加速**
速度を上げて速く進むこと。

**曲芸飛行**
娯楽や競技のために飛行機でおこなわれる、アクロバット飛行。

**補助翼**
飛行機の主翼にとりつけられている翼面で、上げ下げすることによって飛行機をローリングさせる。

**合金**
2つ以上の元素（少なくともひとつは金属）を混ぜあわせたもの。元の元素とは異なるような、役に立つ性質をしめすことが多い。

**水陸両用車**
陸上と水上の両方を走ることのできる車。

**連結列車**
回転する継ぎ手で車両をつなげた列車。

**オートジャイロ**
浮かぶためのメインのローターブレード（水平回転翼）と、前進するためのプロペラをそなえた航空機。

**バッテリー**
化学物質をケースに入れた装置で、回路につなぐと電気が発生する。

**ボイラー**
蒸気機関の一部。ここで蒸気がつくられる。

**ボンネット**
自動車の車体前部のパネルで、ふつうは金属製。あけるとエンジンが見える。

**トランク**
自動車の荷物用スペース。

**船首**
船のいちばん前の部分。

**バウスプリット**
船首から上にはりだした長いポール

**ブリッジ**
船の一部で、ここから船長が船を管理・指揮する。

**緩衝器（バッファー）**
列車が接触するときにショックをやわらげるための装置。

**バンパー**
ぶつかったときの損傷を少なくするため、自動車の前部に（ときには後部にも）そってついている、金属やゴム、プラスチックなどの棒状の部品。

**キャブ（運転手室）**
列車やトラックで、運転手がすわる場所。

**形（クラス）**
おなじデザインでつくられた蒸気機関車のグループ。

**コンボイ**
一緒に行動する船や自動車のグループ。船団や隊列。

**連結器**
蒸気機関車をつなぐための部品または装置。

**ディレイラー**
自転車の部品のひとつで、チェーンを動かして別の歯車にかけ、ギアを切りかえる装置。

**駆逐艦**
大砲や魚雷、誘導ミサイルなどで武装した、小型で速度の速い軍艦。

**ディーゼル機関**
多くの乗りものでつかわれている、石油燃料によるエンジンの一種。

**ディスクブレーキ**
ブレーキの一種で、回転する円盤にパッドをおしつけ、摩擦によって速度をおとす。

**抵抗**
乗りものが空中や水中を進むとき、そのスピードをおとそうとする力。

**ドローン機**
無人航空機（UAV）ともいわれ、航空機自身がコントロールするか、遠くにいる人間がリモコンで操縦する。

**電磁石**
電気によって磁力を発生させ、スイッチを入れたり切ったりできる磁石。

---

**翼のはたらき**

空気圧の違いが翼を上に押しあげ、揚力をうむ

翼の下をとおる速度の遅い空気が、高い気圧を生む

飛行機の翼のかたちは「翼型（エアロフォイル）」とよばれる

**揚力**
曲線をえがく翼が空気のなかを動くと、翼の上をとおる空気のほうが下をとおる空気より速くながれる。速く動く空気は気圧が低い。遅くて気圧の高い空気が翼の下をとおると、翼を上におしあげることになる。

ジョン・ディア6150 RH

### 飛行機はどうやって方向転換する？

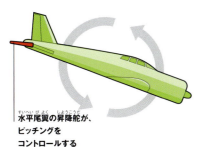

**ピッチング**
上昇または降下するには、パイロットが操縦桿を押すか引くかして、飛行機の昇降舵を上げ下げする。

水平尾翼の昇降舵が、ピッチングをコントロールする

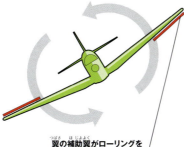

**ローリング**
前後の軸にたいして回転（傾斜）するには、パイロットが操縦桿を左右に動かし、片方の翼の補助翼を上げ、もう片方の補助翼を下げる。

翼の補助翼がローリングをコントロールする

**ヨーイング**
上下を軸として（水平面内で）左右に回転するには、パイロットが垂直尾翼の方向舵を動かす。

垂直尾翼の方向舵が、ヨーイングをコントロールする

---

**昇降舵**
飛行機の操縦翼面のひとつで、機首を上げ下げして上昇または降下するためのもの。

**掘削機**
建設現場などで地面に切りこむための乗りもの。長いアームの先に鋼鉄製のショベル（バケット）がついている。

**排気管**
エンジンの排気ガスを外に出すためのチューブ。

**火室**
蒸気機関車のボイラーの後ろ側にある部分で、燃料をもやしてボイラーのなかの水を熱する。

**下げ翼（フラップ）**
飛行機の主翼の後ろの部分にあり、これを動かすことによってスピードを遅めることができる。

**フライ・バイ・ワイヤ**
飛行機でつかわれる操縦システムで、機械式レバーでなく電気信号をつかって操縦する装置。

**前檣（フォアマスト）**
船首にいちばん近いところにあるマスト。

**四輪駆動（4WD）**
エンジンからの動力が前輪と後輪すべてにつたえられる自動車のシステム。

**貨物**
トラックや列車、船、飛行機ではこばれる品物。

**摩擦**
2つのものが接触したとき、そのあいだの動きをゆるめようとする力。ブレーキは大きな摩擦力により自動車の速度をおとす。

**胴体**
飛行機の中心となる機体部分で、翼や尾部がこれにつく。

**ガレー船**
古代から中世に地中海でつかわれた、オールをつかってこぐ船。帆をつかうこともあった。

**ギア**
トラックや自動車で、速度をかえたり、車輪をまわす力を変化させるのにつかわれる歯車。

**発電機**
電気を発生させる機械装置。

**GPS**
全地球測位システムの略で、人工衛星からの信号をつかって地球上での位置を知るナビゲーション・システム。

**ハッチバック**
トランクの部分が後部ドアとウィンドウになっている小型車。

**馬力**
自動車のエンジンの出力を測るのに通常つかわれる単位。

**船体**
船のメイン部分。

**ハイブリッド車**
ガソリン・エンジンのほかに第2の動力、たとえば電動モーターなどをもつ自動車。

**油圧（水圧）式**
液体をつかって、ある場所から別の場所に力をつたえるシステム。たとえば自動車の油圧ブレーキなど。

**内燃機関**
シリンダーの内部で燃料と空気が混じりあってもえることにより、動力をつくりだすタイプのエンジン。

**揚力**
翼や回転翼にあたる空気がつくりだす、飛行機を空中にうかべる力。

**機関車**
列車を引っぱるのにつかわれる、車輪のついた乗りもの。電気機関車は外部からもらう電気によって動くが、蒸気機関車とディーゼル機関車は自分自身で動力をつくりだす。

**磁気浮上式鉄道／マグレブ**
強力な電磁石で車体を線路の上にうかせて走る列車。

**モトクロスレース**
オートバイをつかったスポーツのひとつ。ライダーたちは起伏のはげしいクロスカントリー・コースをまわってタイムをきそう。

**NASCAR**
全米自動車競争協会という団体名であるとともに、北米でおこなわれるストックカー・

**ドゥカティ916**

用語集

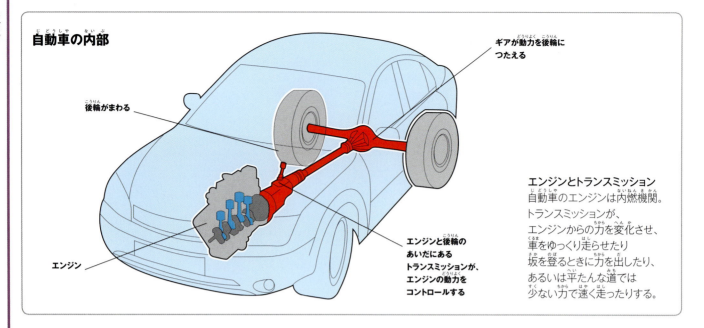

### 自動車の内部

- 後輪がまわる
- ギアが動力を後輪につたえる
- エンジン
- エンジンと後輪のあいだにあるトランスミッションが、エンジンの動力をコントロールする

**エンジンとトランスミッション**
自動車のエンジンは内燃機関。トランスミッションが、エンジンからの力を変化させ、車をゆっくり走らせたり坂を登るときに力を出したり、あるいは平たんな道では少ない力で速く走ったりする。

---

レースの名称でもある。

**オフロード**
ふつうの道路からはずれて、小道や開けた土地を自動車やバイク、自転車で走ること。

**軌道**
ある物体が、それより大きな物体の重力の影響により周囲をまわる経路。惑星のまわりをまわる宇宙探査機の経路など。

**船外モーター**
船の船尾にすえつける、取りはずし可能なエンジン。

**アウトリガー**
クレーン車やカヌーなどで乗りもののバランスをとるため、乗りものの横にのばす棒。

**ペイロード**
宇宙船や打ち上げ用ロケットが積むものの重量で、乗組員と荷物の両方をふくむ。

**汚染物質**
乗りものの廃棄物。空気や水、土地をよごし、環境にダメージを与えたり、そこに住むものの健康を害したりする可能性がある。

**宇宙探査機（プローブ）**
宇宙を飛んで惑星や月、彗星などに行き、その情報をあつめる無人機。

**プロペラ**
エンジンによって回転し、乗りものに動力をあたえる、ひと組の羽根。

**レーダー**
電波をおくって物体との距離をはかったり、見えない物体の位置をしる装置。

**公道仕様の乗りもの**
一般交通用の道を走るために必要とされている条件をそなえた、自動車やオートバイやトラック。

**ロールバー**
自動車レースで車が事故により転覆したとき、ドライバーや助手席の人の身をまもるため、頭上にそなえつけたフレームやチューブ。

**ロールケージ**
乗っている人を保護するため、車の内部につけたがんじょうな枠。

**ロケットエンジン**
酸素や酸化剤と一緒に燃料を燃やしてガスを噴射するエンジン。ロケットエンジンは自分で酸素や酸化剤はこんで飛ぶ。

**ローターブレード（水平回転翼）**
ヘリコプターなど回転翼航空機が、揚力をえるために回転させる、長くて薄い翼。

**方向舵**
垂直方向のプレートやボードで、乗りものの方向をかえるために動かす。

**サドル**
自転車やオートバイの座席で、サイクリストやライダーがすわる。

**入換機関車**
貨車や客車を操車場で動かすのにつかう、小型機関車。

ダージリン・ヒマラヤン鉄道B形

# 用語集

貨物船

力で水中を進む兵器。船や潜水艦から発射されてターゲットに向かう。

### ターボチャージャー
排気ガスでタービンをまわしてエンジンへ空気をおくりこみ、エンジンのパワーを高める装置。

### 喫水線
船体が水面と接している線。

### 操舵室
船の舵があり、船の操縦をおこなう場所。大型船の場合、操舵室はブリッジとよばれる区間の一部。

### 垂直離着陸機（VTOL）
ヘリコプターのように垂直に離着陸できるため、長い滑走路を必要としない航空機。

### 帆桁
船のマストにある長いポールで、四角い帆である横帆のてっぺんをこれに取りつける。

### ソーラーパネル
太陽の光を電気エネルギーにかえる装置。

### ソナー
音波をつかって、特に海中で相手の場所をさぐったり距離を測ったりする装置。

### スポイラー
自動車や飛行機につける翼ににた装置で、乗りものの周囲の気流を変えて揚力を弱める。特にレーシングカーなどで、車を地面におしつけるためにつかわれる。

### スポーク
車輪の中心またはハブと枠をむすぶ棒。

### 船尾
船のいちばんうしろの部分。

### 流線型
空気や水がながれやすくなって乗りものの速度がますような、なめらかな曲線。

### サスペンション
乗りものにつけて、起伏のはげしい道でもスムーズに走れるようにする、スプリングや緩衝器をつかった装置。

### 超音波
音の速度より速いこと。音波の速度は平均海水面で時速1,236キロ。

### 推力
動力つきの航空機を空に向かって押しだす力で、たいていはエンジンでつくられる。

### 舵柄
船の方向舵に垂直についている棒またはハンドルで、これを動かして方向をきめる。

### トン（メートルトン）
重さの単位で、1,000キログラムにひとしい。

### 魚雷
弾頭に爆発物のついた、自

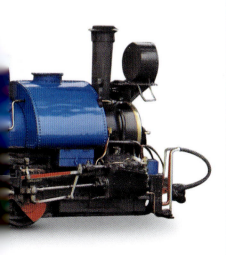

### 潜水艦はどうやって潜るか？

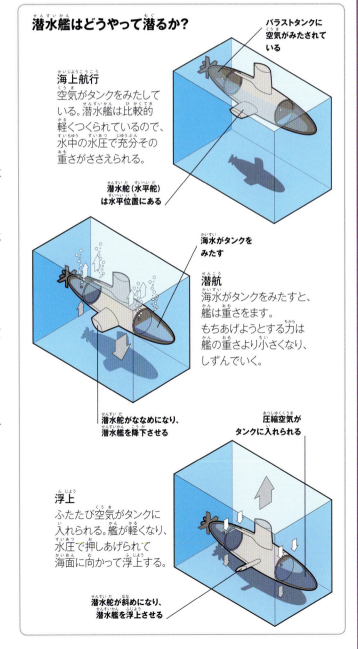

**海上航行**
空気がタンクをみたしている。潜水艦は比較的軽くつくられているので、水中の水圧で充分その重さがささえられる。

- バラストタンクに空気がみたされている
- 潜水舵（水平舵）は水平位置にある

**潜航**
海水がタンクをみたすと、艦は重さをます。もちあげようとする力は艦の重さより小さくなり、しずんでいく。

- 海水がタンクをみたす
- 潜水舵がななめになり、潜水艦を降下させる

**浮上**
ふたたび空気がタンクに入れられる。艦が軽くなり、水圧で押しあげられて海面に向かって浮上する。

- 圧縮空気がタンクに入れられる
- 潜水舵がななめになり、潜水艦を浮上させる

249

# 索引

## A-Z

A4形「マラード」 11, 129
BMW 68, 74, 90
BMX 35
CAFウルボス3 149
CSCLグローブ 13
F-14トムキャット 214-215
JCBファストラック 115
MCCスマート・クロスブレード 79
MD900エクスプローラー 233
MG自動車 68, 69, 88, 89
NASCARレース 73, 75
OV-10 ブロンコ 226-227
P34哨戒艇 180-181
SPAD SVII 206
TEE（ヨーロッパ国際特急） 137
Uボート 188-189

## あ

アイスクリーム・カート 31
アブロ・ランカスター 208-209
アウディ・スポーツクワトロ 86, 87
アーガイルシャー号 172-173
赤城 182
アークトゥルス号 176, 177
アークロイヤル 182, 183
アストン・マーティン 72, 74, 75, 80
アドラー号 127
アムンゼン、ロアルド 165
アメリカ号 176-177
アメリカズ・カップ 168
アリアン5 238-239
アリュール・オブ・ザ・シーズ 13, 178-179
アルファロメオ 9, 67, 69
アーレイ・バーク 184
イオー・ジマ 185
いかだ 156-157
イギリス国有鉄道クラス05 132-133
一輪車 32
イヌイット 156, 157
イラストリアス 182-183

入換機関車（スイッチャー） 136-137, 139
インド国有鉄道 128-129, 141, 150-151
ウィリアムズ・ルノーFW18 73
ウィンドサーフィン 193
ウェストランド・ヘリコプター 231, 235
ウォーターカー・パンサー 82-83
ウォリスWA-116 232
宇宙ステーション 242-243
宇宙ステーション・ミール 243
宇宙船 15, 236-245
　打ち上げロケット 238-239
　宇宙探査機 15, 240-241
　有人宇宙船 242-243
宇宙船アポロ11号 15, 236-237
宇宙飛行機 238-239
エアバス 221, 222-223
エアバッグ 61
エアボート 193
エイジノリア号 126
エバーロイヤル号 174-175
エンジン
　タービン 229
　ディーゼル— 9, 112, 132-139, 150-151
　内燃機関 8, 40, 60, 62, 110, 132
　飛行機の— 199
　4気筒— 41
　リア— 84
エンデバー号 160-161
エンパイア号 172, 173
オアシス・オブ・ザ・シーズ 177
オースティン・ミニ・セブン 90, 91
オッツォ 175
オートジャイロ 230, 232
オートバイ
　オフロード— 54-55
　最新技術 59
　最速の— 56-57
　三輪オートバイ 46-47
　しくみ 38-39
　初期 40-41
　スクーター 9, 44-45
　戦時 42-43
　ツーリング 58-59
　"ネイキッド（はだかの）"— 38
　フリースタイル・モトクロス 52-53
　レーシングオートバイ 50-51
オートポロ 64-65
オーバーン・スピードスター 68
オールズモビル 62, 63, 84

## か

カウキャッチャー 125
ガガーリン、ユーリ 15, 242
カークリストン 184, 185
舵 160, 198
火星探査機 240-241

カーチスJN-4ジェニー複葉機 204-205
カーチス・ロビンJ-1 オーレミス号 210, 211
カティーサーク号 165
ガトー潜水艦 188, 189
カナディアCL-215 217
カヌー 154-155, 157, 159, 192, 193
貨物
　—船 174-175
　—列車 138-139, 141
カモフKa-25PL 234, 235
カヤック 156-157, 158-159, 192, 193
ガリオン船 167
ガリレオ 340, 241
カワサキ・ドラッグスター 51
ギア 22, 34
機体 198
亀甲船 166
気動車 134-135, 136, 137, 141
キャタピラー 114, 115, 120, 121
キャデラック 70, 71, 97
キャノンデール レイシングバイク 22-23
キャビン・クルーザー 192, 193
キャラバン 20-21
キャラベル船 164-165

Mark V

RMS Titanic

## 索引

| | | | |
|---|---|---|---|
| キャンプ・バン 84-85 | 原子力 13, 186, 189 | サンパン 156-157 | コンバーチブル 88-89 |
| 救急車 107, 123 | 建設現場 120 | 三輪オートバイ 25, 31, 33, 46-47 | 最速記録 8, 9, 66, 75, 94, 98-101 |
| レスポンス・バイシクル 30 | ケンワースC540 102-103 | ジェット飛行機 15, 212—215, 218, 221, 224-225 | 三輪— 90, 91, 92-93 |
| 救命艇 174, 175 | 交易船 164-165 | ジェットフォイル 191 | しくみ 60-61 |
| 急流用ディンギー 192 | 航空母艦 182-183 | シェパード、アラン 242 | 初期 8, 62-67 |
| キュリオシティ・ローバー 241 | 鉱山 120-121, 126, 139 | 自家用船舶 191 | 水陸両用— 82-83 |
| 魚雷 187 | 国際宇宙ステーション 243 | 磁気浮上式鉄道 11, 142, 143 | スーパーカー 94-95 |
| 記録の樹立 | 古代エジプト 155, 162 | シーキング 228-229 | スポーツカー 88-89 |
| オートバイ 56-57 | コードロンG.3 226 | シコルスキー 230, 231, 234, 235 | 楽しさ 64-65, 78-79 |
| 自動車 8, 9, 66, 75, 94, 98-99 | コマンドモジュール 236-237 | 市電 148-149 | ドラッグスター 100-101 |
| 車高の低さ 80-81 | ごみ収集車 106-107 | 自転車 22-28, 30-35, 37 | ファミリーカー 60-61, 84-85 |
| 戦車 123 | コラクル舟 155 | 自転車 | 四輪駆動車 86-87 |
| 小ささ 90, 91 | コロンブス、クリストファー 12, 164 | 安全型 8, 25 | ラグジュアリーカー 96-97 |
| 飛行機 210-211 | コンクリート・ミキサー 121 | 折りたたみ— 30, 31 | ラリー 74, 76-77, 78, 87 |
| 列車 11, 130-131, 135, 136, 142-143 | コンテナ船 13, 174-175 | かわりだね— 32-33 | レーシングカー 64-67, 72-77, 95 |
| クイーン・エリザベス号 176-177 | ゴンドラ 157 | しくみ 22-23 | ジープ 9, 78, 79, 86 |
| クインビー、ハリエット 202 | | 初期 24-25 | シベリア横断急行列車 11 |
| 空港 11, 106, 222-223 | ## さ | トリック 35, 36-37 | シボレー 71, 73, 75, 88, 89 |
| ガトウィック空港シャトル 146, 147 | サイドカー 42-43 | はたらく— 30-31 | ジャガー 72, 73, 96, 97 |
| 空中曲芸 204-205 | 砕氷船 13, 175 | マウンテンバイク 9, 30, 34-37 | ジャンク船 163 |
| クック船長、ジェームズ 12, 160 | サターンV 238, 239 | リカンベント— 33 | 収穫機 116-117 |
| 掘削機 120-121 | サッチャー・パーキンス 124-125 | レース用— 22-23, 26-29 | 蒸気機関 |
| クライスラー 70, 71, 96 | サバンナ号 13, 172 | 自動車 8-9, 60-101 | オートバイ 40 |
| グライダー 14, 200-201 | サーブJ35Eドラケン 212, 213 | 1930s 68-69 | 機関車 124-131, 139 |
| グランド・プリンセス号 176, 177 | サラトガ 182 | 1950s 70-73 | 自動車 62-63 |
| グランプリ・チャンピオンシップ 67, 72, 75 | サルボニア 174, 175 | おもしろ— 80-81 | トラクター 114 |
| クリッパー 165 | サンタ・マリア号 12, 164 | 小型— 90-93 | トラック 104 |
| クルーズ 176-179 | | | バス 110 |
| グレスリー、ナイジェル 131 | | | 船 13, 170-173, 174 |
| グレート・ウェスタン鉄道 134, 135 | | | 蒸気船アガメムノン号 172-173 |
| グレート・ブリテン号 170-171 | | | 消防車両 106 |
| クレーン 121 | | | ジョージ・ワシントン 183 |
| クローラー・トランスポーター 108-109 | | | 除雪車 106-107 |
| 警察輸送機 30, 233 | | | 司令塔 187 |
| | | | 新愛徳丸 174, 175 |
| | | | 新幹線"弾丸列車" 11, 142-143, 144-145 |
| | | | 寝台バス 11 |
| | | | 水上機 216-217 |

Kenworth C540

251

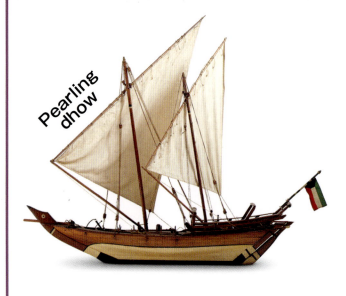

Pearling dhow

水上タクシー 157, 176
スイス連邦鉄道Ce6／8形 138-139
水中翼船 191
水陸両用車 82-83, 123, 217
スカイトレイン 147
スカイラブ 242, 243
スクーター 9, 44-45
スターリング 181
スタンプジャンパー 9, 34, 35
スチーブンソン、ロバート 10, 127
ステルス技術 209, 227
スパイ専用機 227
スーパーカー 94-95
スパーマリン・ウォーラス 217
スーパーマリン・スピットファイア 207
スバル 86-87, 90-91
スピードウェイ 55
スピリット・オブ・セント・ルイス 15, 210-211
スペースシャトル
　エンデバー 244-245
　コロンビア 15
　ディスカバリー 108-109, 238, 239
スポーツ・ユーティリティ・ビークル(SUV) 87
スラストSSC 9, 99
セスナ 218, 219
セーリング・ディンギー 193
戦艦ドレッドノート 13, 180
戦艦富士 173
戦車 122-123
戦車揚陸艦 181
潜水艦 13, 186-189
潜水作業支援船 175
潜水調査艇アルビン号 189
潜水艇 188, 189

戦争
　BSAエアボーン 30, 31
　オートバイ 42-43
　航空母艦 182-183
　自動車 78-79
　戦車 122-123
　潜水艦 186-189
　戦闘機 206-209, 212-215, 216-217, 226-227
　戦闘用カヌー 157
　トラック 104
　病院馬車 19
　船 13, 162-163, 166-167, 173, 177, 180-181, 184-185
　ヘリコプター 234-235
セント・マーチン島 222-223
戦列艦サンティシマ・トリニダー 167
戦列艦セント・マイケル 166, 167
戦列艦ビクトリー 167
装甲艦ウォーリア 173
ソッピースF.1キャメル 206-207
ソナー 187
ソーラー 13, 81
空飛ぶ車 80, 81

そり 18

## た

タイタニック号 13, 176, 177
ダイムラー 62, 67
タイヤ 22, 112, 114
ダカール・ラリー 76-77
タグボート 174, 175
ダージリン・ヒマラヤ鉄道 128, 129
ダッソーミラージュⅢ 213
ダットサン260Z 89
タートル号 13, 188
タンカー 174, 175
探検・冒険 12, 160-161, 164-165
タンデム自転車 32-33
単葉機 198, 203, 207
地下鉄 10, 11, 129, 146-147
超音速飛行 15, 214-215, 224-225
ツェッペリン 14, 201
突き固め機 121
ツポレフTu-22M3 209
釣り舟 156-157, 174
ツール・ド・フランス 28-29

偵察機 226-227, 232
ディーゼル列車 9, 132-139, 150-151
手こぎ舟 155, 162-163, 192-193
デ・ハビランドDH60ジプシー・モス 198-199
デ・ハビランドDH98モスキート 208-209
デューセンバーグ 63, 66, 67
デルタⅣヘビー 239
電気 140-145, 148-149
電気式ディーゼル(132) 132, 135
動物の力 18-21
道路清掃車 107
トップ1アック・アタック 57
トートラック 107
トム・サム号 127
デュペルデュサンA式 203
トヨタ・ヴィッツ 60-61
トライプレーン 203
トラクター 112-117
ドラゴンフライ333 233
トラック 102-109
　モンスター 118-119
ドラッグスター 100-101
トリエステ 189
トリマラン 168-169
トレビシック、リチャード 10, 126
ドロモン船 163
トロリーバス 148-149
トロール漁船 174
ドローン機 227

## な

ナローボート 192, 193
二等船室 170
日本の鉄道 144-145
ニュー・ホライズンズ 241

JCB 3CX

Piper L-4h Grasshopper

二輪戦車 18
熱気球 14, 200
ネルソン提督、ホレーショ 167
農業用機械 112–117
ノースアメリカンF-86Aセイバー 212–213
ノースカロライナ 181
ノースロップ・グラマンB-2 スピリット 208, 209
ノースロップ・グラマンRQ-4 グローバルホーク 227
ノティール 189
ノーブルM600 95
ノルマンディー号 176, 177

## は

パイオニア10号 240, 241
バイキング1号 240
バイキング船 162–163
バウスプリット 161
バウンティ号 164
バギー 79
爆撃機 208, 209
馬車 18–19, 127
バス 110–111
　水上バス 176–177
　トロリーバス 148–149
　乗合馬車 19
ハスキー犬 18–19
ハッチバック 61, 84–85
バッド気動車 136, 137
バットモービル・タンブラー 80, 81
バッフィング・ビリー号 126
ハマーH3 87
ハミルトン、ルイス 75
バルーン、イングリッシュ・エレクトリック 148
ハーレーダビッドソン 42–43, 46, 47, 48, 49, 54, 58, 59
ハーレーダビッドソン 46, 47, 48
パワーボート 191, 194–195
バンクーバー 184, 185
帆船 160–171, 174, 193
ビーグル号 164
ビーグル・パップ・シリーズ2 218, 219
飛行機 14–15, 198–199, 201–211, 214–220, 224, 228, 238, 239
　宇宙— 239
　記録 210–211
　軽— 218–219
　ジェット 15, 212–213, 215, 218–219, 221, 224–225
　しくみ 198–199
　初期 14, 200–205
　水上機 216–217
　垂直離着陸 15, 224–225
　戦闘機 206–209, 212–215, 216–217, 227
　空飛ぶ車 80
　超音速 15, 214–215, 224
　偵察機 226–227
　ヘリコプター 228–234
　旅客機 220–223
飛行船 14, 200, 201, 210
ビスマルク 180, 181
ビーチクラフトA36ボナンザ 219
ビッカーズ・ビミー 210
ピッツ・スペシャルS-2A 218–219
ビットリ・ベネト 180–181
ビードBD-5Jマイクロジェット 219
ヒミコ（水上バス） 176, 177
ビュイック 70–71, 96
病院馬車 19
ヒルマン・インプ 84
フィアット・メフィストフェレス 98
フェアリークイーン 128

フェニキア人 162, 163
フェラーリ 74–75, 88, 95, 99
フェリー 176
フォークリフト 116, 117
フォッカー 203
フォード
　―GT40MKⅡ 73
　―エスコートRS1800 78
　―コーティナ 84, 85
　―マスタング・ファストバック 88, 89
　―モデルT 8, 63, 65
フォーミュラ1（F1） 9, 72–72, 75
フォルクスワーゲン
　コンビ 84–85
　自動車 9, 74–75, 78, 85, 90
ブガッティ 9, 66, 67, 68–69, 99
ブガッティ気動車 134, 135
複葉機 198–199, 202
プジョー 68, 69, 79, 84–85
船とボート 12–13, 154–195
　カヌーとカヤック 154–155, 156–157, 158–159, 192, 193
　客船 176–177, 180–181
　交易 164–165
　航空母艦 182–183
　鋼鉄 172–173
　最速 190–191, 193, 194–195
　蒸気船 13, 170–173, 174
　初期 12, 154–155
　世界の— 156–157
　戦艦 13, 162–163, 166–167, 173, 177, 178–179, 184–185
　探検 12, 160–161, 164–165
　手こぎ 155, 162–163, 192–193
　トリマラン 168–169
　はたらく— 174–175

帆船 160–171, 174, 193
飛行艇 216–217
レジャーボート 192–193
フューリアス 182
フライト号 165
フライトデザインCTSW 218–219
フライング・スコッツマン 130–131
ブラッドハウンドSSC 99
フラットモービル 80–81
フラム号 165
フランス国有鉄道TGV 142–143
ブリッグ 167
ブリッツェン・ベンツ 98
プルシアンP8形 129
ブルドーザー 121
ブルーバード 8, 98–99
ブルーバードK7 191
ブレーキ
　ディスク 60
　ホイール 124
フレキシティ・スイフトM5000 149
ブレリオ、ルイ 203
ブロー・スーペリアSS100 56
フロート水上機 216
プロペラ 170, 171, 191, 199
フロントローダー 120–121
ベスパ 9, 44–45
ペテランセル、ステファン 77
ペナダレン号 10, 126
ペニー・ファージング 8, 24–25
ヘネシー・ベノムGT 95
ヘリコプター 228–235
ベル 224–225
ベル ヘリコプター 230–231, 233, 234
ベルリンUバーン 146–147
ベロシペード 24, 40
ペンシルバニア鉄道 GG1形 140
ベンツ・モーターワーゲン 8, 62
ベン一号 165
ボイジャー1号 240
ボイヤー、リリアン 204–205
ボーイング787-8ドリームライナー 221
ボーイングB-17G フライングフォートレス 208
ボーイングB-52H ストラトフォートレス 209
ボーイングCH-47D チヌーク

索引

235
ボーイングE-3 セントリー 227
ホーカー・シドレー ハリアーGR3 15, 225
ホーカー・ハリケーン Mk1 207
捕鯨船 156, 157
補助翼 199
ボート 192
ホーネット 183
ホバークラフト 190–191
ポルシェ 88, 95
ボルチモア・アンド・オハイオ鉄道Bo入換機関車 140
ボルボB10MA ベンディバス 110–111
香港の路面電車 148–149
ホンダ・スーパーカブC100 44
ボンド、ジェームズ 80

## ま

マクダネル・ダグラスF-4 ファントムⅡ 212–213
マクラーレン 74–75, 94, 95
マスト 160–161, 170–171
マセラティ 67, 72
マッキM.C.72 211
マッシー・ファーガソン 112–113, 115, 116–117
マツダ・ロードスター 89
マンティス、BAEシステムズ 227
リヒトホーフェン、マンフレート・フォン 206
ミコヤン・グレビッチMiG 212, 213, 225
ミサイル 185, 187
ミニ・モーク 78, 79
ミル設計局ヘリコプター 231, 232, 234, 235
無人機（UAV） 227

メアリー・ローズ号 12, 166, 167
メイフラワー号 12, 164, 165
メッサーシュミット
　自動車 90
　飛行機 207, 211
メルセデス・ベンツ
　自動車 67, 68, 69, 70, 72, 85, 96–97, 98, 99
　トラック 104–105, 107, 121
メルセデス・レーシングカー 74–75, 95
木材伐採車 107
モーターボート 192
モトクロス 52–53, 54–55
モトラート 40
モノレール 147
モペッタ 92–93
モペッド 44–45
モリース・マリーナ 84–85
モンジュA601 184, 185
モンスター・エナジー・Xレイド・ミニ 76–77
モンスター・トラック 118–119

## や

ヤコブレフYak-38 225
大和 180–181

ヤマハXJR1300 38–39
郵便船モーリタニア号 172–173
ユーロファイター・タイフーンFGR4 213
ユンカースJu87 スツーカ 208
ヨシの舟 154, 155
四輪駆動車 86–87

## ら

ライディングギア（降着装置） 199
ライト兄弟 14, 201, 202
ラクダ 20–21
ラフ・ダイヤモンドT 100–101
ラリー 74, 76–77, 78, 87
ラ・レアル 166, 167
ランカスター 184–185
ランドローバー 87
ランボルギーニ 79
リパブリックF-84C サンダージェット 212
リライアント・ロビン 91
リリエンタール、オットー 201
リル・デビル 118–119
リンカーン 68, 70–71, 96–97
リンドバーグ、チャールズ 15, 210–211
ルートマスター、AEC 110, 111
ルノホート1号 240
ル・マン24時間耐久レース 69, 73, 75
レーゲンスブルク 180
レース
　オートバイ 50–51
　自転車 22–23, 26–29
　自動車 64–67, 72–77, 95
　トリマラン 168–169
　パワーボート 194–195
　飛行機 201–211
列車 10–11, 124–151
　貨物列車 138–139, 141
　高速鉄道 11, 130–131, 142–145
　蒸気機関車 10, 124–131, 139
　地下鉄 10, 11, 129, 146–147
　ディーゼル機関車 132–139, 150–151
　電気機関車 140–145
　都市鉄道 146–147
　2階建て（ダブルデッカー） 137, 143
　無人運転 147
レッドブル・ランペイジ 36–37
ロケット 238–239
ロケット号 10, 127
ロッキード 206–207, 213, 224–225, 226, 227
ロッキード SR71 ブラックバード 225
ロッキード・マーティンF-22 ラプター 213
ロビンソン 232, 233
ローマ時代 162, 163
路面電車 140
ロールス・ロイス 63, 96, 97

Waterloo Boy

LSER Class 395 Javelin

# 謝辞（しゃじ）


**Reviewer for the Smithsonian Institution:**
Dr. F. Robert van der Linden, Curator of Air Transportation and Special Purpose Aircraft,
National Air and Space Museum, Smithsonian

**DK would like to thank:**
Devika Awasthi, Siddhartha Barik, Sanjay Chauhan, Meenal Goel, Anjali Sachar, Mahua Sharma,
Neha Sharma, Sukriti Sobti for design assistance;
Kealy Gordon from the Smithsonian Institution;
Carron Brown for proofreading; Jackie Brind for the index; Simon Mumford for photoshop work;
Nic Dean for additional picture research;
Charlie Galbraith for editorial assistance;
Scotford Lawrence at the National Cycle Museum, Wales.

The publisher would like to thank the following for their kind permission to reproduce their photographs:

(Key: a-above; b-below/bottom; c-centre; f-far; l-left; r-right; t-top)

1 **Dreamstime.com:** Swisshippo. 4 **Dorling Kindersley:** James River Equipment (br). 5 **Dorling Kindersley:** IFREMER, Paris (cl); Ukraine State Aviation Museum (br). 6 **Dorling Kindersley:** National Motor Museum, Beaulieu (tc, br); Trevor Pope Motorcycles (tl); Adrian Shooter. **New Holland Agriculture:** (tr). 7 **Dorling Kindersley:** Musee Air & Space Paris, La Bourget (tr); Mr R A Fleming, The Real Aeroplane Company (tc); James River Equipment (br). **Photo used with permission of BRP:** (bc). 8 **Alamy Images:** Trinity Mirror / Mirrorpix (cr). **Dorling Kindersley:** R. Florio (br); The National Motor Museum, Beaulieu (ca). 9 **Alamy Images:** World History Archive (cra). 10 **Dorling Kindersley:** The National Railway Museum, York / Science Museum Group (c). **Science & Society Picture Library:** National Railway Museum (bl). 10-11 **Dorling Kindersley:** The National Railway Museum, York (bc). 11 **Alamy Images:** epa european pressphoto agency b.v (br); Geoff Marshall (tl); Colin Underhill (tr). 12 **Dorling Kindersley:** The Mary Rose Trust, Portsmouth (clb); The National Maritime Museum, London (c, bc). 13 **Dorling Kindersley:** The Royal Navy Submarine Museum, Gosport (bl); The Fleet Air Arm Museum (cla). **Getty Images:** Philippe Petit / Paris Match (tr). **Science Photo Library:** Mikkel Juul Jensen (br).
14 **Dorling Kindersley:** The Shuttleworth Collection, Bedfordshire (cra); The Shuttleworth Collection (br).
15 **Alamy Images:** B Christopher (bl). **Dorling Kindersley:** Brooklands Museum (cb); Yorkshire Air Museum (tl). **ESA:** ATG medialab (br). **Getty Images:** Education Images / UIG (tr). 16-17 **Alamy Images:** Sergii Kotko. 18 **Corbis:** John Harper (cb). **Dorling Kindersley:** B&O Railroad Museum (cl). 19 **Dorling Kindersley:** The National Railway Museum, York / Science Museum Group (cr). 20-21 **Corbis:** Christophe Boisvieux / Hemis. 24 **Corbis:** Hulton-Deutsch Collection (tr). **Dorling Kindersley:** The National Cycle Collection (cra, clb).
25 **Dorling Kindersley:** The National Cycle Collection (cra, c). **Getty Images:** Science & Society Picture Library (tl, tr, cr). **Science & Society Picture Library:** (cb).
26 **Dorling Kindersley:** The National Cycle Collection (tr). **MARIN BIKES:** (clb). 27 **Dorling Kindersley:** The National Cycle Collection (tr). 28-29 **Getty Images:** AFP / Pascal Pavani. 30 **Corbis:** Ashley Cooper (tr). **Dorling Kindersley:** The National Railway Museum, York (tl); The Combined Military Services Museum (CMSM) (cl).
31 **Dorling Kindersley:** The National Cycle Collection (tl). **Dreamstime.com:** Hupeng (crb). **Getty Images:** Peter Adams (cr). **iStockphoto.com:** DNHanlon (tr). 33 **Pashley Cycles:** (cr). 34 **Dorling Kindersley:** Trek UK Ltd (clb). **First Flight Bicycles:** (tr). 35 **Alamy Images:** pzechner (clb). **Gary Sansom, owner of bmxmuseum.com:** (crb). **MARIN BIKES:** (tr). 36-37 **Getty Images:** Tommaso Boddi. 38-39 **Dorling Kindersley:** David Farnley. 40 **Dorling Kindersley:** The Motorcycle Heritage Museum, Westerville, Ohio (c). **Getty Images:** Science & Society Picture Library (tr). 41 **Dorling Kindersley:** Phil Crosby and Peter Mather (cra); The Motorcycle Heritage Museum, Westerville, Ohio (clb). 42 **Dreamstime.com:** Photo1269 (tl). 42 **Don Morley:** (cl). 42-43 **Dorling Kindersley:** The National Motorcycle Museum (crb).
43 **Dorling Kindersley:** The National Motorcycle Museum (t, ca, cr, cb); The Motorcycle Heritage Museum, Westerville, Ohio (cl). 44-45 **Dorling Kindersley:** Micheal Penn (t); Scootopia (cb). 44 **Dorling Kindersley:** Stuart Lanning (c); The Motorcycle Heritage Museum, Westerville, Ohio (cla). 45 **Dorling Kindersley:** George and Steven Harmer (clb, cr); Neil Mort, Mott Motorcycles (cb, crb). **BMW Group:** (cra). **Honda (UK):** (tr).
46 **Dorling Kindersley:** (tr); National Motor Museum, Beaulieu (tl); Micheal Penn (crb); Tony Dowden (clb).
47 **Carver Technology BV:** (tr). **Corbis:** Transtock (cl). **Dorling Kindersley:** Alan Peters (tl). **Dreamstime.com:** Amnarj2006 (crb). 48 **Dorling Kindersley:** Carl M Booth (crb); The National Motorcycle Museum (tc); Charlie Owens (c); Charlie Garratt (cr, clb); Rick Sasnett (cl).
49 **Dorling Kindersley:** George Manning (cl, cr, crb); Harley-Davidson (tr); Ian Bull (clb). 50 **Roland Brown:** Riders for Health (clb). **Dorling Kindersley:** The Deutsches Zweiradmuseum und NSU-Museum, Neckarsulm, Germany (c). **Honda (UK):** (crb). 51 **Dorling Kindersley:** Adam Atherton (cl); The Deutsches Zweiradmuseum und NSU-Museum, Neckarsulm, Germany (t); Mark Hatfield (c); Palmers Motor Company (crb/ Aprilia). **Honda (UK):** (crb). 52-53 **Corbis:** Erik Tham. 54 **Dorling Kindersley:** The Motorcycle Heritage Museum, Westerville, Ohio (tl); The National Motorcycle Museum (tr); Trevor Pope Motorcycles (crb). 55 **Dorling Kindersley:** National Motor Museum, Beaulieu (cl); The Motorcycle Heritage Museum, Westerville, Ohio (t); Neil Mort, Mott Motorcycles (cr); Trevor Pope Motorcycles (clb, crb). 56 **Dorling Kindersley:** Brian Chapman and Chris Illman (c); The Motorcycle Heritage Museum, Westerville, Ohio (tl); The National Motorcycle Museum (tr); National Motorcycle Museum, Birmingham (cra). 56-57 **American Motorcyclist Association:** (b). **www.ackattackracing.com:** (crb). 57 **Dorling Kindersley:** Beaulieu National Motor Museum (tr); Pegasus Motorcycles (crb). **Marine Turbine Technologies, LLC(www.marineturbine.com):** (cr). 58 **Dorling Kindersley:** The National Motorcycle Museum (tl); The Motorcycle Heritage Museum, Westerville, Ohio (tr); Tony Dowden (b). 59 **Dorling Kindersley:** Alan Purvis (cla); Michael Delaney (tl); Wayne MacGowan (tr); Phil Davies (clb). **ECOSSE Moto Works, Inc.:** (clb/Ecosse). **Honda (UK):** (crb). **MV Agusta Motor SpA:** (cr). 60-61 **Giles Chapman Library.** 62 **Alamy Images:** Werner Dieterich (cl). 63 **Dorling Kindersley:** Colin Laybourn / P&A Wood (tr); National Motor Museum, Beaulieu (tl); Haynes International Motor Museum (b). **Getty Images:** Print Collector (cl). 64-65 **Getty Images:** ullstein bild / Robert Sennecke. 66 **Alamy Images:** pbpgalleries (crb). **Art Tech Picture Agency:** (clb). **Corbis:** Car Culture (c). **Dorling Kindersley:** Ivan Dutton (br). 67 **Dorling Kindersley:** National Motor Museum, Beaulieu (tl). **Louwman Museum-The Hague:** (crb). 68 **Dorling Kindersley:** Colin Spong (clb); The Titus & Co. Museum for Vintage & Classic Cars (c). **Louwman Museum-The Hague:** (tr). 69 **Alamy Images:** Tom Wood (c). **Art Tech Picture Agency:** (b). **Dorling Kindersley:** National Motor Museum, Beaulieu (t). 70 **Alamy Images:** Esa Hiltula (cl). **Dorling Kindersley:** The Titus & Co. Museum for Vintage & Classic Cars (cla). 70-71 **Dorling Kindersley:** The Titus & Co. Museum for Vintage & Classic Cars (t). 71 **Corbis:** Car Culture (clb). 72 **Alamy Images:** Phil Talbot (cl). 73 **Dorling Kindersley:** National Motor Museum, Beaulieu (tr). **Getty Images:** Heritage Images (crb). 74-75 **Alamy Images:** ImageGB (t). **Courtesy Mercedes-Benz Cars, Daimler AG:** (b). 74 **Alamy Images:** pbpgalleries (clb). 75 **Alamy Images:** Tribune Content Agency LLC (c). **Dreamstime.com:** Warren Rosenberg (ca). **Courtesy of Volkswagen:** (cr). 76-77 **Corbis:** Transtock. 78-79 **Dreamstime.com:** Len Green (c). 78 **Alamy Images:** Mark Scheuern (clb).
**Art Tech Picture Agency:** (ca). **Suzuki Motor Corporation:** (c). 79 **Art Tech Picture Agency:** (cra, tr). 80 **Alamy Images:** Buzz Pictures (clb); ZUMA Press, Inc (cla). **Dorling Kindersley:** Chris Williams (c). **Louwman Museum-The Hague:** (tr). 80-81 **Alamy Images:** Mark Scheuern (c). **Getty Images:** Jason Kempin (crb). 81 **Dreamstime.com:** Ermess (crb). **Getty Images:** UK Press / Justin Goff (tl). **Rex Features:** Andy Willsheer (ca). **Terrafugia/ www.terrafugia.com:** (c). **Toyota (GB) PLC:** (crb/Toyota FV2). 82-83 **WATERCAR.**
84-85 **Art Tech Picture Agency:** (c). 85 **Alamy Images:** Motoring Picture Library (cr). 86-87 **Alamy Images:** Mark Scheuern (c). 86 **Art Tech Picture Agency:** (crb). **LAT Photographic:** (cl). **Giles Chapman Library:** (cla, cr). **Louwman Museum-The Hague:** (tr). 87 **Corbis:** Car Culture (cr). **Volvo Car Group:** (tr). 88 **Alamy Images:** Phil Talbot (b). 89 **Alamy Images:** Motoring Picture Library (ca). **Dorling Kindersley:** Brands Hatch Morgans (crb); Gilbert and Anna East (c). 90 **Alamy Images:** West Country Images (cla). **Dorling Kindersley:** National Motor Museum, Beaulieu (tr, crb). **Louwman Museum-The Hague:** (cb). 90-91 **Alamy Images:** Shaun Finch - Coyote-Photography.co.uk (b).
91 **Giles Chapman Library:** (tl). **Malcolm McKay:** (cra). **Renault:** (crb). **Tata Limited:** (cr). 92-93 **Alamy Images:** KS_Autosport. 94 **Dorling Kindersley:** Peter Harris (tr). **www.mclaren.com:** (c). 95 **© 2015 Hennessey Performance:** (crb). **Dreamstime.com:** Swisshippo (clb). 96 **Dorling Kindersley:** The Titus & Co. Museum for Vintage & Classic Cars (t). **Dreamstime.com:** Ddcoral (cla). 97 **Art Tech Picture Agency:** (cra). **Dreamstime.com:** Olga Besnard (cr). 98 **Giles Chapman Library:** (cr). **Courtesy Mercedes-Benz Cars, Daimler AG:** (cl). 98-99 **Flock London:** (cb).
99 **Corbis:** Bettmann (tr); Reuters / Kieran Doherty (c); Car Culture (clb). **Getty Images:** Science & Society Picture Library (tl). 100-101 **Corbis:** Leo Mason. 104 **Alamy Images:** Car Collection (clb). **Corbis:** Ecoscene / John Wilkinson (crb). **Dorling Kindersley:** Milestone Museum (tr, cla). 105 **Alamy Images:** Colin Underhill (t). **Dorling Kindersley:** DAF Trucks N.V. (c); DaimlerChrysler AG (clb). 106 **Dorling Kindersley:** Yorkshire Air Museum (cla); The Tank Museum (tr).
107 **Daimler AG:** (tr). **Dorling Kindersley:** James River Equipment (c). **Max-Holder:** (crb). 108-109 **Corbis:** Reuters / Rick Fowler. 110 **Corbis:** Demotix / pqneiman (tr). **Dorling Kindersley:** Newbury Bus Rally (cl, b). **Rex Features:** Roger Viollet (tl). 110-11 **Foremost, http://foremost.ca/:** (c). 111 **Alamy Images:** Oliver Dixon (cb). **Corbis:** Reuters / Brazil / Stringer (t). 112-113 **Dorling Kindersley:** Chandlers Ltd. 114 **Dorling Kindersley:** Paul Rackham (cl, clb); Roger and Fran Desborough (cla, cr). **David Peters:** (crb). 114-115 **Dorling Kindersley:** The Shuttleworth Collection (t).
115 **AGCO Ltd:** (cra). **Dorling Kindersley:** David Wakefield (t); Doubleday Holbeach Depot (cl); Lister Wilder (cr). **John Deere:** (clb). **New Holland Agriculture:** (crb). 116 **Dorling Kindersley:** David Bowman (t); Doubleday Swineshead Depot (cl). **John Deere:** (clb). 116-117 **Dorling Kindersley:** Doubleday Swineshead Depot (b). 117 **AGCO Ltd:** (tl). **Hagie Manufacturing Company:** (crb). **New Holland Agriculture:** (cla, tr, cr). 118-119 **Action Plus.**
120-121 **Getty Images:** AFP / Viktor Drachev (c).
121 **Dorling Kindersley:** DaimlerChrysler AG (tl); James River Equipment (crb). 122 **Dorling Kindersley:** Royal Armouries, Leeds (cra); The Second Guards Rifles Division (cr); The Tank Museum (cla, cl, tr). 122-123 **Dorling Kindersley:** The Tank Museum (b). 123 **Dorling Kindersley:** Royal Armouries, Leeds (cl, cra); The Tank Museum (tl, tr, crb, crb/Leopard C2). 124-125 **Dorling Kindersley:** B&O Railroad Museum. 126 **Dorling Kindersley:** Railroad Museum of Pennsylvania (c); The Science Museum, London (tr, clb); The National Railway Museum, York (cb). **Science & Society Picture Library:** National Railway Museum (cla). 126-127 **Dorling Kindersley:** The National Railway Museum, York / Science Museum Group (c). 127 **colour-rail.com:** (cra). **Dorling Kindersley:** B&O Railroad Museum (tl, tr, br); The National Railway Museum, York (cr). 128 **Dorling Kindersley:** B&O Railroad Museum (ca); The National Railway Museum, New Dehli (cb). 128-129 **Dorling Kindersley:** Adrian Shooter (cb); The National Railway Museum, York (ca, cb/ Mallard). 129 **Dorling Kindersley:** Railroad Museum of Pennsylvania (br). 130-131 **Corbis:** Milepost 92 1 / 2 / W.A. Sharman. 132-133 **Dorling Kindersley:** Ribble Steam Railway / Science Museum Group. 134 **Dorling Kindersley:** The Musee de Chemin de Fer, Mulhouse (tl). **Steam Picture Library:** (bl). 134-135 **Dorling Kindersley:** B&O Railroad Museum (bc); Harzer Schmalspurbahnen (c, tc). 135 **Corbis:** Bettmann / Philip Gendreau (tr). **Dorling Kindersley:** Virginia Museum of Transportation (cr, crb). 136 **Dorling Kindersley:** B&O Railroad Museum (cl, cb); Virginia Museum of Transportation (cla). 136-137 **Dorling Kindersley:** Ribble Steam Railway / Science Museum Group (t); Virginia Museum of Transportation (ca). **Keith Fender:** (c). 137 **colour-rail.com:** (crb). **Dorling Kindersley:** The DB Museum, Nurnburg, Germany (tr). **Keith Fender:** (clb). 138 **Dorling Kindersley:** Didcot Railway Centre (tl); The National Railway Museum, York / Science Museum Group (cr); Railroad Museum of Pennsylvania (clb); The Verkehrshaus der Schweiz, Luzern, Switzerland (c). 138-139 **Dorling Kindersley:** Ffestiniog & Welsh Highland Railways (tr). 139 **Dorling Kindersley:** B&O Railroad Museum (c); Didcot Railway Centre (cr); Eisenbahnfreunde Traditionsbahnbetriebswerk Stassfurt (clb). **Keith Fender:** (crb). 140 **Dorling Kindersley:** B&O Railroad Museum (tl); Eisenbahnfreunde Traditionsbahnbetriebswerk Stassfurt (crb); Railroad Museum of Pennsylvania (clb); The National Railway Museum, York (ca). 140-141 **Dorling Kindersley:** The National Railway Museum, India (t). 141 **Dorling Kindersley:** DB Schenker (b); The Musee de Chemin de Fer, Mulhouse (tr); Railroad Museum of Pennsylvania (cra); Eisenbahnfreunde Traditionsbahnbetriebswerk Stassfurt (cb). 142 **Alamy Images:** Kevin Foy (cr); Colin Underhill (tl). **colour-rail.com:** (cl). **Keith Fender:** (cra). **Brian Stephenson/RAS:** (b). 143 **Alamy Images:** epa european pressphoto agency b.v (crb); Iain Masterton (tr). **Dorling Kindersley:** Hitachi Rail Europe (cra). **Dreamstime.com:** Tan Kian Yong (cl). **Keith Fender:** (cr, clb). 144-145 **Alamy Images:** Sean Pavone. 146 **Alamy Images:** Danita Delimont (ca); Alan Moore (clb). **Brian Stephenson/RAS:** (clb/berlin u-bahn). 146-147 **Dreamstime.com:** Alarico (cb). **Siemens AG:** (t). 147 **Alamy Images:** dpict (cl); Iain Masterton (tr). **Bombardier Transportation, Bombardier Inc.:** (cr). **WSW mobil GmbH:** büro+staubach (crb). 148 **Alamy Images:** Jon Sparks (clb). **Dreamstime.com:** Yulia Belousova (crb). 149 **Alamy Images:** RIA Novosti (br). **CAF, CONSTRUCCIONES Y AUXILIAR DE FERROCARRILES, S.A.:** (cra). **Image supplied by Transport for Greater Manchester and taken by Lesley Chalmers.:** (tl). 150-151 **Corbis:** Stringer / India / Reuters. 152-153 **Alamy Images:** Tracey Whitefoot. 154 **Dorling Kindersley:** Exeter Maritime Museum, The National Maritime Museum, London (cl); National Maritime Museum, London (b). **National Maritime Museum, Greenwich, London:** (cra). 155

謝辞

Dorling Kindersley: Exeter Maritime Museum, The National Maritime Museum, London (ca, clb); National Maritime Museum, London (t). National Maritime Museum, Greenwich, London: (c, b). 156 Dorling Kindersley: Exeter Maritime Museum, The National Maritime Museum, London (ca). 157 Alamy Images: Eye Ubiquitous (cr). Dorling Kindersley: Maidstone Museum and Bentliff Art Gallery (t); National Maritime Museum, London (crb); National Maritime Museum, Greenwich, London: (clb). 158-159 Lane Jacobs. 160-161 Dorling Kindersley: National Maritime Museum, London. 162 Dorling Kindersley: National Maritime Museum, London (clb); The Science Museum, London (cla). Getty Images: DEA / G. Nimatalah (b). Science & Society Picture Library: (cr). 162-163 Dorling Kindersley: National Maritime Museum, London (t). 163 Dorling Kindersley: Pitt Rivers Museum, University of Oxford (cb). National Maritime Museum, Greenwich, London: (crb). 164 Dorling Kindersley: The National Maritime Museum, London (ca, c); Virginia Museum of Transportation (clb). Rex Features: Ilpo Musto (crb). 164-165 Dorling Kindersley: National Maritime Museum, London (c). 165 Dorling Kindersley: National Maritime Museum, London (cr). The Fram Museum, http://www.frammuseum.no/: (tr); Michael Czytko, www.modelships.de: (tl). 166-167 Dorling Kindersley: National Maritime Museum, London (ca). 166 John Hamill: (tl). National Maritime Museum, Greenwich, London: (bl). www.modelshipmaster.com: (crb). 167 Dorling Kindersley: Fleet Air Arm Museum (c). National Maritime Museum, Greenwich, London: (tl, br). www.modelshipmaster.com: (clb). 168-169 Gilles Martin-Raget / www.martin-raget.com. 170-171 National Maritime Museum, Greenwich, London. 172 Dorling Kindersley: National Maritime Museum, London (cla, cb). Getty Images: Science & Society Picture Library (t). 172-173 Getty Images: Science & Society Picture Library (c). National Maritime Museum, Greenwich, London: (cb). 173 National Maritime Museum, Greenwich, London: (t, cr, cb, crb). 174 Dorling Kindersley: National Maritime Museum, London (clb); RNLI - Royal National Lifeboat Institution (c). National Maritime Museum, Greenwich, London: (cla, cl). 174-175 National Maritime Museum, Greenwich, London: (cb). 175 Dorling Kindersley: National Maritime Museum, London (c, cb). National Maritime Museum, Greenwich, London: (t). National Maritime Museum, Greenwich, London: (ca, clb). 176-177 Dreamstime.com: Jhamlin (crb). 177 National Maritime Museum, Greenwich, London: (t). Used with permission of Royal Caribbean Cruises Ltd.: (c). 178-179 Corbis: Joe Skipper / Reuters. 180 Dorling Kindersley: Fleet Air Arm Museum (c); The Fleet Air Arm Museum (cla). National Maritime Museum, Greenwich, London: (cl). 180-181 National Maritime Museum, Greenwich, London: (c, cb). SD Model Makers: (b). 181 Dorling Kindersley: Scale Model World (cb). SD Model Makers: (cr, tr). 182 SD Model Makers: (cla, ca, clb). 182-183 Dorling Kindersley: Model Exhibition, Telford (c, crb); Fleet Air Arm Museum (t); USS George Washington and the US Navy (ca). 183 Alamy Images: David Acsota Allely (cb). 184 Alamy Images: Joel Douillet (b). Dorling Kindersley: Fleet Air Arm Museum (ca, cl). SD Model Makers: (t). 184-185 Dorling Kindersley: Fleet Air Arm Museum (t). 185 Alamy Images: Jim Gibson (cr); Stocktrek Images, Inc. (cl). Dorling Kindersley: Scale Model World (cb). Press Association Images: (clb). SD Model Makers: (cla). 188 Dorling Kindersley: Fleet Air Arm Museum (cb); The Royal Navy Submarine Museum, Gosport (cla); Scale Model World (c). National Maritime Museum, Greenwich, London: (tr). SD Model Makers: (cra). 188-189 Dorling Kindersley: The Fleet Air Arm Museum (b). 189 Dorling Kindersley: IFREMER, Paris (cl); Scale Model World (c); The Science Museum, London (cla); Fleet Air Arm Museum (cb). TurboSquid: wdc600 (cr). 190-191 Alamy Images: Glyn Genin (t). 190 British Hovercraft Company Ltd.: (b). Dorling Kindersley: Search and Rescue Hovercraft, Richmond, British Columbia (ca). LenaTourFlot LLC.: (cl). 191 123RF.com: Suttipon Thanarakpong (b). Getty Images: Science & Society Picture Library (cr). Kawasaki Motors Europe N.V.: (clb). Photo used with permission of BRP: (tr). 192 123RF.com: Richard Pross (cr). Alpacka Raft LLC.: (tr). Chris-Craft: (tl). Dreamstime.com: Georgesixth (cb). 193 Hamant Airboats, LLC: (tl). National Maritime Museum, Greenwich, London: (tr, cl). 194-195 Corbis: Chen Shaojin / Xinhua Press. 196-197 Dreamstime.com: Bignkell. 198-199 Dorling Kindersley: Roy Palmer. 200 Dorling Kindersley: Musee Air & Space Paris, La Bourget (cl, c, cr); The Real Aeroplane Company (clb). 200-201 Dorling Kindersley: The Shuttleworth Collection (b). 201 Dorling Kindersley: Musee Air & Space Paris, La Bourget (cra, cl, c); The Planes of Fame Air Museum, Chino, California (t); Nationaal Luchtvaart Themapark Aviodome (c). 202 Dorling Kindersley: Brooklands Museum (cla); The Shuttleworth Collection, Bedfordshire (t); Flugausstellung (cr); The Shuttleworth Collection (b). 203 Dorling Kindersley: Fleet Air Arm Museum (t); Nationaal Luchtvaart Themapark Aviodome (c); The Shuttleworth Collection (crb, crb/Avro Triplane). U.S. Air Force: (b). 204-205 Corbis: Minnesota Historical Society. 206-207 Dorling Kindersley: Brooklands Museum (b); Planes of Fame Air Museum, Chino, California (cb). 206 Dorling Kindersley: Musee Air & Space Paris, La Bourget (cl); Flugausstellung (www.flickr.com/photos/98961263@N00/): (tc). 207 Dorling Kindersley: Royal Airforce Museum, London (Hendon) (c); Yorkshire Air Museum (t); Planes of Fame Air Museum, Chino, California (crb); The Shuttleworth Collection (b). 208 Dorling Kindersley: Royal Airforce Museum, London (Hendon) (ca); The Real Aeroplane Company (tr); B17 Preservation (cl); RAF Museum, Cosford (clb). 208-209 Alamy Images: Anthony Kay / Flight (c). Dorling Kindersley: Gatwick Aviation Museum (cb). 209 Dorling Kindersley: Gatwick Aviation Museum (cra); Ukraine State Aviation Museum (cr, crb). Getty Images: Max Mumby / Indigo (t). 210-211 Dorling Kindersley: Royal Airforce Museum, London (Hendon) (c). 210 ©2015 National Air and Space Museum Archives, Smithsonian: (crb). Alamy Images: B Christopher (clb). Dorling Kindersley: Musee Air & Space Paris, La Bourget (cla, cra, cl). 211 Alamy Images: Susan & Allan Parker (cr). Dorling Kindersley: Musee Air & Space Paris, La Bourget (tl, tr); Mr R A Fleming, The Real Aeroplane Company (clb); RAF Museum, Cosford (crb). 212 Dorling Kindersley: Royal Airforce Museum, London (Hendon) (t, ca); March Field Air Museum, California (tr); Flugausstellung (crb). Dreamstime.com: Gary Blakeley (clb). 212-213 123RF.com. Dorling Kindersley: Golden Apple Operations Ltd (cb). 213 Dorling Kindersley: RAF Coningsby (cb); Yorkshire Air Museum (t); City of Norwich Aviation Museum (cr); Flugausstellung (cl); Midlands Air Museum (ca). Dreamstime.com: Eugene Berman (crb). 214-215 Alamy Images: A. T. Willett. 216 Dorling Kindersley: Flugausstellung (cl); Fleet Air Arm Museum (cla); Brooklands Museum Trust Ltd, Weybridge, Surrey (tr); Gary Wenko (cr); Gatwick Aviation Museum (crb). Dreamstime.com: I4Icocl2 (clb). 217 Alamy Images: NielsVK (c). Dorling Kindersley: Musee Air & Space Paris, La Bourget (crb); Fleet Air Arm Museum (t); Ukraine State Aviation Museum (c). 218 Dorling Kindersley: Planes of Fame Air Museum, Valle, Arizona (tl). 218-219 Alamy Images: Steven May (b). 219 Alamy Images: Susan & Allan Parker (br); Pima Air and Space Museum, Tuscon, Arizona (tl); The Real Aeroplane Company (tr). 220-221 Dreamstime.com: Songallery (cb). 220 AirTeamImages.com: (clb/Sud). Dorling Kindersley: Flugausstellung (cla, cra). 221 Dorling Kindersley: Ukraine State Aviation Museum (t). 222-223 Alamy Images: Jim Kidd. 224 Dorling Kindersley: Midlands Air Museum (clb, b); RAF Museum, Cosford (c). Science Photo Library: Detlev Van Ravenswaay (cla). 224-225 NASA: (b). 225 Alamy Images: NASA Archive (tr). Dorling Kindersley: Flugausstellung (tl); Ukraine State Aviation Museum (cb). 226 Alamy Images: Thierry GRUN - Aero (t). Dorling Kindersley: The Shuttleworth Collection, Bedfordshire (c); The Shuttleworth Collection (b). U.S. Air Force: (cb, b). 226-227 Alamy Images: aviafoto (c); Kevin Maskell (cr). 227 NASA: Tony Landis (tr). 228-229 Dorling Kindersley: RAF Boulmer, Northumberland. 230 Dorling Kindersley: De Havilland Aircraft Heritage Centre (tl); The Museum of Army Flying (crb). 230-231 aviation-images.com: (cra). 231 aviation-images.com: (cla). Dorling Kindersley: Musee Air & Space Paris, La Bourget (tr, cb); RAF Museum, Cosford (ca); Ukraine State Aviation Museum (cb, cr). 232 Dorling Kindersley: Norfolk and Suffolk Aviation Museum (tl). 233 Dorling Kindersley: Musee Air & Space Paris, La Bourget (cla). Dreamstime.com: Patrick Allen (cra). 234 Dorling Kindersley: Ukraine State Aviation Museum (cla, cb). 234-235 Dorling Kindersley: Ukraine State Aviation Museum. 238 Corbis: Imaginechina (r). Dorling Kindersley: Bob Gathany (l). Getty Images: Bloomberg / David Paul Morris (crb). NASA: (cl, c). 239 Alamy Images: Konstantin Shaklein (l). Dorling Kindersley: Kim Shiflett (c). Science Photo Library: Detlev Van Ravenswaay (r). 240 Corbis: Model of the nuclear powered interplanetary probe sent to Jupiter (cla). NASA: JPL-Caltech / University of Arizona (cr); KSC (crb). Science Photo Library: Ria Novosti (tr). 241 Corbis: JPL-Caltech (cb). ESA: ATG medialab (tr, cra). Getty Images: AFP / Akihiro Ikeshita (tl). NASA: JPL (clb); The Johns Hopkins University Applied Physics Laboratory LLC (c). 242 Corbis: Richard Cummins (c). Dorling Kindersley: Bob Gathany (tl). NASA: (crb, clb); (tr). 243 Dorling Kindersley: ESA (t). NASA: (c, crb). 244-245 NASA: Sandra Joseph, Kevin O'Connell. 246 John Deere: (bl). 247 Dorling Kindersley: Beaulieu National Motor Museum (br). 248-249 Dorling Kindersley: Adrian Shooter (b). 249 Dorling Kindersley: National Maritime Museum, London (tl). 250 Dorling Kindersley: The Tank Museum (br). 251 Dorling Kindersley: National Maritime Museum, London (tl). 252 Dorling Kindersley: National Maritime Museum, London (tl). 253 Dorling Kindersley: The Shuttleworth Collection (tl). 254 Dorling Kindersley: Hitachi Rail Europe (bl); Paul Rackham

All other images © Dorling Kindersley
For further information see: www.dkimages.com

日本語版翻訳協力＝安達眞弓・安達俊一

---

# 世界の乗りもの大図鑑

2017年7月30日初版発行

| | |
|---|---|
| 著者 | クライブ・ギフォード |
| 翻訳者 | 日暮雅通 |
| デザイン | 岩瀬 聡 |
| 本文組版 | 株式会社キャップス |
| 発行者 | 小野寺優 |
| 発行所 | 株式会社河出書房新社 |

〒151-0051　東京都渋谷区千駄ヶ谷2-32-2
電話　03-3404-1201（営業）　03-3404-8611（編集）
http://www.kawade.co.jp/

Printed and bound in China
ISBN978-4-309-61545-5
落丁・乱丁本はお取り替えいたします。
本書のコピー、スキャン、デジタル化等の無断複製は著作権法上での例外を除き禁じられています。
本書を代行業者等の第三者に依頼してスキャンやデジタル化することは、いかなる場合も著作権法違反となります。